Effectief handelen door reflectie

Effectief handelen door reflectie

Bekwamer worden als professional

Mirjam Groen

Eerste druk

Noordhoff Uitgevers Groningen | Houten

Ontwerp omslag: G2K-designers, Groningen
Omslagillustratie: Photodisc

Eventuele op- en aanmerkingen over deze of andere uitgaven kunt u richten aan: Noordhoff Uitgevers bv, Afdeling Hoger Onderwijs, Antwoordnummer 13, 9700 VB Groningen, e-mail: info@noordhoff.nl

2 3 4 5 / 13 12 11

© 2008 Noordhoff Uitgevers bv Groningen/Houten, The Netherlands.

Behoudens de in of krachtens de Auteurswet van 1912 gestelde uitzonderingen mag niets uit deze uitgave worden verveelvoudigd, opgeslagen in een geautomatiseerd gegevensbestand of openbaar gemaakt, in enige vorm of op enige wijze, hetzij elektronisch, mechanisch, door fotokopieën, opnamen of enige andere manier, zonder voorafgaande schriftelijke toestemming van de uitgever. Voor zover het maken van reprografische verveelvoudigingen uit deze uitgave is toegestaan op grond van artikel 16h Auteurswet 1912 dient men de daarvoor verschuldigde vergoedingen te voldoen aan Stichting Reprorecht (postbus 3060, 2130 KB Hoofddorp, www.cedar.nl/reprorecht). Voor het overnemen van gedeelte(n) uit deze uitgave in bloemlezingen, readers en andere compilatiewerken (artikel 16 Auteurswet 1912) kan men zich wenden tot Stichting PRO (Stichting Publicatie- en Reproductierechten Organisatie, postbus 3060, 2130 KB Hoofddorp, www.cedar.nl/pro).

All rights reserved. No part of this publication may be reproduced, stored in a retrieval system, or transmitted, in any form or by any means, electronic, mechanical, photocopying, recording, or otherwise, without the prior written permission of the publisher.

ISBN 978-90-01-71217-4
NUR 741

Woord vooraf

Reflectie op het professioneel handelen verhoogt de kwaliteit ervan en daarmee de kwaliteit van relaties en dienstverlening. Dat geldt voor álle beroepsbeoefenaren. Professionals binnen zorg en welzijn hebben van oudsher veel binding met het reflecteren. Met name in de tweede helft van de twintigste eeuw raakten zij bekend met dit fenomeen. Door deskundigheidsbevordering kreeg reflectie op het handelen een vaste plaats binnen de beroepsuitoefening. Buitenstaanders zagen als gevolg hiervan het reflecteren al gauw als horend bij de 'zachte' sector en het kreeg het etiket 'soft' opgeplakt. Dit boek wil hiermee afrekenen.

Beroepsbeoefenaren in de technische of juridische sector, de ICT of de exacte wetenschap, communicatie, marketing of management, maar ook grote groepen binnen kunst en cultuur en de medische wereld hebben de opdracht zich de competentie reflecteren eigen te maken. Tijdens workshops in het land kreeg ik herhaaldelijk de vraag op welke manier dat voor deze groepen beroepsbeoefenaren het best te realiseren zou zijn. Het antwoord geef ik met dit boek dat aansluit bij de praktijk en dat met uiteenlopende voorbeelden aangeeft waarom die reflectie op het handelen voor alle professionals zo nodig is. Dicht bij de actualiteit en de praktijk blijven is het devies.

Reflecteren op het professioneel handelen is niet voorbehouden aan zorg en welzijn, integendeel. Elke zichzelf serieus nemende beroepsbeoefenaar doet er goed aan regelmatig stil te staan bij zijn dagelijks handelen, zijn gedrag. Reflecteren is een te verwerven kwalificatie binnen het hoger beroepsonderwijs en het wetenschappelijk onderwijs. De onderzoeker die voor een multinational aan productontwikkeling doet, heeft er net zoveel baat bij als een weg- en waterbouwkundige die een projectteam moet leiden, of een jurist die een cliënt gaat ondersteunen. Reflectie op het handelen vergroot het inzicht in eigen gedrag en beweegredenen voor dat gedrag, of het nu gaat om persoonlijk of om professioneel handelen. Dit inzicht leidt tot het uitbreiden van het handelingsrepertoire; als professional zorg je ervoor dat je je mogelijkheden vergroot om je doel te bereiken. De effectiviteit van je handelen neemt toe. Een belangrijk bijkomend effect is dat inzicht in het eigen handelen ook leidt tot meer inzicht in het handelen van de ander. En dat kan een samenwerkingsrelatie of een vooraf gesteld professioneel doel alleen maar ten goede komen.

Dit boek richt zich op *alle* beroepsbeoefenaren die zichzelf en hun vak serieus nemen en die ervoor kiezen zich het reflecteren eigen te maken. Uiteenlopende praktijkvoorbeelden, krantenartikelen en theoretische achtergrondinformatie geven inzicht in het begrip reflecteren en het belang van deze vaardigheid, het eerste doel van dit boek. Het tweede doel is te laten zien hoe andere (beginnende) professionals reflecteren. Waar richten zij zich op? Waar denken ze over na? De lezer kan door deze voorbeelden een verbinding maken met het eigen professioneel handelen en ontdekken wat voor de eigen beroepsontwikkeling van belang is. De vele praktische voorbeelden maken het boek om die reden ook zeer geschikt voor (de wat oudere) studenten in deeltijd, die werk met studie combineren. Tot slot reikt het boek een systematiek en aandachtspunten voor reflectie aan. Door training en toepassing van opdrachten kan de lezer zich deze systematiek eigen maken, waarmee hij het persoonlijk professioneel handelen op een hoger niveau brengt. De kracht van het boek zit in de praktische uitwerking bij de theorie in combinatie met opdrachten die goed in zelfstudie zijn te realiseren.

Tot slot wil ik alle professionals bedanken die hebben bijgedragen aan het tot stand komen en optimaliseren van de openingscasussen. Met hun inbreng van de praktijk wint het boek nog meer aan kracht.

Mirjam Groen
januari 2008

Inhoud

Studiewijzer *9*

1 Leren *11*
1.1 Lerende houding *13*
1.2 Leren *13*
1.3 Leerstijl *14*
1.4 Een manier van leren: reflecteren *18*
Samenvatting *19*
Opdrachten *20*

2 Onderzoeken van eigen gedrag *21*
2.1 Onderzoek *23*
2.2 Reflectievragen door de ik-persoon *24*
2.3 Nut van reflecteren binnen elk beroep *26*
2.4 Aanleiding voor het stellen van vragen aan jezelf *29*
2.5 Betekenisvolle situatie *30*
2.6 Bewustwording van betekenisvolle situatie *30*
2.7 Vragen stellen aan jezelf *31*
2.8 Belang van vragen stellen aan jezelf *33*
2.9 Reflecteren en evalueren *34*
Samenvatting *35*
Opdrachten *36*

3 Reflecteren: een model *39*
3.1 Richten op jezelf *41*
3.2 Doel, model en methode *42*
3.3 De casus volgens de reflectiespiraal *46*
3.4 Systematiek: een stappenplan *49*
3.5 Leerproces *50*
3.6 Reflectievermogen en abstract denken *51*
3.7 Reflecteren: een omschrijving van het begrip *52*
Samenvatting *53*
Opdrachten *54*

4 Professionele situaties en relaties *57*
4.1 Relatiegerichtheid *59*
4.2 Wederkerigheid en vertrouwen *60*
4.3 Professionele afstand *62*
4.4 Integriteit, transparantie van handelen en maatschappelijke verantwoordelijkheid *64*
4.5 Beroepscode, gedragregels en reflectie *66*
Samenvatting *74*
Opdrachten *75*

5   Reflecteren in de praktijk *77*
5.1   Individuele reflectie *79*
5.2   Reflectie met anderen *80*
5.3   Hulpmiddelen bij (individuele) reflectie *88*
        Samenvatting *94*
        Opdrachten *95*

6   Voorwaarden, vaardigheden en attitudes voor reflectie *97*
6.1   Voorwaarden voor reflectie *99*
6.2   Vaardigheden voor reflectie *101*
6.3   Attitudes voor reflectie *103*
        Samenvatting *104*
        Opdrachten *105*

7   De verslaglegging *107*
7.1   Manieren van verslaglegging *109*
7.2   Uitgangspunt voor reflectie *110*
7.3   Beknopt reflectieverslag/ABC-model *111*
7.4   Logboekverslag *112*
7.5   Sterkte-zwakteanalyse *115*
7.6   Uitgebreid reflectieverslag *118*
7.7   Persoonlijk ontwikkelplan *121*
        Samenvatting *124*
        Opdrachten *125*

8   Checklist voor eigen reflectie of reflectieverslag *127*
8.1   Aandachtspunten voor het verslag, gericht op de persoon en de situatie *130*
8.2   Algemene aandachtspunten gericht op de weergave in het verslag *135*
        Samenvatting *140*
        Opdrachten *141*

Literatuuropgave *142*

Bijlage 1   Hbo-kwalificaties *146*
Bijlage 2   Leerstijlentest Kolb *147*
Bijlage 3a   Beheersingsniveaus van reflecteren in fasen *152*
Bijlage 3b   Beheersingsniveaus reflectie, reflectie in termen van te behalen doelen voor de student *153*

Over de auteur *159*

Register *161*

Studiewijzer

Deze studiewijzer geeft een beknopt overzicht van de inhoud van dit boek en aanwijzingen hoe de stof te gebruiken om de eigen reflectievaardigheid te vergroten.

Elk hoofdstuk begint met een openingscasus. Hierin maakt de lezer kennis met een beroepsbeoefenaar die naar aanleiding van een betekenisvolle situatie binnen het werk nadenkt over zijn of haar persoonlijk handelen daarin, zijn of haar gedrag. Dit nadenken over een situatie uit de werkcontext is op twee manieren weergegeven: een zogenoemde *bad practice* en een *good practice*. Beide practices zullen herkenning oproepen en het is aan de lezer te bepalen welke lijn hij in het kader van het leren reflecteren gaat volgen.
Na elke *bad practice* volgt een beknopte analyse die aangeeft wat de valkuilen bij reflecteren zijn. De analyse verwijst naar hoofdstuk 8, waarin de valkuilen op een rij zijn gezet. Ze vormen de leidraad voor de *good practice*.

De openingscasussen zijn op zichzelf staande voorbeelden: een weerslag van het terugkijken op het handelen door de hoofdpersoon. Ze zijn in spreektaal geschreven en laten zien hoe hij of zij op verschillende manieren over een situatie kan nadenken. Ze zetten de lezer op het spoor van reflectief denken. Het zijn echter nog geen voorbeelden van een reflectieverslag; die vindt de lezer terug in hoofdstuk 7.

Het eerste hoofdstuk gaat in op leren, leerstijlen en reflecteren als manier van leren. Hoofdstuk 2 sluit daarop aan door het reflecteren, als onderzoeken van het eigen gedrag, verder uit te diepen aan de hand van de openingscasus.
In hoofdstuk 3 is er aandacht voor de systematiek van reflectie. De reflectiespiraal wordt doorlopen met wederom de openingscasus als praktisch voorbeeld daarbij.
Hoofdstuk 4 maakt expliciet de koppeling met een aantal professionele situaties voor (bijna) elke beroepsbeoefenaar. Wat voegt reflecteren toe aan het werkproces en de werkinhoud? Hoe draagt reflectie bij aan effectief handelen?
Hoofdstuk 5 gaat in op verschillende manieren om reflecteren vorm te geven. Reflecteren gaat over het eigen gedrag, maar dat wil niet zeggen dat je reflecteren ook per definitie in je eentje moet doen. Het kan heel goed samen met anderen, op diverse manieren, in verschillende werkvormen. Hoofdstuk 6 sluit hierop aan met een overzicht van voorwaarden, vaardigheden en attitudes voor reflectie.
Hoofdstuk 7 toont een aantal praktische uitwerkingen van reflecteren in verslagvorm. Reflecteren in het kader van een opleiding is in de meeste gevallen gebonden aan het schrijven van een reflectieverslag. Daarmee toont een student expliciet het niveau van reflectievaardigheid aan. Ook is er aandacht voor reflectie in het kader van een persoonlijk ontwikkelplan binnen de beroepscontext.

Hoofdstuk 8 geeft een overzicht van de analyses van de openingscasussen, die na elke *bad practice* zijn gemaakt. Dit overzicht toont de valkuilen en hoe je kunt voorkomen daarin te trappen. Je kunt dit overzicht als checklist gebruiken wanneer je een schriftelijke weergave van je reflectie maakt.

Elk hoofdstuk eindigt met een samenvatting en praktische opdrachten die het reflectieproces bevorderen. Deze zijn goed individueel te verwerken, maar kunnen ook prima in tweetallen of kleine groepjes worden gemaakt.

Tot slot de opmerking dat in het boek, voor de leesbaarheid, in de meeste gevallen de mannelijke aanspreekvorm is aangehouden. Uiteraard kan hier ook de vrouwelijke variant worden gelezen.

Leren

1.1 Lerende houding
1.2 Leren
1.3 Leerstijl
1.4 Een manier van leren: reflecteren

Leren is ervaring opdoen, leren is theorie uit je hoofd leren, leren is doen, leren is vallen en opstaan, leren is leuk en leren is soms ook pijnlijk. Allemaal waar en voor iedereen herkenbaar. Over verschillende leerstijlen volgens Kolb en Vermunt en het belang van een lerende houding lees je in dit eerste hoofdstuk.

OPENINGSCASUS

In beweging

John is consultant bij Greenonion, een groot nationaal bedrijf voor informatie- en communicatietechnologie (ICT). Hij is begonnen als programmeur en ontdekte al gauw dat hij het talent had om de wensen van opdrachtgevers vlot om te zetten in handzame, klantvriendelijke computerprogramma's. Vanwege deze interesse en vaardigheid klom hij al snel op tot consultant; hij legt en onderhoudt contacten met potentiële klanten en weet hun wensen te vertalen naar heldere ICT-producten, die Greenonion vervolgens produceert.
John heeft een collega, Michael, die vrijwel tegelijkertijd bij het bedrijf aan de slag ging als programmeur. Dat werk doet hij nog steeds met genoegen, maar toch kijkt hij regelmatig verlangend naar buiten. Hij zou ook graag opklimmen en buiten de deur contacten onderhouden, dat zou hem meer afwisseling geven in zijn werk. De baan van John lijkt hem wel wat! Michael ziet dat John zich vrij beweegt en plezier heeft in zijn werk; het lijkt wel of Michael soms met wat afgunst of enige jaloezie naar zijn collega kijkt! Hij denkt na over deze gevoelens, zijn positie en zijn vaardigheden.

Reflectie bad practice
'We zijn tegelijk begonnen en ik zit nog steeds op dezelfde plek. Je wilt wel eens wat contacten buiten de deur hè, maar mijn teammanager geeft geen ruimte. Zij weet toch dat ze met mij een goede programmeur in dienst heeft, laat ze die dan een kans geven! John gaat lekker, die reist het hele land door. Waarschijnlijk kan hij het goed met Rebecca vinden, die twee zijn twee handen op één buik. Hij krijgt van haar wel een kans. Een vlotte babbel doet wonderen, dat zie je maar weer.
Als je nou nóg *"beter dan best"* je werk moet doen om iets te bereiken... Het werk is gewoon goed, wat kan je daar nog aan toevoegen? Bedrijven zijn tevreden. Dat zij dat niet ziet. Rebecca zou wat meer oog moeten hebben voor mijn wensen.'

Analyse bad practice
· Verantwoordelijkheid buiten zichzelf leggen
· Geen ik-boodschap
· Blijft niet bij eigen gedrag; heeft het over gedrag van de ander
· Interpreteert het gedrag van de ander
· Veroordeelt het gedrag van de ander

Reflectie good practice
'We zijn tegelijk begonnen en ik zit nog steeds op dezelfde plek. Ik zou het fijn vinden om werk te doen zoals John, de consultancy in. Dat zou mijn werk afwisselender maken. Ik merk dat ik me af en toe opgesloten voel in dit kantoor, achter de pc's. Ik merk dat ik af en toe met een soort afgunst naar hem kijk. Niet dat ik het hem niet gun, maar ik zou zelf ook wel zulk werk willen doen. Ik zou graag meer persoonlijke contacten hebben en minder met mijn hoofd in de techniek zitten. Ik ben daar wel heel goed in, dus ik haal wel voldoening uit het programmeren. Maar er mist iets. Mensen en ruimte. Maar zou ik dat wel kunnen? Ik wil het wel heel graag, maar als ik zie hoe John is, die legt

heel makkelijk contact. Ik doe dat niet zo gauw. Wat zou ik moeten leren om het werk te kunnen doen zoals hij? In elk geval is het belangrijk om te achterhalen wat de klant wil, dus moet ik me in de klant kunnen verplaatsen. En ik zal hierover moeten praten, meer dan nu. Als ik vasthoud aan het programmeren weet ik dat ik een gewaardeerde programmeur ben, maar daar blijft het dan bij. Trouwens, nu ik er zo over nadenk, weet Rebecca eigenlijk wel dat ik de wens heb om richting consultancy te gaan? Ik heb dit nooit kenbaar gemaakt. Misschien is dat de eerste stap die ik moet nemen.'

1.1 Lerende houding

Binnen welke organisatie je als professional ook actief bent, de eis van deze tijd is dat je een lerende houding aanneemt. Maatschappelijke ontwikkelingen gaan snel, maar ook technische, communicatieve, bedrijfsmatige en organisatorische veranderingen volgen elkaar in rap tempo op. In deze snelle informatiemaatschappij ben jij, de professional, als representant van je bedrijf een belangrijke spin in het web. Je zult je kennis en vaardigheden up-to-date moeten houden door bijscholing, uitvoering van je taken en uitwisseling met collega's. Je zult een gepaste beroepshouding (attitude) moeten hebben én uitstralen door onder andere open te staan voor anderen, door samen te werken, integer en transparant te zijn, en door het durven geven én ontvangen van feedback (zie subparagraaf 5.3.2). Je beroep uitoefenen impliceert dat je jezelf voortdurend moet blijven ontwikkelen. Om te weten hoe je gewoonlijk leert en hoe je dat mogelijk ook anders zou kunnen doen, is het goed om eerst stil te staan bij wat leren nu precies is en bij je persoonlijke leerstijl.

Feedback

1.2 Leren

Cognitief leren

Bij het woord 'leren' denken de meeste mensen aan het cognitieve leren, studeren, het leren uit de boeken, 'stampen', kortom, het leren met en uit het hoofd. Wellicht heeft dit te maken met de ervaring die zij tot dan toe hebben opgedaan in hun schoolcarrière en het belang dat daaraan werd of wordt gehecht door de omgeving. Uit deze constatering kun je herkennen dat leren ook op andere manieren gebeurt, onder andere door het opdoen van *ervaring*, het zogenoemde ervaringsleren. Wanneer je een bepaalde ervaring opdoet, dan geef je daar een zekere betekenis aan. In het hiervoor genoemde voorbeeld kan het de betekenis zijn dat leren 'het uit het hoofd leren van boekteksten' is. Vervolgens koppel je daaraan je beleving: je vindt het heerlijk om kennis te vergaren en uit het hoofd te leren of je vindt het eentonig en saai, je hebt erg veel moeite met leren, je beleeft geen vreugde aan leren. Deze persoonlijke ervaring bepaalt mede jouw houding tegenover het fenomeen leren in nieuwe situaties, in de toekomst.

Ervaringsleren

In de voorgaande alinea heb je kennisgemaakt met twee vormen van leren, cognitief (met het hoofd) en door ervaring. Er zijn er nog meer.

1.3 Leerstijl

In deze paragraaf over leerstijlen, worden de leerstijlen volgens Kolb en volgens Vermunt besproken.

1.3.1 Leerstijlen volgens Kolb

Iedereen leert op een eigen manier. De een is erg praktijkgericht en leert door te doen, de ander bestudeert liever eerst de theorie en de volgende experimenteert graag. Observeren en reflecteren zijn ook vormen van leren. Om preciezer te zijn: bij reflecteren gaat het om ervaringsleren. Je doet ervaring op, kijkt hierop terug, haalt eruit wat belangrijk voor je is en mogelijk pas je nieuw gedrag toe in nieuwe situaties. Over deze manier van leren heeft David Kolb veel geschreven en hij heeft een model ontwikkeld waarin hij het leren van de mens cyclisch verbeeldt: de zogenoemde *leercyclus van Kolb*, zie figuur 1.1.

Leercyclus van Kolb

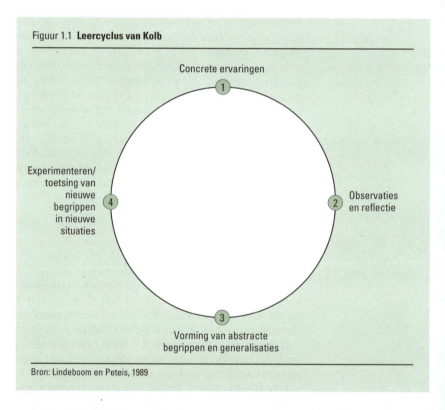

Figuur 1.1 **Leercyclus van Kolb**

Bron: Lindeboom en Peteis, 1989

Kolb stelt dat de mens leert van een concrete ervaring door te observeren en te reflecteren op die ervaring; dat hij vervolgens theoretische modellen en concepten erbij betrekt zodat hij nieuwe plannen of mogelijkheden kan formuleren; dat hij vervolgens een keuze maakt uit die plannen en daarmee gaat experimenteren. Dit levert een nieuwe ervaring op. Als je deze cyclus doorloopt, leer je door ervaring. Je verandert je gedrag door verdieping in dat eerder vertoonde gedrag en koppeling daarvan aan de theorie. Jouw leren verdiept zich (Hendriksen, 2005).

Leerstijlprofiel

In zijn theorie over het menselijk leren heeft hij naast deze leercyclus over ervaringsleren, ook een model ontwikkeld waarin de verschillende manieren van leren zijn aangegeven, het zogenoemde *leerstijlprofiel*, zie figuur 1.2.

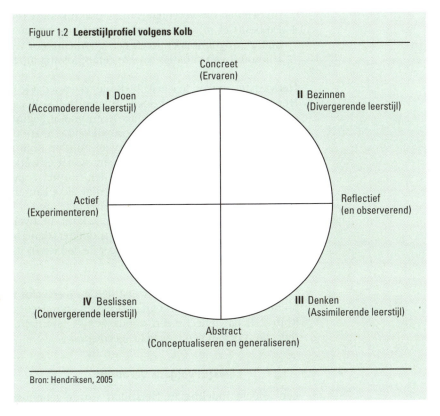

Figuur 1.2 **Leerstijlprofiel volgens Kolb**

Bron: Hendriksen, 2005

Abstract en concreet leren

Actief en reflectief leren

Kolb stelde vast dat er twee uitersten zijn in leren: abstract leren tegenover concreet (op ervaring gebaseerd) leren. Deze twee dimensies plaatste hij op een verticale as. Daarnaast stelde hij twee andere uitersten vast: actief leren tegenover reflectief leren, die hij op de horizontale as plaatste. Door deze assen in de leercyclus te plaatsen, ontstaan er vier kwadranten. Deze kwadranten staan voor vier verschillende leerstijlen, die zijn vertaald als de doener, de bezinner, de denker en de beslisser. De termen die Kolb hanteert (respectievelijk accomodator, divergeerder, assimilator en convergeerder) zijn ontleend aan Jean Piaget (1896–1980), die hiermee de groeistadia van de intelligentie aanduidde bij kinderen van 0 tot 16 jaar.

Jean Piaget

Leerstijlentest

Met de leerstijlentest van Kolb in bijlage 2 van dit boek kun je bepalen welke leerstijl jij vooral hanteert. De kenmerken van deze leerstijlen zijn de volgende:
1 De doener of accomodator is heel praktisch gericht. Het accent ligt op concrete ervaring en actief experimenteren. Hij wil zien hoe bruikbaar de aangereikte kennis is, hij wil uitproberen en oefenen.

2   De bezinner of divergeerder brengt graag nieuwe ideeën naar voren. Hij heeft ruimte nodig voor eigen inbreng. Hij bekijkt de situatie vanuit verschillende invalshoeken.
3   De denker of assimilator werkt het liefst op een manier waarin hij eerst theoretische modellen kan beredeneren en vormen. Daarna wil hij oefenen om vervolgens in de praktijk uit te proberen.
4   De beslisser of convergeerder houdt van een gestructureerd, informatief programma en heeft een voorkeur voor technische kwesties. Hij houdt van situaties waarin één oplossing mogelijk is.

Het vaststellen van de leerstijl wil niet zeggen dat je daarmee de andere leerstijlen in de ban moet doen, integendeel! Kolb gaat ervan uit dat de eigen leerstijl aangeeft dat jouw leren vooral begint in dát kwadrant, die leerstijl heb je het sterkst ontwikkeld. De andere leerstijlen hanteer je ook, maar waarschijnlijk veel minder. Kolb pleit ervoor dat je de verschillende leerstijlen integreert, zodat er werkelijk sprake is van een leercyclus: je benut alle leerstijlen om het volledig leren te doorlopen. Je ontdekt wat jouw sterke en zwakke kanten in het leren zijn, zowel binnen je leerstijl, als binnen het hele model. Je wordt je op deze manier bewust van jouw leergedrag. Je kunt die zwakke kanten versterken. Ben je bijvoorbeeld vooral een doener, dan zou het in sommige situaties helpen wanneer je wat meer de denker als leerstijl zou hebben. Of andersom (Hendriksen, 2005).

Waarom deze tekst over de leerstijlen en leercyclus van Kolb? Hij gaat bij het ervaringsleren uit van observeren en reflecteren op die ervaring. Kolb stelt dat reflectie een noodzakelijke fase is in het leren. Zonder reflectie is er van een leercyclus geen sprake.

1.3.2   Leerstijl volgens Vermunt

Een andere indeling in leerstijlen wordt gehanteerd door Vermunt (1997). Hij maakt het volgende onderscheid:
- ongerichte leerstijl;
- reproductiegerichte leerstijl;
- toepassingsgerichte leerstijl;
- betekenisvolle leerstijl.

Ongerichte leerstijl
Mensen met een ongerichte leerstijl hebben moeite met het onderscheiden van hoofd- en bijzaken. Ze zien de grote lijnen of verbanden niet en besteden aan alle informatie evenveel (gedetailleerd) aandacht. Structureren van de stof is voor hen lastig, evenals het kritisch verwerken ervan. Ze zoeken houvast bij de aanwijzingen in de instructie of bij mensen die hen kunnen sturen. Vaak bestaat er twijfel over eigen kunnen.

Reproductiegerichte leerstijl
Mensen met een reproductiegerichte leerstijl leren de stof zo, dat ze vrijwel alles of een groot deel uit hun hoofd kennen. Ze memoriseren, dat wil zeggen dat ze de stof op systematische wijze van buiten leren zodat ze deze kunnen reproduceren. Reproduceerders zoeken niet of

weinig naar samenhang tussen diverse onderwerpen uit de stof en zijn nauwelijks kritisch. Het behalen van een goed resultaat (cijfer) is het doel, het vormen van een eigen mening over het geleerde blijft achterwege.

Toepassingsgerichte leerstijl
Mensen met een toepassingsgerichte leerstijl richten zich vooral op die onderdelen uit de stof waarmee ze dagelijks te maken hebben. Als het te abstract wordt, proberen ze met een concreet voorbeeld de stof te bevatten en zo te onthouden. Door de herkenbaarheid vanuit praktijksituaties en concrete voorbeelden is de stof voor hen te begrijpen. Ze leren weinig uit hun hoofd, alleen als het nodig is voor een toets. Ze nemen graag kennis tot zich die ze direct kunnen gebruiken/toepassen in de praktijk.

Betekenisgerichte leerstijl
Mensen met een betekenisgerichte leerstijl denken na over verbanden tussen de verschillende leerstof en zijn kritisch over hetgeen wordt aangeboden. Ze vormen meningen en conclusies en verbinden de stof met eerder persoonlijke opgedane kennis en ervaring. Ze zijn uit op het verkrijgen van inzicht en reflecteren daartoe op eigen (studie)gedrag. Ze zijn zeer geïnteresseerd, willen graag van gedachten wisselen met anderen en onderzoeken welke betekenis de stof heeft voor de eigen persoonlijke en professionele ontwikkeling.

Net zoals bij Kolb is de indeling niet statisch. Je combineert vaak verschillende leerstijlen, maar er springt er meestal eentje uit. Die manier van leren bepaalt mede hoe jij je als professional opstelt binnen de arbeidsorganisatie en tegenover derden. Ook in Vermunts indeling komt reflectie aan bod, met name in de betekenisgerichte leerstijl.

1.3.3 Zicht op leerstijlen

De leerstijlentests van Vermunt en Kolb vind je op internet via sites als:
- www.123test.nl;
- www.atriummc.nl;
- www.leren.nl;
- www.carrièretijger.nl.

Met deze paragraaf krijg je zicht op diverse leerstijlen en wordt het belang van reflecteren als onderdeel van je leerproces onderstreept. Tegelijkertijd krijg je een handvat om andere leerstijlen te ontdekken en te ontwikkelen. Je kunt reflecteren op je eigen leerstijl en de effecten daarvan op je handelen. Tevens heb je alternatieven in handen die je kunt inzetten om je (ervarings)leren en je handelen te verbeteren. Dit boek gaat verder in op de reflectieve leerstijl.

ITConnections

Het landelijk opererende automatiseringsbedrijf ITConnections moet na het inklappen van de ICT-markt reorganiseren. Het personeelsbestand moet krimpen met 20%. Om de pijn evenredig te verdelen over het land en over de leeftijdsgroepen binnen de regioteams, wordt een matrix gehanteerd. Op basis van regio, functie, leeftijd en ervaring wordt elk personeelslid ingedeeld en op basis van het totaalplaatje worden keuzes gemaakt voor het behoud van de arbeidsplaats of voor de voordracht voor een outplacementtraject. Regiomanager Kevin van Oostrom pakt met behulp van de matrix de zaak voortvarend aan en heeft al snel helder welke mensen kunnen blijven dan wel vertrekken. Jij bent ondersteunend personeelsadviseur in zijn regio en je ontdekt dat de mensen die het veld moeten ruimen toevallig ook de mensen zijn met wie de regiomanager minder prettig samenwerkt. Hoe denk je over deze kwestie? Wat ga je doen? Wat zijn je persoonlijke en/of professionele overwegingen voor jouw handelen?

1.4 Een manier van leren: reflecteren

Terugkijken

Uit het voorgaande maak je al op dat reflecteren één van de manieren is waarop een mens leert. Het betreft het zogenoemde 'ervaringsleren'. Bij reflectie kijk je terug op je eigen gedrag in een specifieke situatie om hiervan te leren voor toekomstige situaties. Hierover lees je meer in de hoofdstukken 2 en 3.

Het spreekt voor zich dat je meer mogelijkheden tot leren hebt als je verschillende leerstijlen hanteert. Bovendien kun je beter aansluiten bij verschillende mensen die hun eigen leerstijl hanteren, en dat bevordert de samenwerking.

Behalve dat reflecteren een manier van leren is, is het ook een vaardigheid. Je moet het in de vingers hebben om tot reflectie over te gaan. Sommigen doen dat van nature, anderen moeten er veel moeite voor doen om het onder de knie te krijgen. Maar je kunt het trainen, er is een systematiek die het proces van reflecteren in heldere stappen uiteenzet. In hoofdstuk 3 vind je een uitwerking van deze systematische werkwijze.

Doel
Verbetering professioneel handelen

Wat levert het reflecteren je uiteindelijk op? Reflecteren is altijd gericht op het eigen gedrag en heeft tot doel het persoonlijk *professioneel* handelen te verbeteren. Het leidt via bewustwording van het eigen gedrag tot inzicht in de beweegredenen voor en de uitvoering van dit eigen handelen in betekenisvolle (professionele) situaties. Met dit inzicht bepaal je of je jouw gedrag wilt veranderen en uitproberen. Door nieuw gedrag in nieuwe situaties uit te proberen, ontdek je welk handelen het best bij je past, maar bijvoorbeeld ook welk handelen effectief en efficiënt is. Reflectie op je eigen handelen zorgt er mede voor dat werkinhoud en ook werkprocessen verbeteren. Het dient zowel een persoonlijk als een organisatiebelang.

Persoonlijk handelen

Er zijn nog twee belangrijke punten om te noemen. Het eerste is dat reflectie zich niet hoeft te beperken tot professioneel handelen; je kunt uiteraard ook reflecteren op je persoonlijk handelen in *privésituaties*. Het gaat immers altijd om jouw gedrag in een bepaalde context. En reflectie op betekenisvolle situaties in de privésfeer helpen je om het reflecteren onder de knie te krijgen. Daar pluk je in je werk weer de vruchten van. Vooral doen dus! Het tweede belangrijke punt is dat jouw reflectie

Probleemsituatie
Successituatie

niet alleen hoeft te gaan over gebeurtenissen waarin zich een probleem voordeed, maar dat je ook kunt reflecteren op situaties waarin je je heel prettig voelde en waarin je tevreden was over je gedrag. Terugkijken op die situatie kan voor jou verhelderen waar je sterke kanten liggen, zodat je die bewust kunt inzetten in toekomstige situaties.

Samenvatting

Een lerende houding is een vereiste voor iedere beroepsbeoefenaar binnen een arbeidsorganisatie. Er zijn diverse manieren van leren, die door Kolb en Vermunt in schema zijn gezet. Een van de manieren die in beide indelingen terugkomt is het reflecteren, een vorm van ervaringsleren.
Reflecteren heeft tot doel het persoonlijk professioneel handelen te verbeteren. Het leidt via bewustwording tot inzicht in de beweegredenen voor en de uitvoering van dit eigen handelen in betekenisvolle (professionele) situaties. Met dit inzicht bepaal je of je jouw gedrag wilt veranderen en uitproberen. Door nieuw gedrag in nieuwe situaties uit te proberen, ontdek je welk handelen het best bij je past, maar ook welk handelen het meest effectief is.

Opdrachten

1.1 Leerstijl

Stap 1 Maak de leerstijlentest van Kolb, die te vinden is in bijlage 2 van dit boek.

Stap 2 Welke leerstijl hanteer jij volgens deze test? Herken je jezelf hierin, of juist helemaal niet? Motiveer je antwoord en geef hierbij praktische voorbeelden.

Stap 3 Vergelijk de uitkomst van de test met de leerstijlen volgens Vermunt, die beschreven zijn in subparagraaf 1.3.2. Welke leerstijl van Vermunt benader jij, denk je? Motiveer je antwoord en geef een praktisch voorbeeld.

Stap 4 Welke leerstijl zou je, op grond van voorgaand onderzoek, nog meer kunnen ontwikkelen?

1.2 Terugkijken

Stap 1 Neem de tijd en de rust om even rustig na te denken. Zoek een plek in huis waar je je prettig voelt en ga daar zitten. Zorg ervoor dat je niet afgeleid wordt door harde geluiden, mensen die je iets willen vragen, audioapparatuur of telefoon.

Stap 2 Ga in gedachten terug naar je ervaringen van de afgelopen week veertien dagen, en haal daaruit een voorbeeld waarin jij zelf een lerende houding hebt aangenomen.
Hoe voelde je je daarbij? Wat leverde deze houding je op?

Stap 3 Bespreek dit voorbeeld met een collega of studiegenoot en geef elkaar een compliment hierover.

Onderzoeken van eigen gedrag

2.1 Onderzoek
2.2 Reflectievragen door de ik-persoon
2.3 Nut van reflecteren binnen elk beroep
2.4 Aanleiding voor het stellen van vragen aan jezelf
2.5 Betekenisvolle situatie
2.6 Bewustwording van betekenisvolle situatie
2.7 Vragen stellen aan jezelf
2.8 Belang van vragen stellen aan jezelf
2.9 Reflecteren en evalueren

Het werken in een arbeidsomgeving vraagt van je dat je in diverse situaties op verschillende wijzen kunt handelen. Belangrijk is dat je je daarvan bewust bent: waarom zet je in de ene situatie zo in en kies je in de andere situatie een andere strategie? Gaat dat intuïtief of opereer je strategisch, handel je bewust?
Je handelen zal er in alle gevallen op gericht zijn zo effectief mogelijk te zijn, gericht op het behalen van je doelen op korte en/of lange termijn. Hoe verhouden deze doelen zich tot elkaar en hoe stuur jij je handelen? Deze vragen impliceren een 'bewust zijn' van handelen en ervaring in reflectie daarop. Dit hoofdstuk gaat in op het beginproces van die reflectie: hoe word je je bewust van je handelen en welke instrumenten zet je in om die bewustwording te bereiken?

OPENINGSCASUS

Toezicht

Pieter (milieutechnisch ingenieur, werkzaam bij de brandweer), Johan (veiligheidskundige, werkzaam bij de arbeidsinspectie) en Dennis (milieubeleidskundige, werkzaam bij de provinciale overheid) bereiden een inspectie voor van een groot industrieel complex in het zuiden van het land, Chemitech, waar zeer brandbare chemische stoffen worden geproduceerd.
Ieder kijkt vanuit de eigen verantwoordelijkheid naar het betreffende bedrijf. Pieter richt zich op de technische aspecten (aan- en afvoerleidingen, logistieke processen, chemische stoffen enzovoort) en onderzoekt waar de risico's liggen, met name op het gebied van brand- en explosiegevaar.
Johan richt zich op de gezondheids- en veiligheidsaspecten voor werknemers en hij is degene die kan *handhaven* (in dit geval door proces-verbaal op te maken tegen het bedrijf) indien zich een situatie voordoet die wettelijk gezien niet door de beugel kan. Dennis onderzoekt vanuit de provinciale overheid of het verantwoord is het bedrijf een vergunning te verlenen om de productie voort te zetten. Bij deze afweging spelen diverse belangen een rol: veiligheid voor werknemers en (woon)omgeving, verantwoordelijkheid (van bedrijf en overheid, die met name actueel is als er iets misgaat), milieuaspecten (gezondheid voor leefomgeving; afval) en economische aspecten (werkgelegenheid, inkomsten, infrastructuur).

Het doel van de inspectie is om in samenwerking met vertegenwoordigers van het bedrijf het niveau van veiligheid (voor personeel en omgeving) vast te stellen, zodat de provinciale overheid, onder andere op basis van deze gegevens, opnieuw een vergunning kan afgeven voor het voortzetten van de productie. Het jaar ervoor is het bedrijf al doorgelicht en er zouden verbeteringen worden aangebracht waardoor risico's zouden worden beperkt.
Uit een vooronderzoek in de aangeleverde documenten, blijkt dat binnen een productielijn nog steeds een gevaarlijke situatie kan ontstaan: er vindt intensief transport van goederen plaats pal naast een locatie waar gewerkt wordt met uiterst brandbare stoffen. Het bedrijf heeft zich niet gehouden aan de gemaakte afspraak van het jaar ervoor, om in deze situatie verandering aan te brengen.

Pieter, van de brandweer, wil het liefst direct maatregelen nemen; het transport moet worden stilgelegd, het risico op brand of explosie is te groot. Naar zijn zin heeft de situatie al te lang voortgeduurd. Hij vindt dat de arbeidsinspectie moet handhaven. Johan heeft echter zijn bedenkingen. Hij ziet het risico wel, maar de boel stilleggen heeft heel grote gevolgen: het bedrijf kan door de ingreep miljoenen omzet verliezen. Dat is ook niet gunstig voor de werknemers. Dennis vindt de veiligheid voor personeel en omgeving belangrijk maar ook het openhouden van het bedrijf, omdat het een belangrijke economische functie vervult binnen de provincie.

Er ontstaat een stevige discussie tussen de overlegpartners. Pieter pleit ervoor direct duidelijk te zijn naar het bedrijf. Ze hebben zich niet aan de afspraak gehouden, dus stilleggen is onvermijdelijk. Hij wil de confrontatie met het bedrijf wel aangaan. Dennis houdt zich enigszins op de vlakte, hij vindt beide kanten van het verhaal belangrijk. Voorlopig gaat hij voor het openhouden van het bedrijf. Johan twijfelt over de kwestie. Hij focust op de veiligheid voor de werknemers, maar is nog niet overtuigd van de noodzaak van een harde ingreep. Hij vindt dat Pieter te rigoureus is.
Johan is in deze casus de ik-persoon en in de pauze van het overleg denkt hij na over de kwestie. Het zit hem niet helemaal lekker.

2.1 Onderzoek

Arbeidsorganisatie

Elke arbeidsorganisatie is een sociaal systeem met eigen waarden en normen, een eigen taal en cultuur. Er vindt zowel intern als extern beïnvloeding plaats. De organisatie kent interne processen en interacteert daarnaast met haar omgeving. De wijze waarop deze processen en interacties verlopen, is van invloed op de resultaten die behaald (moeten) worden. Binnen die organisatie verhoud jij je in jouw positie als werknemer tot de eigenheid van de organisatie, tot je leidinggevende en tot je collega's. Of je bent zelf leidinggevende en je hebt te maken met je team, met de directie, met externe contacten. Hoe doe je dat eigenlijk, je verhouden tot anderen in jouw arbeidsomgeving? Ben je je daarvan bewust? Hoe functioneer jij, hoe beïnvloed jij anderen en hoe word je zelf beïnvloed?
Zoals een organisatie in zichzelf complex is en deel uitmaakt van een complexe omgeving, zo ben je zelf als mens complex en maak je deel uit van de jouw omringende omgeving. Een mooie parallel, mooi vergelijkingsmateriaal. Ook bij jou spelen zich interne processen af en ook jij interacteert met de omgeving. Dit gedrag beïnvloedt mede de resultaten die je boekt.

In een organisatie werken altijd mensen, weinig of veel, die gericht zijn op het produceren van goederen of diensten. Om die productie te optimaliseren, is het heel gebruikelijk om zeer regelmatig, zo niet voortdurend, het functioneren van de organisatie onder de loep te nemen, teneinde processen beter te laten verlopen. Denk hierbij bijvoorbeeld aan productie- en werkprocessen, logistiek, marketing, maar ook aan communicatieprocessen.
Verandering is inherent aan een organisatie. Er is geen sprake van een statisch geheel, de enige constante is de verandering en die is altijd gericht op verbetering. Terugkomend op het vergelijkingsmateriaal; zo vanzelfsprekend het is om de efficiëntie en effectiviteit, de in- en externe processen van de organisatie te onderzoeken, zo weinig vanzelfsprekend is het nog voor veel mensen ín die organisatie om naar het eigen functioneren, het eigen interne proces en de invloed daarvan op de omgeving (extern) te kijken. Terwijl juist de persoon zelf het eigen gedrag kan beïnvloeden. Hij kan daarmee een belangrijke bijdrage leveren aan persoonlijk succes en tevredenheid én aan het succes van en tevredenheid binnen de organisatie. Hoog tijd om het onderzoeken van het eigen gedrag voor iedere professional hoog op de agenda te zetten!

Gevoel werknemers cruciaal bij fusie

De Nederlandse fusiemarkt floreert. Veel fusies mislukken echter, omdat werknemers worden genegeerd.

Door Wouter Keuning

'Er werd meer tijd gestoken in ruzies en het herstellen van de schade, dan in het werk waarvoor ik was aangenomen', zegt Peter Prud'homme. Hij heeft niet alleen als werknemer ervaring met fusies, maar geeft ook al jarenlang wereldwijd advies over bedrijfscultuur, onder meer bij fusies.

Bij fusies is te weinig aandacht voor de bedrijfscultuur en de identiteit van de samengaande partijen, concludeert hij. 'Waar staat een bedrijf voor? Op welke zaken zijn werknemers trots? Wat zijn ze bang te verliezen bij een fusie? Dat zijn cruciale vragen.'

Negen van de tien fusies blijken te mislukken doordat cultuurverschillen worden onderschat, blijkt uit recent onderzoek van de Hay Group en de Parijse Sorbonne Universiteit. Voor strategische en financiële aspecten is volop aandacht, maar wat de mensen op de werkvloer bezighoudt, wordt vaak genegeerd.

'De fusies waarbij de doelstellingen van het management wel werden gehaald, kenden een aantal overeenkomsten', zegt Jurgen van den Brink, die namens de Hay Group bij het onderzoek betrokken was. 'Bij geslaagde fusies kregen werknemers van de betrokken bedrijven eerder de kans aan elkaar te wennen en met elkaar te praten.' Een tweede overeenkomst: 'Medewerkers die werden overgenomen, werd het idee gegeven dat het werk dat zij hadden gedaan, niet voor niets was geweest. Als je zegt "vanaf vandaag gaan we het op onze manier doen", bereik je juist het tegengestelde effect.'

Florent Meier van Q-research, een bedrijf dat fusies begeleidt nadat de financiële overeenkomst tot stand is gekomen, benadrukt het belang van communicatie, veel communicatie. 'De stelregel is: alles wat niet door de organisatie wordt ingevuld, vullen werknemers zelf in.' Werknemers op de werkvloer intensief betrekken, ze het idee geven dat ze er toedoen en duidelijk communiceren. Het mogen open deuren lijken, maar in de wereld van het grote geld blijven ze vaak dicht. Prud'homme: 'Op het niveau van raden van bestuur van grote bedrijven wordt over cultuurverschillen heel oppervlakkig nagedacht. Daar zegt men al snel: "Er zijn helemaal geen cultuurverschillen. We zijn allemaal mondiale bedrijven." Als ze er al over nadenken, gaat het over verschillen in kleding en de lunch.'

De vraag waarom bedrijven zich zo weinig met de 'zachte' aspecten van een fusie bezighouden, laat zich eenvoudig beantwoorden. 'Aan een fusie liggen altijd strategische of financiële overwegingen ten grondslag. Dat heeft gewoon niets met die "zachte" kant te maken', zegt Van den Brink. Prud'homme heeft nog een verklaring: 'Bedrijven denken dat cultuur en identiteit heel moeilijk te meten zijn.' Zelf denkt hij daar, net als Van den Brink, anders over. Beiden zouden het een goede zaak vinden als bedrijven voorafgaand aan een fusie een grondig 'cultuuronderzoek' doen. 'Net zoals je de boeken goed bekijkt voordat je tot overname overgaat, kun je onderzoeken hoe goed of slecht twee bedrijfsculturen bij elkaar passen', denkt Van den Brink.

'En denk vooral niet te snel dat het fusieproces is afgerond', zegt Meier. 'Het bekrachtigen van cultuur is een doorgaand proces. Je ziet vaak dat dat verwatert en dat mensen terugvallen in oude bloedgroepen.' ∎

Bron: *de Volkskrant*, 16 oktober 2007

Tussenvraag
Wat zijn de beweegredenen van de leden van de raden van bestuur?

2.2 Reflectievragen door de ik-persoon

Johan benut de pauze tijdens het overleg om zijn gedachten te ordenen. De discussie was heftig en hij vindt dat Pieter wel een punt heeft. Het bedrijf heeft zich niet aan de afspraak gehouden dus stilleggen van het transport is het gevolg van hun eigen nalatigheid. Maar zo eenvoudig ligt de zaak niet voor Johan. Hij vindt ook dat Pieter doordramt. Als hij aan de mogelijkheid denkt het transport stil te leggen of te moeten handhaven, krijgt hij de zenuwen. Hij besluit zichzelf een aantal vragen te stellen en probeert hierop ook antwoord te geven:
- Wat vind ik van het voorstel?
- Wat vindt Dennis er eigenlijk van?

- Waarom twijfel ik zo?
- Waarom heeft het bedrijf zich niet aan de afspraak gehouden?
- Is de situatie echt zo gevaarlijk?
- Vind ik de situatie gevaarlijk?
- Waarom kan het bedrijf niet nog een jaar krijgen om de verbetering door te voeren?
- Waarom dramt Pieter zo door?
- Vind ik dus dat hij dramt?
- Hoe ga ik daarmee om?
- Hoe komt het dat ik niet met het voorstel van Pieter instem?
- Wat houdt mij tegen?
- Welke factoren spelen er voor mij allemaal mee in de afweging?
- Wat is precies mijn verantwoordelijkheid?
- Waarvan krijg ik nu eigenlijk de zenuwen?
- Wat heb ik in vergelijkbare situaties gedaan?
- Hoe kan ik het best handelen?

De vragen die Johan zichzelf stelt zijn verschillend van aard. Een aantal gaat over de situatie of over het gedrag van anderen en een aantal vragen gaat over het gedrag van Johan zelf.

Bij reflecteren gaat het altijd om het onderzoeken van het eigen gedrag.

Gedrag

In het dagelijks leven staat de term gedrag meestal voor datgene wat iemand *doet* en de wijze waarop hij dat doet. *'Hij gedraagt zich erg beleefd'*, *'Wat een lomperik!!'* of *'Zij kan goed voetballen!'* zijn uitingen van een persoon over het gedrag van de ander. Het is *waarneembaar gedrag* voor de ander. Ander voorbeelden van waarneembaar gedrag zijn: het spelen van een kind in de speeltuin, het lezen van de krant, studeren en het voeren van een gesprek.

Waarneembaar gedrag

Niet-waarneembaar gedrag

Naast dit waarnembare gedrag is er ook *niet-waarneembaar gedrag*, althans, niet waarneembaar voor andere personen. Denk hierbij aan processen die zich innerlijk bij jou afspelen, zoals denken, voelen en dromen. Deze niet-waarneembare processen kunnen wel leiden tot waarneembaar gedrag. Bijvoorbeeld wanneer je je verdrietig voelt, kan de ander waarnemen dat je een verdrietige blik in je ogen hebt, of dat je huilt (Wijsman, 2005).

Je kunt gedrag ook interpreteren. Dat wil zeggen dat je probeert te verklaren waarom iemand iets doet. Je geeft een bepaalde betekenis aan het gedrag van een ander. Een interpretatie is persoonlijk; jij kunt bijvoorbeeld een heel andere verklaring voor het gedrag van Johan uit de openingscasus geven dan jouw medestudent.

Gedrag is een samenstel van waarneembare handelingen en niet-waarneembare processen.

In de psychologie is erg veel onderzoek gedaan naar gedrag en de oorzaken daarvan.

Rigter (2003) heeft een poging gedaan te definiëren wat psychologie inhoudt. Hij zegt:

> 'Psychologie is de wetenschap waarbij zowel het gedrag van mensen wordt bestudeerd als de gevoelens die mensen hebben bij het ervaren van hun gedrag en de omstandigheden waarin dat plaatsvindt.'

Bij de bestudering van het gedrag kijkt men onder andere naar erfelijke factoren en omgevingsfactoren.

2.3 Nut van reflecteren binnen elk beroep

Professionals in technische of zakelijke beroepen of binnen kunst en cultuur vragen zich mogelijk af wat het nut van reflecteren is binnen de eigen werkcontext. Reflecteren koppelen zij meestal aan de beroepen binnen zorg en welzijn, aan softies die graag graven in het verleden of de menselijke ziel en die praten over gevoelens. Daar willen verschillende beroepsbeoefenaren niet mee geassocieerd worden. Deze opvatting is uiteraard een gechargeerde voorstelling van zaken, maar waarschijnlijk niet ver bezijden de werkelijkheid.
Het is hoog tijd om deze gedachte bij te stellen! Reflecteren is een vereiste kwalificatie voor afgestudeerde hbo-ers en wetenschappers en bij ontvangst van het diploma of je bul moet je hiertoe in staat zijn.
Het gaat niet om eindeloos of oeverloos graven, het betreft daarentegen een heel systematische manier van werken, gericht op de actualiteit, die het persoonlijk professioneel handelen op een hoger niveau kan brengen.
Voordat wordt ingegaan op de competentie reflectie, worden de vier niveaus van gedrag besproken, waarbij vooral het element 'voelen' wordt uitgelicht.

2.3.1 Gedrag op vier niveaus

Wat veel professionals in verwarring brengt, is de aanname dat reflecteren alleen maar gaat over gevoel. En gevoel 'is zo vaag', niet exact genoeg, niet grijpbaar. Het is begrijpelijk dat mensen die voornamelijk bezig zijn met exacte of technische zaken, zich in hun werk minder richten op gevoelsaspecten en daar misschien in het algemeen ook minder affiniteit mee hebben. Voor hen is er goed nieuws. Reflecteren gaat over gevoel, maar dat is slechts één aspect. Het gaat over nog veel meer, over herkenbare zaken uit de dagelijkse beroepspraktijk. Je onderzoekt het eigen gedrag in een bepaalde situatie (context) namelijk niet alleen op het gevoel, maar ook op drie andere niveaus of aspecten, te weten: denken, willen en handelen. Het gaat om deze *vier* elementen in jouw gedrag. Je betrekt daarbij ook het gedrag van de ander in die situatie.

Daadkracht

De aspecten denken, willen en handelen zijn voor elke beroepsbeoefenaar herkenbaar. Wanneer professionals kwesties van het werk doornemen, richten zij zich voornamelijk op het *handelen*. Vaak gaat het om het bespreken van een situatie of probleem waarvoor een oplossing gezocht moet worden. Bij dit handelen past het woord daadkracht, een sterk, positief woord. Als iemand daadkrachtig is, ziet men dat als een kwaliteit. Bovendien kun je zien en meten wat iemand tot stand brengt.

Wilskracht

Wat men *wil* komt vaak ook aan de orde. Hoewel het niet altijd geuit wordt (het willen is een innerlijk proces), is het vaak wel zichtbaar in het werk. Als iemand iets graag wil, maakt hij zich daar sterk voor en dat kan de omgeving waarnemen. Het woord wilskracht past hierbij en die komt meestal tot uiting door daadkracht. Een wilskrachtig persoon, dat klinkt positief. Daadkracht en wilskracht zijn aspecten die in relatie met de ander getoond kunnen worden en waaraan een positief label hangt.

Anders is dit met voelen en denken. Deze laatste twee aspecten zijn ook innerlijke processen.

Denkkracht

Denktank

Ben je wel eens het woord denkkracht tegengekomen? Of iemand in staat is krachtig te denken? De term komt wel voor bij een 'bundeling' van denkers, bijvoorbeeld in een zogenoemde 'denktank'; een bijeenkomst van intelligente, weldenkende mensen met kennis van zaken die een probleem of kwestie proberen op te lossen of met elkaar een toekomstvisie ontwikkelen. Maar denkkracht als woord voor het individu dat in staat is heel krachtig te denken? Hoe moet je je dat voorstellen? Het is iets anders dan 'denkvermogen', verstand. Een groot denkvermogen is positief, maar het lijkt erop dat dit niet je eigen verdienste is. Je bent ermee begenadigd, of niet. Wanneer het denken getoond wordt door de gedachten uit te spreken kan de ander beoordelen of die gedachten bijvoorbeeld bijdragen aan het gestelde doel. Anderen kunnen de gedachte overnemen, ermee instemmen of verwerpen. Iemand kan met zijn denkvermogen een belangrijke bijdrage leveren aan opinies of werkprocessen.

2.3.2 Het element voelen

Voelkracht

En hoe zit het met 'voelkracht'? Dit woord bestaat (nog) niet, het is nieuw, laat staan dat je hiermee kunt scoren binnen je (werk)relaties. De werkwoorden invoelen en meevoelen bestaan wel, maar die zeggen vooral iets over het vermogen je in te leven in de ander. Ook erg belangrijk, maar het gaat in dit geval om jezelf. Hoe zit het met jouw voelkracht? Het vermogen om de eigen gevoelens te herkennen, je ervan bewust te worden en die in verband te brengen met je denken, willen en handelen?

Gevoelens zijn persoonlijk, exclusief van jou. Je kunt ze verbergen. Je kunt ze ook tonen door een emotie te laten zien. Dit kan de ander op het verkeerde been zetten. De emotie verdriet kan bijvoorbeeld een uiting zijn van een onderliggend gevoel van boosheid. Wanneer je je gevoelens uitspreekt, kan de ander ze erkennen, herkennen, zich inleven, met je meevoelen, maar het blijft jouw gevoel.

Gevoelens zijn lastig te meten, psychologen doen er onderzoek naar, maar het gaat hier niet om een exacte kwestie. Ligt hierin een mogelijke verklaring voor het gangbare beeld dat zakelijk en technisch ingestelde mensen over het algemeen het ingaan op gevoelens als lastig ervaren?

2.3.3 De competentie reflectie

Binnen de uitoefening van het beroep heb je als professional altijd te maken met het eigen gedrag, de beweegredenen daarvoor en de keuzes die je maakt. Bovendien heb je, hoe solistisch je ook werkt, altijd te maken met anderen: hun gedrag, beweegredenen en keuzes. Je werkt in en met professionele relaties. Er is sprake van interactie en jij hebt daarin een aandeel. Overigens geldt dit niet alleen voor de professionele context, maar ook voor de persoonlijke levenssfeer.

Ervan uitgaande dat je als professional het beste uit jezelf en uit je werk wilt halen, is het een must om jezelf het reflecteren eigen te maken. Het gevoelsaspect speelt daarin inderdaad een belangrijke rol, maar het is zeker niet het enige, zoals je hiervoor hebt kunnen lezen. Reflectie geeft je zicht op je eigen handelen en je beweegredenen daarvoor: je kunt jezelf verbeteren, ook in relatie tot anderen. Dat komt je werk ten goede. Over relatiegerichtheid in de uitoefening van je beroep lees je meer in hoofdstuk 4.

Leek wil puntdak, geen zwarte doos

Architect wil taboe in beroepsgroep op de mening van het publiek doorbreken

Interview Jurgen van der Ploeg
Architect onderzocht verschillen in opvatting over wat mooi is bij leken en bouwmeesters.
Van onze verslaggeefster
Anneke Stoffelen

LISSERBROEK — In de architectuur heerst een taboe op de smaak van de leek. Ten onrechte, vindt Jurgen van der Ploeg van FARO architecten. Vanavond is hij een van de deelnemers aan het debat *De Gelukkige Stad, architectuur vanuit het perspectief van de gebruiker* in Rotterdam. Dat het onderwerp iets losmaakt, blijkt wel uit het feit dat de organisatie wegens grote belangstelling moest uitwijken van Hotel New York naar Kriterion, met drie keer zoveel zitplaatsen.

Waarom maakt u zich sterk voor meer invloed van de leek?
'Je merkt als architect dat je op verjaardagsfeestjes nauwelijks kunt uitleggen waar je mee bezig bent, er is een grote afstand tussen architect en publiek. Terwijl ik denk dat we toch een verantwoordelijkheid hebben voor de leefomgeving. Met een gebouw verander je de context van mensen die daar vaak zelf niet om hebben gevraagd. Een zwarte doos neerzetten in een volkswijk is als een kleermaker die een gele lap naait op een zwart pak. Dat moeten architecten zich realiseren. Bovendien heeft schoonheid ook een maatschappelijk belang. Een gebouw dat na twintig jaar wordt gesloopt, is niet bepaald duurzaam.'

Eerder onderzochten FARO architecten de smaakverschillen tussen professional en leek. Wat was het opvallendste resultaat?
'Enerzijds werden bestaande clichés bevestigd: dat leken meer van retro houden en architecten vooral een voorkeur hebben voor strakke, donkere gebouwen. Maar behalve die verschillen waren er toch ook opvallend veel overeenkomsten. Een van de ontwerpen die bij beide groepen goed scoorde was een landhuis in een traditionele vorm met kap, maar uitgevoerd in moderne materialen. je ziet dat leken moderne gebouwen wel kunnen waarderen als er iets herkenbaars in zit, bijvoorbeeld een puntdak of een sierlijke vorm. De zwarte dozen waar veel architecten dol op zijn, doet mensen vermoedelijk te veel aan het Oostblok denken.'

Hoe komt het dat architecten zich kennelijk zo weinig aantrekken van wat de gebruiker wil?
'Het wereldje houdt zichzelf in stand: met strakke, modernistische ontwerpen oogst je lof bij collega's en de vakpers. En het onderwijs vergroot de kloof alleen maar. Tijdens mijn opleiding in de jaren tachtig was alles gericht op het modernisme. Buitenlandse studenten die pannendaken gebruikten, omdat ze dat bij Nederland vonden passen, werden afgeserveerd. Je krijgt in het onderwijs een kunstenaarshouding aangemeten. Een kunstenaar maakt zijn schilderij en ziet wel of een galerie het wil hebben. Maar als architect heb je ook een dienende functie.'

Hoe pakt u dat in de praktijk aan?
'Op dit moment onderzoeken we bijvoorbeeld in een Leidse volkswijk of de sociale woningbouw daar gesloopt moet worden, of gerenoveerd. De eerste reflex van de bewoners is natuurlijk: wij zijn tegen slopen. In workshops inventariseren we nu welke punten zij waarderen aan de bestaande bouw. Bewoners nemen foto's mee van dingen die zij mooi vinden in hun wijk. Op basis daarvan laat ik daarna voorbeelden zien van architectuur die daar op aansluit. Het kan zijn dat mensen zien dat nieuwbouw hen ook iets goeds kan brengen. Heel belangrijk is in elk geval dat er samenhang ontstaat in een buurt. Het is niet voor niets dat de buurten die zijn opgezet door Berlage nu tot de populairste wijken behoren. Daar zit herkenbaarheid en samenhang in. De huizenprijzen in deze buurten bewijzen volgens mij de waarde van Berlages credo: "eenheid in verscheidenheid".' ∎

Bron: *de Volkskrant*, 22 januari 2008

Tussenvraag
Wat zijn de beweegredenen van de architect?

Het is dus zaak om, tijdens je werk of daarvoor, tijdens je opleiding, werk te maken van het reflecteren. Beperk jezelf niet door te zeggen *dat is niks voor mij, ik kan het niet* of *dat past niet bij mij.* Het zou goed zijn jezelf de vragen te stellen: *Wat is reflecteren precies? Hoe kan het mij ondersteunen in mijn werkproces?* Dan ben je al op weg. Je toont daarmee een lerende houding die zo belangrijk voor je is. Geef jezelf de kans het reflecteren te ontdekken als ondersteunende vaardigheid in je persoonlijke en professionele ontwikkeling. Geef jezelf de ruimte!

Het bedrijfsleven en de hogere managementfuncties hebben inmiddels reflectie als belangrijke competentie omarmd; een 'personal coach' die leidinggevenden en topmensen ondersteunt, is al breed geaccepteerd. De reflectie die binnen de coaching plaatsvindt, geeft ruimte om na te denken, om een kwestie vanuit diverse invalshoeken te bekijken. Centraal daarin staat de persoonlijke ervaring van de gecoachte, waarbij aandacht is voor de vier aspecten denken, voelen, handelen en willen. Door middel van reflectieve vragen staat hij stil bij zijn gedrag en het effect daarvan op hemzelf, op anderen en/of de organisatie.

2.4 Aanleiding voor het stellen van vragen aan jezelf

In de openingscasus neemt Johan in de pauze de tijd om zijn gedachten te ordenen. Het willen ordenen van informatie kan de aanleiding zijn om een kwestie te overdenken, maar dan hoeft er nog geen sprake te zijn van reflectie. Dat wordt het pas als hij zijn eigen gedrag aan de orde stelt. Wanneer Johan bij het ordenen vooral zou ingaan op het gedrag van Pieter en daar een oordeel over geeft, blijft hij zelf buiten schot. Hij zou bijvoorbeeld kunnen denken: 'Waarom dramt Pieter zo door? Hij wil zeker een daad stellen, laten zien dat hij niet bang is voor de hoge heren van het bedrijf. Trouwens, hij is altijd een drammer, hij zit me wel vaker in de weg. Het komt door hem dat ik nu met een dilemma zit. Als hij nou wat schappelijker was, dan hadden we geen probleem. Lastig portret!'
Bij deze overdenking (die een eigen interpretatie van de situatie is) legt Johan de verantwoordelijkheid voor de kwestie bij de ander neer.
Dit is een bekend mechanisme van de mens: de verantwoordelijkheid bij de ander neerleggen. Het schept ruimte om het eigen gedrag niet onder ogen te hoeven zien. En dat is wel zo veilig, dan is de kans op kritiek op jou als persoon ook kleiner. Bovendien vermijd je een kwetsbare opstelling, het gaat immers niet over jou. Maar wat leer je dan over jezelf?
Johan stelt in deze casus wel vragen aan zichzelf en dat is ook de kunst van het reflecteren: de stap nemen om kritisch naar jezelf, je eigen gedrag te kijken. Johan neemt daarmee rechtstreeks verantwoordelijkheid voor het eigen gedrag.
De aanleiding is in dit geval het dilemma dat zich voordoet tijdens het werk en dat Johan de zenuwen bezorgt. Met name dit laatste gevoelsaspect is een belangrijke indicator voor kwesties waarop je als beroepsbeoefenaar kunt reflecteren.

Ziekenhuis moet vooruitgang maken met beperken leed

Bijna tweehonderd topafgevaardigden van ziekenhuizen waren in Rotterdam. Daar kregen ze uitleg over de invoering van het Veiligheidsmanagementsysteem (VMS). Zo vallen er grote verbeteringen te behalen door medische fouten te analyseren, patiëntendossiers te bestuderen of door het aanscherpen van regels omtrent hygiëne, legt internist A. Woittiez uit Almelo uit. Het dragen van beschermende kleding, handen wassen, mondkapjes, medische apparatuur consequent reinigen: als dat allemaal tegelijk wordt gedaan, daalt het aantal infecties spectaculair. 'Medewerkers moeten ook openstaan voor kritiek', vindt de internist. 'Artsen gaan meestal direct in verweer. Ze moeten bereid zijn tot reflectie.' Een ander obstakel bij patiëntveiligheid is het taboe op medische fouten. Die moeten verdwijnen, vinden alle aanwezigen. 'Fouten maken kun je niet voorkomen als ziekenhuis. Maar eerlijk en transparant durven zijn en het netjes afhandelen, dat is wat we willen', concludeert Vesseur. ■

Bron: *Spits*, 5 februari 2008

Ook voor artsen zijn er aanleidingen om vragen te stellen aan zichzelf.

2.5 Betekenisvolle situatie

Een voorwaarde om reflectieve vragen te durven stellen is de bereidheid hebben jezelf, je eigen gedrag, onder de loep te nemen.

Prettige of onprettige situatie

Wanneer deze bereidheid er is en er zich een situatie voordoet waarin je je niet prettig voelt, dan kun je jezelf vragen gaan stellen, je gaat op je eigen gedrag reflecteren. Uiteraard kun je dit ook doen in situaties waarin je je wél prettig hebt gevoeld! Die reflectie kan aanwijzingen geven over eigen gedrag dat je zou kunnen handhaven, dat een kracht van jou toont.

Betekenisvolle gebeurtenissen of situaties

Deze situaties, waarin je je prettig of onprettig voelt zijn *betekenisvolle gebeurtenissen of situaties*.

Reflectie achteraf

Je kunt *tijdens* de situatie op je eigen gedrag reflecteren, maar ook *achteraf*, zoals in het voorbeeld van Johan, die in de pauze de gebeurtenissen overdenkt. Dit boek leert je eerst over *reflectie achteraf*, omdat deze wijze voor de meeste beroepsbeoefenaren en studenten de eerste stap is bij het leren reflecteren. Reflecteren tijdens de situatie vereist gevorderde vaardigheden (Schön, 1983).

2.6 Bewustwording van betekenisvolle situatie

Een voorwaarde voor reflectie is het zich bewust zijn van de situatie.
Johan werd zich bewust van een betekenisvolle situatie, omdat hij de zenuwen kreeg van de gedachte dat hij zou instemmen met het voorstel om het transport binnen het bedrijf stil te leggen. Kennelijk was deze gedachte voor hem onaangenaam, het bezorgde hem een onprettig gevoel. Hij kreeg als het ware een gevoelssignaal.

Gevoelssignaal

Als beroepsbeoefenaar is het heel belangrijk deze vertaalslag te kunnen maken: het omzetten van een (prettig of onprettig) gevoel in een bewuste ervaring. Het lijkt erop dat lichaam en geest op dat moment een signaal afgeven dat er iets aan de hand is en het is belangrijk daarnaar te leren luisteren, je daarvan bewust te worden. Het moeilijke hierbij is dat het gevoel (bijvoorbeeld de onrust of het geluksgevoel) in jezelf aanwezig is en als het ware vanzelf opkomt zonder dat je daar invloed op hebt. Het 'overkomt je'. Het gevoel is sluimerend en nog niet bewust. Het vergt inzet om deze vaardigheid aan te leren: je bewust worden van je gevoel in een betekenisvolle situatie.

Op het moment dat je je bewust bent van een prettige of onprettige situatie die zich heeft voorgedaan, kun je deze aanmerken als een voor jou betekenisvolle situatie. De situatie hoeft voor een ander helemaal niet betekenisvol te zijn! Het gaat erom dat jij bepaald gedrag hebt vertoond in die situatie en je daar zelf vragen bij hebt. Jij met je gedrag staat centraal. Na selectie van de betekenisvolle situatie onderzoek je hoe je jezelf daarin hebt gedragen. Zoals je hebt kunnen lezen bestaat gedrag uit waarneembare handelingen, maar ook uit voor de ander niet waarneembare processen zoals denken, voelen en willen. Wanneer je heel eerlijk tegenover jezelf wilt zijn, onderwerp je zowel je *handelen*, als je *denken*, *voelen* en *willen* aan een onderzoek. En bij een onderzoek stel je vragen, in dit geval dus aan jezelf.

Onderzoek

2.7 Vragen stellen aan jezelf

Het stellen van vragen is een vaardigheid die je moet beheersen wanneer je wilt reflecteren. Wanneer je hiertoe in staat bent, dan kom je verder met je 'onderzoek'.
De soorten vragen en het gebruik ervan komen hierna aan de orde. Ook wordt kort ingegaan op vraagwoordvragen.

2.7.1 Soorten vragen

Open vragen

Gesloten vragen

Je kunt een onderscheid maken tussen open en gesloten vragen. Open vragen beginnen met een vraagwoord en ze geven ruimte om een antwoord te formuleren. Gesloten vragen leiden tot een kort antwoord; meestal kun je een gesloten vraag met ja of nee (of: soms/misschien) beantwoorden. Het antwoord is dus beperkt. Open vragen nodigen uit tot het verstrekken van meer informatie. Dat geldt voor vragen die je de ander stelt, maar uiteraard ook voor de vragen die je jezelf stelt tijdens het reflecteren.

Vragen in de breedte
Vragen in de diepte
Doorvragen

Een ander onderscheid dat je kunt aanbrengen in soorten vragen is die van vragen in de breedte (je snijdt verschillende onderwerpen aan) en vragen in de diepte (je gaat dieper in op het besproken onderwerp).
Een belangrijk aspect van het vragen stellen is het zogenoemde doorvragen. Wanneer de informatie die je krijgt, beperkt of niet helder is, dan vraag je door. Ook bij jezelf als je reflecteert! Net zolang tot je een bevredigend antwoord hebt gekregen of gevonden.

2.7.2 Gebruik van de soorten vragen

Tijdens de reflectie op je handelen, denken, voelen en willen in een bepaalde situatie, maak je gebruik van alle soorten vragen. Gesloten vragen kunnen duidelijkheid bieden, maar leveren een beperkt antwoord. Met open vragen geef je jezelf de ruimte om te onderzoeken wat je beweegredenen waren voor bepaald gedrag in die situatie. Kijk naar de vraagstelling van Johan: Op de vraag *'Vind ik de situatie gevaarlijk?'* kan hij volstaan met een *ja* of *nee*.

Antwoordt hij *'Ja'*, dan zal hij direct conclusies moeten trekken ten aanzien van zijn handelen en dat zal waarschijnlijk inhouden dat hij instemt met het voorstel van Pieter.

Antwoordt hij *'Nee'*, dan zal hij dat op grond van goede argumenten duidelijk moeten maken tegenover zijn gesprekspartners. Er lag immers al een eerdere afspraak met het bedrijf om de situatie te veranderen. Was die een jaar geleden wel of niet gevaarlijk?

Op deze gesloten vraag aan zichzelf geeft Johan dus korte antwoorden, die direct tot handelen leiden. Daar is op zich niets mis mee, maar in het kader van reflectie gaat hier iets verkeerd. De vraag gaat namelijk over de *situatie* zelf en niet over het gedrag van Johan in die situatie. Bovendien, de kwestie ligt voor hem veel genuanceerder. Hij wordt zenuwachtig van de gedachte de zaak te moeten stilleggen. Een ja of nee als antwoord voldoen niet. En dat zegt iets over hem. Als hij meer te weten wil komen over zijn gedrag, dan zal hij daarover vragen moeten stellen. In deze kwestie zou bijvoorbeeld een vraag kunnen zijn: *'Hoe komt het dat ik twijfel of het transport stilgelegd moet worden?'*

Mogelijke antwoorden die hij geeft of nieuwe vragen die hij stelt:
- Ik twijfel omdat er grote belangen op het spel staan.
- Moet ik degene zijn die de verantwoordelijkheid voor die beslissing op zich neemt?
- Straks heb ik een gigantisch conflict met het bedrijf, dat wil ik niet.
- Ik heb nu een goede verhouding met de provincie, dat wil ik zo houden, zij zijn vast niet blij met een maatregel als stilleggen van het transport.
- Ik word er straks op aangekeken, daar bedank ik voor.
- Die maatregel geeft me heel veel werk en gedonder, is dat het wel waard?
- Het is nu toch ook een jaar goed gegaan, dat kan best nog een jaar?
- We hebben een jaar geleden wel vastgesteld dat er gevaar dreigt, dan moeten we nu eigenlijk in actie komen.
- Als we in actie komen dan lijdt het bedrijf verlies en gaan er banen verdwijnen. Dat wil ik niet op mijn geweten hebben.
- Ik leef mee met het bedrijf, ze doen hun best, ik wil geen dwarsligger zijn.
- Stel dat er nu echt iets ergs gebeurt, dat er een explosie plaatsvindt waarbij gewonden of misschien wel doden vallen, wat gebeurt er dan met mij? Wil ik dat op mijn geweten hebben?

Met de eerste open vraag dwingt Johan zichzelf goed na te gaan welke positieve en negatieve factoren een rol spelen bij zijn afwegingen. De antwoorden die hij zichzelf geeft, kunnen aanleiding zijn tot nieuwe vragen. Hij leert over zichzelf, over zijn sterke kanten in een dergelijke kwestie en over de kanten die hij wil veranderen of verbeteren. Hij onderzoekt zijn gedrag en leert genuanceerd te denken. Welk beeld krijg jij als lezer van Johan als persoon? Wat zou hij door het stellen van deze vragen, over zijn gedrag en beweegredenen kunnen leren?

Nieuwsgierig zijn naar eigen gedrag

Een aanwijzing die zeker niet mag ontbreken in het advies om jezelf vragen stellen is: wees nieuwsgierig! In dit geval: wees nieuwsgierig naar het eigen gedrag, de beweegredenen om zó, of juist ánders, te handelen. Als nieuwsgierigheid ontbreekt, laat je tijdens de zoektocht misschien heel belangrijke zaken liggen. Bovendien, nieuwsgierigheid naar de beweegredenen voor het eigen gedrag, leidt tot inzicht, en dat kun je inzetten om het gedrag van andere mensen te begrijpen.

Inzicht

2.7.3 Vraagwoordvragen

De Nederlandse taal kent zogenoemde *vraagwoordvragen*. Deze vragen zijn altijd *open* en kenmerken zich doordat ze beginnen met een vraagwoord. Maak hiervan gebruik bij het reflecteren!
Vraagwoorden zijn bijvoorbeeld:

Vraagwoorden

- Wat...?
- Welke...?
- Wie...?
- Waar...?
- Wanneer...?
- Waardoor...?
- Waarmee...?
- Hoe...?
- Waarom...?

Een belangrijke opmerking bij het vraagwoord *waarom*: wees voorzichtig met gebruik van dit vraagwoord in gesprekken met anderen. Een vraag die begint met *waarom* wordt door de ander vaak opgevat als aanvallend. Het is alsof je de ander ter verantwoording roept en daarmee direct aangeeft dat die iets verkeerd heeft gedaan. Vaak is de reactie dan ook dat de ander in de verdediging schiet en waarschijnlijk was dat helemaal niet de bedoeling van de vragensteller. Je kunt dit voorkomen door de vraag te verzachten met behulp van je intonatie. Ook kun je de vraag ombuigen door te vragen: *hoe komt het dat...?*

2.8 Belang van vragen stellen aan jezelf

In de eerste plaats geeft het stellen van vragen aan jezelf enig houvast. Het risico bestaat dat je na een betekenisvolle situatie vol zit met emoties of gevoelens die je niet kunt plaatsen. De vragen geven je de gelegenheid om je gedachten en gevoelens omtrent de situatie te ordenen. Tijdens dit ordenen word je je door het stellen van de vragen bewust van je handelen. Processen die je anders onoverdacht (onbewust) aangaat, moet je nu benoemen. Je dwingt jezelf je gedrag te expliciteren. Expliciteren wil zeggen: uitdrukkelijk formuleren. Je geeft jezelf dus antwoorden, je legt aan jezelf uit waarom je op een bepaalde manier reageert. Daarmee maak je jezelf bewust van je eigen gedrag.
Een derde voordeel van het stellen van vragen is dat je jezelf dwingt eerst goed na te denken voordat je in de communicatie met de ander reageert. Door eerst na te denken over het dilemma dat Johan ervaart, voorkomt hij wellicht een ongenuanceerde reactie richting Pieter die zou kunnen leiden tot verstoorde verhoudingen.

Ordenen

Expliciteren

Nadenken

Zoals in subparagraaf 2.7.2 gezegd, leidt nieuwsgierigheid naar de beweegredenen voor het eigen gedrag tot inzicht. Dit inzicht in eigen handelen, denken, voelen en willen helpt om het gedrag van jezelf en uiteindelijk dat van anderen te begrijpen. Dat geeft je gereedschap in handen om op een professionele manier met collega's, opdrachtgevers, cliënten of je onderzoeksgroep om te gaan en de beroepsuitoefening te optimaliseren.

Nieuwsgierigheid en het stellen van vragen zijn onlosmakelijk met elkaar verbonden. Een journalist die weinig vragen of de verkeerde vraag stelt, krijgt een kort of nietszeggend antwoord. De lezer of de kijker zal niet veel aan de weet komen over de geïnterviewde persoon. Zo werkt het ook met reflecteren: hoe meer (kwalitatief goede) vragen je jezelf stelt, hoe meer (kwalitatief goede) antwoorden je jezelf kunt geven.

Zelfreflectie leidt tot betere krant

'Nederlanders martelden Irakezen' – met dat bericht opende *de Volkskrant* op vrijdag 17 november 2006 groot de krant. Nog diezelfde dag gelastte de regering een onderzoek naar de gedragingen van Nederlandse militairen in Irak. Maar ook werd al snel zware kritiek geleverd op *de Volkskrant* door de toenmalige minister van Defensie, Kamp, zijn partij, de VVD, en andere media.

Op 10 februari dit jaar erkende de krant in een reconstructie dat zij fouten heeft gemaakt, al bleef zij achter haar berichtgeving staan. In juni trok de krant opnieuw het boetekleed aan, nadat de officiële onderzoeken hadden uitgewezen dat zij op bepaalde punten in gebreke was gebleven. De hoofdredactie besloot daarop dat er een onderzoek moest komen, uit te voeren door de externe deskundigen John Jansen van Galen en Germ Kemper.

Zij hebben de werkwijze van de redactie grondig doorgelicht, de gemaakte fouten scherp in beeld gebracht en daarmee een goede basis gelegd voor het trekken van de juiste lessen. Het is een pijnlijke maar tegelijk noodzakelijke exercitie in een tijd, waarin ook van media wordt verlangd dat zij rekenschap afleggen voor hun handelen, zoals de Amerikaanse *The New York Times* een paar jaar geleden deed met haar berichtgeving over verboden wapens in Irak.

Ook *de Volkskrant* is zich van die verantwoordelijkheid terdege bewust. Zij heeft een traditie hoog te houden van transparantie en zelfonderzoek. In 2002 publiceerde zij een kritisch onderzoek naar haar berichtgeving over de val van Srebrenica. Ter gelegenheid van het 85-jarig jubileum verscheen in 2006 het boek *Tussen de regels*, waarin collega's van buiten de krant ons handelen in diverse spraakmakende dossiers – van Fortuyn tot Europa – tegen het licht hielden.

Daar wordt nu het onderzoek naar 'de martelprimeur' aan toegevoegd. Het verslag van de onderzoekers wordt niet volledig openbaar gemaakt. Dit vanwege redenen van juridische en journalistieke aard, met als hoofdzaak bronbescherming. Die dient niet alleen het belang van de bronnen in deze kwestie, maar is ook belangrijk ter bescherming van de relatie tussen de krant en zijn (toekomstige) bronnen in het algemeen.

Er is een stuk gemaakt dat de bevindingen van de onderzoekers bevat. Zij achten het een correcte samenvatting en hebben ermee ingestemd. Geen enkel punt van kritiek op de krant is achtergehouden. De hoofdredactie is ervan overtuigd dat kritische zelfreflectie leidt tot een nog betere en betrouwbaardere krant.

De hoofdredactie ■

Bron: *de Volkskrant*, 5 december 2007

Rekenschap afleggen voor het handelen

2.9 Reflecteren en evalueren

Evalueren

Taak centraal

Evalueren wil zeggen: waarderen of beoordelen. Bij een evaluatie kijkt een persoon of een groep personen terug op het verrichten van een bepaalde taak. De taak, of het volbrengen ervan, staat centraal. Het eindresultaat van de taak (product) wordt beoordeeld, evenals het proces dat tot het eindresultaat heeft geleid. Op grond van deze evaluatie worden product- en/of procesdoelen bijgesteld. Evaluaties vinden plaats tijdens (tussenevaluatie) of aan het eind van het proces (eindevaluatie). Er is dus sprake van een belangrijk verschil met reflecteren.

Eigen gedrag centraal

Bij reflectie staat het *gedrag* van de eigen persoon in de betekenisvolle situatie centraal: zijn handelen, denken, voelen en willen. Reflecteren gaat over jezelf, evalueren over de taak.

Samenvatting

Reflecteren is van belang voor álle beroepsbeoefenaren. Het heeft tot doel het professioneel handelen te verbeteren. Binnen de reflectie onderzoek je het eigen gedrag op vier aspecten of niveaus, te weten: denken, voelen, willen en handelen. Het verschil met evalueren is dat dit altijd het terugkijken op het volbrengen van een *taak* betreft.
Reflecteren begint met kijken naar je *eigen gedrag*. Je bent bereid jouw denken, voelen, willen en handelen te onderzoeken. Je reflecteert op je gedrag in een betekenisvolle situatie. Van die situatie ben je je bewust, omdat je je daarin prettig of juist onprettig voelde. Een belangrijke indicator hierbij is het gevoelssignaal. Wanneer je je bewust bent van een situatie waarop je wilt reflecteren, stel je jezelf vragen over jouw gedrag in die situatie. Open vragen geven je ruimte om de beweegredenen voor je gedrag te onderzoeken. Zorg dat je nieuwsgierig bent! Openstaan voor onderzoek naar het eigen gedrag draagt bij tot het verbeteren van het professioneel handelen en daarmee de effectiviteit daarvan.

Opdrachten

2.1 Bewustwording
Stap 1 Prik in je agenda een dagdeel waarop je een activiteit doet met andere mensen. Dat kan een ochtend naar je werk gaan zijn, een middag met je familie doorbrengen of een avond naar school gaan.
Stap 2 Op dat gekozen dagdeel probeer je je heel erg bewust te zijn van alles wat je denkt en voelt.
Stap 3 Registreer voor jezelf bijzondere gevoelens en gedachten.
Stap 4 Registreer het (kleine) voorval of de gebeurtenis die daarbij hoort.
Stap 5 Maak hiervan een kleine notitie op een kladblok of sla het op in je achterhoofd. Zorg er in elk geval voor dat je de ervaring na dit dagdeel terug kunt halen in je herinnering!
Stap 6 Na het betreffende dagdeel ga je alleen op een rustige plaats zitten.
Stap 7 Je schrijft precies op welke (kleine) voorvallen zich hebben voorgedaan, wat je daarbij hebt gevoeld en gedacht. Deze momenten kun je zien als betekenisvolle gebeurtenissen: situaties waarvan jij kunt leren over jouw gedrag.
(Deze oefening kun je herhalen.)

2.2 Vragen stellen
Stap 1 Doe opdracht 2.1 om een situatie te selecteren of neem een recente situatie in gedachten waarin je je prettig of onprettig voelde. Het gaat erom dat je een concrete situatie in je hoofd hebt.
Stap 2 Zoek een rustige plaats op waar je alleen kunt zijn.
Stap 3 Schrijf over jouw gedrag in de gekozen situatie zeven vragen op papier die beginnen met een vraagwoord.
Stap 4 Na het formuleren van de vragen ga je nadenken over de antwoorden op jouw vragen.

2.3 Verbanden zien en zoeken
Stap 1 Doe opdracht 2.2, Stap 1 tot en met 4.
Stap 2 Onderzoek of je een samenhang kunt ontdekken tussen jouw gedrag en de reacties van anderen daarop.

2.4 Krantenartikel
Stap 1 Lees het volgende artikel aandachtig door.

Tunnelvisie en te weinig tegenspraak

Achtergrond
- Artikel is gebaseerd op één bron. Dat is tegen de regels van de krant.
- Ministerie van Defensie kreeg te weinig tijd voor wederhoor.

Van onze verslaggever
AMSTERDAM — Manipulatie van de verkiezingen was het niet. Maar verder was er van alles mis bij de totstandkoming van de 'martelprimeur' van *de Volkskrant* van november vorig jaar: de onthulling dat Nederlandse militairen in 2003 Iraakse gevangenen zouden hebben gemarteld. Voornaamste oorzaken: te veel scoringsdrift, te weinig interne tegenspraak en tunnelvisie.
Dat stellen de freelancejournalist John Jansen van Galen en de in mediazaken ervaren advocaat Germ Kemper in een extern onderzoek naar de 'martelprimeur', in opdracht van *de Volkskrant*.
Het verhaal begint als de verslaggever vlak voor de zomer van 2006 na een tip in contact komt met iemand die een hoge functie heeft bekleed in de krijgsmacht. Hij meldt dat in het najaar van 2003 'meningen botsten over de wijze van optreden bij ondervragingen van Iraakse gevangenen in het zuiden van Irak'. Het voortdurend luid muziek spelen om te voorkomen dat ze met elkaar spreken, het doen van een zak over het hoofd, het met water gooien om ze wakker te houden zijn daarvan uitingen. De bron heeft aanbevolen aangifte te doen, maar heeft er zelf niets meer van gehoord.

De speurtocht van de verslaggever naar andere bronnen blijkt tevergeefs: de bron wordt serieus genomen en het verhaal dat hij heeft gehoord ook, maar bevestiging door andere bronnen met eigen wetenschap van de gemelde misdragingen blijft uit.
De verslaggever informeert andere partijen onvoldoende, stellen de onderzoekers vast. Zo wordt de officier van justitie van de Militaire Strafkamer in Arnhem niet de concrete vraag gesteld of hij ooit een melding heeft gehad van mogelijk onoorbare voorvallen bij het verhoren van Iraakse gevangenen in 2003. Hem worden alleen vijf mogelijke scenario's voorgelegd. Was die vraag wel gesteld, dan had de officier dat in een registratiesysteem na kunnen gaan, meldt hij de onderzoekers.
Signalen die het verhaal ontkrachten of verzwakken worden niet nader uitgewerkt, constateren de onderzoekers. Als de directeur voorlichting van Defensie de avond voor publicatie door *de Volkskrant* wordt gebeld, vertelt hij dat een luitenant-kolonel het incident op 14 november 2003 aan 'Den Haag' heeft gemeld. Die kreeg de instructie de marechaussee in Irak op de hoogte te brengen.
Deze nieuwe informatie wordt niet meer aan de officier van justitie voorgelegd. Bovendien zijn de ondervragingen niet uitgevoerd door mariniers, vertelt de directeur voorlichting, maar door een 'MIVD-cel'. Dat feit wordt gecorrigeerd in het artikel, zonder dat iemand op de redactie een twijfelen aan de deugdelijkheid van de rest van het verhaal. Er is op de krant onvoldoende doorgevraagd over de feiten, aldus de onderzoekers.
Per saldo blijkt er uiteindelijk maar één bron voor het artikel, wat tegen de regels van *de Volkskrant* ingaat. Die schrijven voor dat er bij het gebruik van anonieme bronnen twee bronnen moeten zijn die het verhaal onafhankelijk van elkaar bevestigen. Pas op de avond voor publicatie komt er een tweede bron, de directeur voorlichting van Defensie.
Voorts heeft het ministerie van Defensie te weinig tijd gekregen voor wederhoor, stellen Jansen van Galen en Kemper, die dat onzorgvuldig noemen. Als het departement meer tijd had gekregen, dan was gebleken dat het OM destijds wél een onderzoek had ingesteld. De suggestie in de berichtgeving dat de zaak in de doofpot was gestopt, zou daarmee tenminste sterk zijn gerelativeerd. Het gebruik van het woord 'martelen' in de krant was volgens het onderzoek onvoorzichtig en onzorgvuldig: er was te weinig bekend, en de wel bekende feiten waren te weinig gecheckt.
Nadat er veel kritiek is gekomen, publiceert *de Volkskrant* in februari een reconstructie van de totstandkoming van het gewraakte artikel. Het commentaar van de bron wordt in dat verhaal niet meegenomen. Ten onrechte, menen de onderzoekers: de interpretatie van *de Volkskrant* wordt nu als enige waarheid voorgesteld. De reconstructie is geschreven door de auteur van het oorspronkelijke artikel. 'Niet verkieslijk', vinden Jansen van Galen en Kemper; deze zal door alle commotie 'een onbewuste maar onweerstaanbare drang tot zelfrechtvaardiging aan de dag leggen'.
In mei 2007 meldt *de Volkskrant* na een tip van een betrouwbare bron verder dat het verhoor in Irak werd afgenomen met stroomstoten. Voor dat verhaal is 'geen aannemelijke basis te vinden in de beschikbare feiten', aldus de onderzoekers nu. Ze constateren dat hier sprake is van 'tunnelvisie': een nieuw gegeven wordt zo geïnterpreteerd dat het past in de theorie dat zou zijn gemarteld. Zo raakt de noodzakelijke afstandelijkheid op de achtergrond, schrijven Jansen van Galen en Kemper.
Ze concluderen dat er een gebrek aan tegenspraak in de redactie is. In de aanloop naar een te verwachten primeur ontstaat een geestdrift die relativering en kritische vragen bijna uitsluit. Verder hindert de scoringsdrift de waarheidsvinding, aldus de onderzoekers: de wens een primeur te scoren is zo sterk, dat de aandacht voor de bijbehorende feiten en hun context gaandeweg minder wordt. In de angst de primeur te verspelen, wordt bronnen als de officier van justitie en de directeur voorlichting van Defensie bovendien onvoldoende inzicht gegeven in wat de krant gaat schrijven. Ook de hoofdredactie bleef in gebreke. Haar is in de eerste plaats te verwijten dat niet gezorgd is voor een bredere verantwoording voor de term 'martelen'.
Maar bij alle op- en aanmerkingen hebben de onderzoekers ook lof: Nederlandse militairen hebben zich tijdens een vredesmissie in Irak ernstig misdragen jegens Iraakse burgers

en *de Volkskrant* heeft dit aan het licht gebracht. Bovendien is duidelijk geworden dat de betekenis van die gebeurtenissen aanvankelijk onvoldoende door de bevoegde instanties is erkend. Ook vinden ze het zeer prijzenswaardig dat de krant de gang van zaken extern heeft laten onderzoeken. In een reactie op het onderzoek trekt de hoofdredactie van *de Volkskrant* vijf lessen: bij gevoelige onderwerpen zal tegenspraak worden georganiseerd en zullen sceptici actief betrokken worden in het overleg. Ook moeten verslaggevers bedacht zijn op het risico dat zij in hun scoringsdrift aanwijzingen negeren die niet in hun verhaal passen. Verder moet erop worden gelet dat er voldoende tijd is voor wederhoor, waarbij betrokkenen zo concreet mogelijk worden geïnformeerd, en behalve feiten ook eventuele conclusies krijgen voorgelegd. Tijdsdruk zal worden vermeden om feiten zo nodig verder te onderzoeken. Verslaggevers moeten de kale feiten melden, opdat de lezer zelf kan oordelen.

Volledige tekst van de samenvatting van het onderzoek:
vk.nl/onderzoek ■

Bron: *de Volkskrant*, 5 december 2007

Stap 2 Welke aspecten in het artikel betreffen een evaluatie en welke aspecten betreffen reflectie? Motiveer je antwoord.

Stap 3 Op welke momenten had de verslaggever van het genoemde artikel 'Nederlanders martelden Irakezen' volgens jou kunnen reflecteren op zijn handelen (of de redactie van de krant op haar handelen)?

Stap 4 Vergelijk je antwoorden met die van een medestudent.

Reflecteren: een model

3.1 Richten op jezelf
3.2 Doel, model en methode
3.3 De casus volgens de reflectiespiraal
3.4 Systematiek: een stappenplan
3.5 Leerproces
3.6 Reflectievermogen en abstract denken
3.7 Reflecteren: een omschrijving van het begrip

Reflecteren is zowel een manier van leren als een vaardigheid; je moet het kunnen om ervan te leren. Je traint jezelf hierin en je hebt in de voorgaande hoofdstukken handvatten gekregen om reflectiever te denken. Vragen stellen is hierbij een belangrijk instrument. Nu kun je dit prima inzetten, maar het is ook erg prettig een kader voor reflectie te hebben, een richtsnoer dat houvast geeft in het reflectieproces. Dit richtsnoer tref je aan in de reflectiespiraal, een model voor reflectie. Een praktische uitwerking in een stappenplan, aan de hand van de openingscasus, geeft inzicht in de systematiek van de reflectiespiraal.

OPENINGSCASUS

Het besluit

Christine is hrm-adviseur (human resource management) bij Omnia, een groot landelijk energiebedrijf. Zij adviseert en ondersteunt het management op lokaal en regionaal niveau bij personeelsaangelegenheden, zoals functioneringsgesprekken, opleidings- en ontwikkelingstrajecten, arbeidscontracten, conflicten of ziekteverzuim.

Op dit moment is ze betrokken bij een zaak die aanhangig is gemaakt door vier teammanagers die, samen met een vijfde manager, werken vanuit het kantoor in Rijswijk.

Het team van vijf managers heeft eerder unaniem besloten dat voorbereidende activiteiten voor het leveren van gas en elektriciteit voortaan niet meer door het eigen bedrijf gedaan zullen worden, maar zullen worden uitbesteed. Het meten, leggen en aansluiten van kabels en leidingen zal dus verdwijnen uit het dienstenpakket dat Omnia aanbiedt in dat werkgebied. Met de marktwerking moet alles goedkoper en het is voordeliger af en toe mensen in te huren dan ze volledig in dienst te houden.

Ondanks de unanimiteit van het besluit houdt manager Peter, die al vijftien jaar in dienst is van Omnia, zich niet aan de afspraak. Aanvankelijk conformeert hij zich aan het besluit, maar hij begint te twijfelen aan de juistheid ervan en handelt daarom niet overeenkomstig. De andere vier managers roepen hem ter verantwoording. Ze spreken hem aan op zijn gedrag, het feit dat hij zich niet aan hun afspraak houdt, en vragen of hij zich alsnog wil inzetten om de afspraak na te komen. Peter doet dit niet en zijn collega-managers zeggen het vertrouwen in hem op. Zij stellen op deze manier niet te kunnen samenwerken en zij vrezen dat de bedrijfsvoering in de knel komt. Zij schakelen hun leidinggevende in, de regiomanager, die de zaak overlegt met Christine.

De regiomanager en Christine voeren gesprekken met alle partijen, waarbij de regiomanager de leiding heeft, ook op de punten waar Christine gewoonlijk het voortouw neemt. Ze besluiten een traject in gang te zetten dat erop gericht is Peter te behouden voor zijn managerspositie. Christine wil zich hiervoor inzetten. Peter zal ter verbetering van zijn werk deelnemen aan een assessment waarbij gekeken wordt naar zijn leidinggevende en besluitvormende capaciteiten.

Met de uitslag van het assessment is Peter het absoluut niet eens. Kort gezegd wordt er gesteld dat hij veel twijfelt en weinig daadkrachtig is. Hij durft geen impopulaire maatregelen te nemen, ook als dat noodzakelijk is voor de voortgang van de bedrijfsvoering. Peter begrijpt niets van de uitslag. Hij vat het op als een brevet van onvermogen en dat terwijl hij al vijftien jaar leidinggevende is en nooit een onvoldoende heeft gescoord op zijn functioneren.

Hij kan zich niet vinden in de uitslag van het assessment en hij gaat in verzet. Dit is voor de regiomanager voldoende reden om Peter niet meer terug te willen hebben als manager in het team. Hij draagt hem voor ter bemiddeling bij het interne mobiliteitsbureau.

Christine heeft in deze kwestie vooral langs de zijlijn gemanoeuvreerd. Normaal gesproken zou zij een duidelijke stem hebben in het advies rond overplaatsing, ontslag of het opstarten van een ontwikkel- of outplacementtraject. In dit geval heeft de regiomanager alle touwtjes in handen gehad en Christine voelde geen ruimte om een alternatieve weg in te slaan. Zij heeft die mogelijkheid overigens ook niet opgeëist. Christine denkt eens na over de zaak en haar rol in het geheel.

Reflectie (bad practice)
'Je moet van goeden huize komen om bij deze regiomanager een positie te verwerven als hrm-adviseur. Hij heeft me totaal geen ruimte gegeven, hij houdt echt zelf de touwtjes in handen. Volgens mij had hij zijn strategie al bepaald, hij kan goed overweg met de andere vier teammanagers. Hij heeft het knap gedaan, dat wel, hij heeft met alle partijen gesprekken gevoerd. Hij is er zelf ook erg voor om diensten die geen kerntaak zijn, buiten het bedrijf te positioneren. Dus waarschijnlijk past Peter ook niet zo goed bij de strategie die hij zelf heeft bepaald voor het bedrijf. Dan blijft er voor een hrm-adviseur nog weinig te adviseren hè.'

Analyse bad practice
- Geen ik-boodschap
- Verantwoordelijkheid bij ander leggen
- Het gaat niet over het eigen gedrag, alleen over dat van de ander
- Interpretatie (als waarheid zien)
- Cynisme

Reflectie (good practice)
'Ik houd een onprettig gevoel over aan deze zaak. Ik vind zelf dat ik mijn positie als hrm-manager niet heb kunnen waarmaken. Waar ligt dat nou aan? Ik had met de regiomanager toch een duidelijk traject afgesproken, namelijk dat we Peter zouden behouden voor zijn functie. Ik heb het idee dat dit doel direct van de baan was toen Peter in verzet ging tegen de uitslag van het assessment. Wat had ik op dat moment kunnen doen? Ik heb me eigenlijk niet laten horen, ik heb geen vragen gesteld over de koerswijziging van de regiomanager. Als ik heel eerlijk ben vond ik het ook wel fijn dat hij zich zo daadkrachtig opstelde. Hij was erg duidelijk in zijn aanpak en voor de vier andere managers en hemzelf was het goed dat de knoop werd doorgehakt. Hoe komt het dan dat ik me er toch niet prettig bij voel? Als ik terugkijk heb ik eigenlijk van het begin af aan niet duidelijk gemaakt wat mijn positie was en waar ik voor stond. Hoe komt dat? In andere gevallen heb ik hier meestal niet zo'n moeite mee. Zou het te maken kunnen hebben met de manier waarop ik tegen de regiomanager aankijk? Ik vind hem wel een autoriteit, hij pakt zaken gedegen aan en eigenlijk durf ik er niet zoveel tegenin te brengen. Zeg ik hiermee tegen mezelf dat ik eventuele mogelijkheden voor Peter heb laten schieten omdat ik zelf niet in staat was om me daadkrachtig op te stellen? Wat had ik nog voor Peter kunnen betekenen? Wat zegt dit over mij en over mijn professionaliteit?'

3.1 Richten op jezelf

In de casus vraagt Christine zich af wat haar beweegredenen waren om zich op deze manier op te stellen tegenover de regiomanager. Zij doet dit aanvankelijk (bad practice) op een manier die waarschijnlijk voor veel lezers herkenbaar is: de verantwoordelijkheid buiten zichzelf leggen en vooral *niet* kijken of ingaan op het *eigen* gedrag. In ongemakkelijke situaties of in conflicten is het voor mensen vaak veel eenvoudiger om een ander de schuld te geven en te benoemen wat de ander verkeerd heeft gedaan of wat hij anders had moeten doen. Daarmee houden mensen zichzelf uit de wind. Het is veilig, ze hoeven dan niet kritisch naar het eigen gedrag te kijken. Van professionals mag je verwachten dat ze die stap nu juist wél nemen: óver de drempel van de weerstand (die zich uit in het kijken naar gedrag van de ander), stappen en inzoomen op het eigen gedrag. Want daar draait het bij reflectie om.

3.2 Doel, model en methode

Doel

Zoals eerder gezegd, is het doel van reflecteren bewustwording van en inzicht krijgen in eigen handelen en gedrag met het oogmerk het persoonlijk professioneel handelen te verbeteren in toekomstige beroepssituaties. Degene die reflecteert wordt zich bewust van het eigen gedrag om uiteindelijk bekwaam te worden in het beroep dat hij uitoefent. Bekwaamheid houdt ook in dat je kritisch naar het eigen professioneel gedrag blijft kijken en afweegt welk handelen het meest effectief is voor het te bereiken doel in het uitoefenen van het beroep.

In deze paragraaf komt een reflectiemethode om het doel van bekwaamheid te bereiken, aan de orde.

3.2.1 Spiraalmodel van Korthagen

Om het reflectieproces goed onder de knie te krijgen is een systematische benadering van belang, die geeft houvast en overzicht. In 1982 heeft Korthagen (Korthagen e.a., 2003) het reflecteren op eigen handelen volgens een systematische werkwijze weergegeven in het spiraalmodel voor reflectie, zie figuur 3.1.

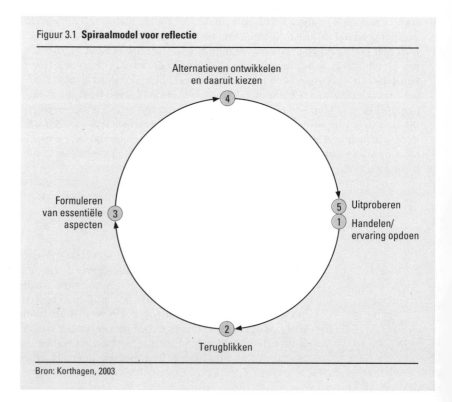

Figuur 3.1 **Spiraalmodel voor reflectie**

Bron: Korthagen, 2003

In dit model onderscheidt hij vijf fasen die doorlopen worden:
1. handelen/ervaring opdoen;
2. terugblikken;
3. formuleren van essentiële aspecten;
4. alternatieven ontwikkelen en daaruit kiezen;
5. uitproberen.

Het uitproberen in fase 5 vormt weer het startpunt (fase 1) voor een nieuwe reflectieronde. Daarmee ontstaat de 'reflectiespiraal'. Vergelijk deze eens met de leercyclus van Kolb (subparagraaf 1.3.1).

Spiraalmodel
Standaardvragen

Dit *spiraalmodel* voor reflectie is een basismodel. Het biedt je houvast bij het onderzoeken van je ervaringen. Bij dit model horen drie standaardvragen:
1. In fase 2: wat is er gebeurd?
2. In fase 3: wat vond ik daarin belangrijk?
3. In fase 4: tot welke voornemens of leerwensen leidt dat?

Fase 2 is belangrijk om tot concretisering te komen van de situatie waarop je wilt reflecteren. Je moet je bewust zijn van een betekenisvolle situatie, zoals beschreven in hoofdstuk 2 van dit boek. In fase 2 analyseer je de betekenisvolle situatie. Je gaat na hoe je handelde, dacht en wat je voelde en eigenlijk wilde. Tevens ga je na welk effect jouw gedrag had op je omgeving, en omgekeerd. Met deze analyse kom je geleidelijk in fase 3, het formuleren van de belangrijkste aspecten uit de betekenisvolle situatie: de kern van de situatie waarop je wilt reflecteren, gericht op eigen gedrag. Dat lukt alleen wanneer je de situatie minutieus onderzoekt en wanneer je goed concretiseert. Concretiseren wil zeggen dat je de informatie nader preciseert. Wat vaag of onduidelijk is, maak je helder en begrijpelijk voor de ander. Zie voor het begrip concretiseren ook de hoofdstukken 6 en 8.

Concretiseren

Richtvragen

Korthagen (1993) geeft voor fase 2 een overzicht met negen richtvragen om tot die concretisering te komen, zie tabel 3.1.

Tabel 3.1 **Richtvragen**

0. Wat was de context?

1	Wat wilde ik?	5	Wat wilde de ander (klant, collega, cliënt)?
2	Wat voelde ik?	6	Wat voelde de ander (klant, collega, cliënt)?
3	Wat dacht ik?	7	Wat dacht de ander (klant, collega, cliënt)?
4	Wat deed ik?	8	Wat deed de ander (klant, collega, cliënt)?

In fase 2 gaat het vooral om het vinden van antwoord op de vragen in tabel 3.1. Je zult merken dat je vaak moeite hebt met het vinden van antwoorden op de vragen in de rechtervakjes. Je moet leren om erachter te komen wat er met de ander (bijvoorbeeld klant, opdrachtgever, collega, werknemer of medestudent) gebeurt.

Korthagen biedt met dit model structuur aan het reflecteren op eigen ervaringen door studenten, aanvankelijk onder begeleiding, maar gaandeweg steeds meer zelfstandig.

Ten slotte nog een opmerking over de theorie van Korthagen. De drie vragen die hij stelt bij de fasen van het spiraalmodel, hebben op zichzelf ook weer geleid tot een werkmodel voor reflectie, het zogenoemde *ABC-model*:

ABC-model

A Wat was er voor jou **A**an de orde?
B Wat is daar **B**elangrijk aan?
C Welke **C**onclusies (voornemens) trek je daaruit?

Dit model is een ministappenplan voor reflectie. Je kunt dit prima als houvast gebruiken, maar je moet dan wel in staat zijn om jezelf verdiepende vragen te stellen in zowel fase A, B als C van dit stappenplan. De praktijk leert dat alleen beantwoording van de drie vragen leidt tot oppervlakkigheid; het blijft dan veelal bij beschrijven en dat is in het kader van reflectie te mager. Lees in dit verband ook de volgende subparagraaf goed door.

Beschrijven

3.2.2 Reflecteren op betekenisvolle situatie

Betekenisgeving

Siegers (2002) benadert reflecteren als een proces van betekenisgeving. Degene die reflecteert vraagt zich af wat een bepaalde situatie specifiek voor hem/haar betekend heeft. Overigens onderscheidt ook Siegers drie vormen van reflectie: *achteraf* (terugzien op de betekenisvolle situatie), *tijdens* het handelen (reflectie in actie) en *vooraf* (anticiperen op hetgeen gaat gebeuren). In al die reflecties staat betekenisgeving van de ervaring centraal.

Ervaren

Aan het begrip ervaren besteedt Siegers speciale aandacht:

> 'Ervaren veronderstelt een bepaalde situatie of gebeurtenis (wat raakt je?), die iemand persoonlijk raakt (waar word je geraakt? wat doet het je? hoe word je geraakt?), die hij kan verwoorden (expliciteren) en waarin hij concreet maakt in woorden waar hij geraakt werd en door wat precies (concretiseren).'

Hij stelt dat iets ervaren een persoonlijke aangelegenheid is en geraakt worden door een ervaring kan alleen als je je als persoon daarvoor openstelt. Hiermee geeft hij een verschil aan met 'iets meemaken'. Wanneer je iets ervaart, doorleef je het zelf, als je iets meemaakt 'sta je erbij en kijk je ernaar'.

Dit verschil is wezenlijk voor het reflecteren op eigen handelen. Bij het reflecteren op de betekenisvolle situatie stel je jezelf centraal, je eigen denken, willen, voelen (wat raakte je?) en handelen daarin, je persoonlijke ervaring van die situatie. Wanneer je iets meemaakt, stel je niet jezelf en je persoonlijke ervaring centraal, maar de situatie zoals die zich aan jou heeft voorgedaan. Vergelijk dit 'geraakt zijn' eens met het reeds besproken 'gevoelssignaal' uit paragraaf 2.6.

3.2.3 Tussenfasen in de reflectiespiraal

De reflectiespiraal van Korthagen is een prima basismodel, waaraan Groen (2006) voor professionals die beginnen met reflecteren, een aantal *tussenfasen* heeft toegevoegd, die expliciete elementen bevatten. Dit zijn: bewustwording, overzien van de consequenties van eigen handelen en een **beslismoment** (zie figuur 3.2).

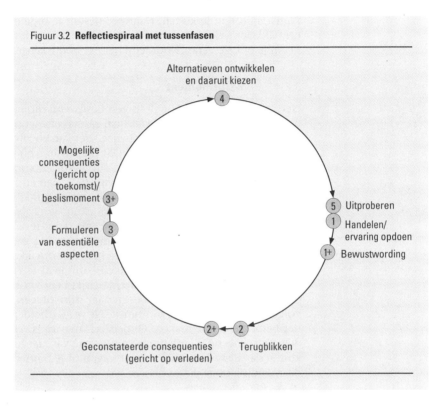

Figuur 3.2 **Reflectiespiraal met tussenfasen**

Fase 1+   Fase 1+ is de fase van het gevoelssignaal, de bewustwording en de selectie van de betekenisvolle situatie. Expliciteren van deze fase is belangrijk, juist omdat de bewustwording voor (beginnende) reflectanten zoveel oefening vergt!

Fase 2+   Fase 2+ staat voor het bewust worden en benoemen van de consequenties van het handelen in de reeds gepasseerde betekenisvolle situatie. De geconstateerde consequenties dus van het handelen in het verleden, zowel voor zichzelf als voor anderen.

Fase 3+   Fase 3+ staat voor het bewust worden en benoemen van de mogelijke consequenties van het handelen voor de toekomst, zowel voor zichzelf als voor anderen. Aan deze fase is een beslismoment gekoppeld: ga ik door op de oude voet en blijf ik handelen zoals ik deed, of trek ik lering uit de ervaring en hernieuw ik mijn handelen?
Centrale vragen in deze fasen zijn respectievelijk: 'Wat wilde ik?' en 'Wat wil ik?'

Het overzien van de consequenties van eigen handelen is een belangrijk aspect in het terugkijken op de betekenisvolle situatie. Hierna moet namelijk altijd een keuze worden gemaakt: ga ik zo door, of wil ik mijn gedrag veranderen?

Impliciet zitten deze vragen en deze tussenfasen ook in het schema van Korthagen. Door deze vragen te expliciteren kun je je nog bewuster worden van de keuze waar je voor staat. Wanneer je de consequenties van je handelen onderzoekt en overziet, en je weet wat je wilt in de toekomst, dan kun je kiezen. Daarmee besluit je of je een alternatief wilt ontwikkelen voor je handelen. Met het maken van een bewuste keuze neem je ook de verantwoordelijkheid voor die keuze.

3.2.4 Beslismoment

Het keuzemoment in fase 3+ is een beslissend moment in de reflectiecyclus. Je besluit of je doorgaat naar fase 4, of niet. In dit laatste geval kies je geen alternatieve handelwijze. Het kan zo zijn dat je hiermee je handelen op een zeker aanvaardbaar (professioneel) niveau handhaaft. Je kijkt terug op handelingen die succesvol en correct waren. Het is goed om dit op basis van reflectie vast te stellen en in nieuwe situaties gebruik te maken van deze handelingen of handelingspatronen. Het kan echter ook zijn dat je ervoor kiest om je professioneel handelen niet te verbeteren (om welke reden dan ook), terwijl jouw handelen wel verbetering behoeft. Wanneer dit laatste het geval is en de reflectie plaatsvindt in het kader van de beroepsontwikkeling of opleiding, dan is het in dit stadium noodzakelijk om je af te vragen of je (op dit moment) verder wilt en kunt met/geschikt bent voor dit beroep of deze opleiding. Immers, beroepsbeoefenaar zijn of een beroepsopleiding volgen, veronderstelt de wil om jezelf in het beroep te bekwamen of het beroep eigen te maken. Onderdeel hiervan is reflectie op het handelen en reflectie is gericht op verbetering van dat handelen. Wil je, of kun je dat niet, dan moet je je afvragen of je binnen het beroep of op de opleiding op je plaats bent.

3.3 De casus volgens de reflectiespiraal

Betekenisvolle situatie

Focus

In de casus van Christine is haar handelen over een langere periode beschreven. Van belang is nu dat zij eerst de situatie selecteert waarop zij wil reflecteren, de zogenoemde *betekenisvolle situatie*. Dit helpt haar te focussen op haar eigen gedrag in die specifieke situatie. Het kadert en houdt haar bij de les. De verleiding zou anders groot zijn om de hele aaneenschakeling van gebeurtenissen te beschouwen, waardoor een risico op oppervlakkigheid ontstaat; het gaat dan meer om beschrijven van en aandacht voor de gebeurtenis op zich, dan om de aandacht voor het eigen gedrag. Het selecteren van de betekenisvolle situatie is dus van cruciaal belang in de reflectie. Beginnend reflectanten hebben hier vaak veel moeite mee. Wat erg helpt bij de keuze is goed te 'luisteren' naar eigen *gevoelssignalen*. Een betekenisvolle situatie herken je vaak aan het gevoel dat je erbij hebt: 'dit zit me niet lekker', 'het was súper!' of 'ik krijg het er benauwd van'. De kunst is om deze, vaak onbewuste gevoelens, bewust te maken.

Selecteren

Gevoelssignalen

Bewust worden

Als je de hele casus beschouwt als fase 1 (handelen/ervaring opdoen) dan selecteert Christine in fase 1+ (bewustwording) de volgende betekenisvolle situatie: het moment waarop Peter in verzet gaat tegen de uitslag van het assessment, de regiomanager het besluit neemt dat hij hem niet meer terug wil als manager en Christine voor zichzelf geen rol opeist in dit proces. Haar gevoelssignaal is hierbij bepalend: 'ik houd een onprettig gevoel over aan deze zaak'.

In fase 2 (terugblikken) onderzoekt ze de betekenisvolle situatie en stelt daarbij haar eigen gedrag centraal. Dit is de fase van onderzoek en analyse. Ze gaat hierbij in op de **context** en de vier elementen denken, voelen, willen en handelen (zie de richtvragen in tabel 3.1). Zo vraagt ze zich af waarom ze zich niet heeft laten horen en geen vragen heeft gesteld. Ze probeert ook naar voren te halen wat haar heeft bewógen om dit niet te doen: ze vond het ook wel fijn dat de regiomanager zich daadkrachtig opstelde. Vervolgens gaat ze verder met haar onderzoek: ze vraagt zich af wat de reden is van haar terughoudendheid. Heeft het te maken met durf? Christine gaat onderzoeken en is bereid kritisch naar haar eigen handelen te kijken.

In fase 2+ (geconstateerde consequenties, gericht op verleden) kijkt Christine naar de consequenties van haar handelen in die specifieke situatie, voor haarzelf en voor de ander.
Dit is in de reflectie (good practice) hiervoor niet uitgebreid beschreven, maar je kunt veronderstellen dat Christine de volgende consequenties zou weergeven:
- Op de korte termijn was het wel prettig voor mezelf, ik vond het daadkrachtig optreden fijn.
- Het gedrag van de regiomanager hield mij uit de wind.
- Ik hoefde me niet te positioneren tegenover Peter.
- Ik maakte het de regiomanager makkelijk door geen tegengas te geven.
- Ik heb Peter eigenlijk in de kou laten staan.
- Ik heb me niet sterk gemaakt om ons aan de afspraak (Peter behouden voor het management) te houden.
- Op de lange termijn voelde ik me helemaal niet prettig en tevreden over het gedrag dat ik heb getoond.

In fase 3 (formuleren essentiële aspecten) geeft Christine weer wat voor haar in de betekenisvolle situatie het belangrijkst is, of het moeilijkst (leermoment). Op basis van haar onderzoek, analyse (fase 2) en geconstateerde consequenties (fase 2+) komt zij tot het formuleren van het volgende essentiële aspecten:
- Welke invloed heeft de aanwezigheid van een autoriteit op mij?
- Wat is mijn beeld van een autoriteit?
- Hoe stel ik mij op tegenover autoriteiten?

In fase 3+ (mogelijke consequenties, gericht op de toekomst) is Christine zich bewust van de consequenties van haar handelen voor de toekomst. Als zij zich (bijvoorbeeld) onderdanig of afhankelijk zou blijven opstellen wanneer zij samenwerkt met iemand die zij als autoriteit ziet, dan betekent dat voor haar dat zij zich niet zal durven uitspreken, dat zij zich ontevreden of niet prettig voelt over haar handelwijze en dat ze de werknemer voor wie zij zich in eerste instantie inzette, niet tot zijn recht laat komen. In deze fase 3+ zit ook het *beslismoment*: degene die reflecteert, besluit of hij zijn handelen handhaaft of wil wijzigen in de toekomst.

Dit is een zeer belangrijk beslissend moment in de reflectiecyclus, gericht op verandering van gedrag. Christine besluit hier of zij doorgaat naar fase 4, het ontwikkelen van handelingsalternatieven, of niet. Professionaliteit vraagt van haar een lerende houding, een voortdurend afvragen en onderzoeken of zij haar handelen kan verbeteren.

Christine overziet de consequenties, zij wil de mensen voor wie zij werkt tot hun recht laten komen en bovendien wil zij zich niet rot voelen over haar werkwijze of het feit dat ze heeft nagelaten een rol op te eisen in het geheel. Ze wil dat een volgende keer anders aanpakken en besluit over te gaan naar fase 4 (handelingsalternatieven ontwikkelen en daaruit kiezen).

Ze stelt de volgende alternatieven vast:
- Ik ga onderzoeken wat autoriteit voor mij betekent en hoe mijn kijk hierop mijn handelen bepaalt.
- Ik ga in gesprek met een collega-hrm-adviseur over deze situatie.
- Ik ga informatie inwinnen bij collega's over hoe zij omgaan met autoriteit.
- Ik ga in ons tweewekelijks overleg de positionering van de hrm-adviseurs binnen onze organisatie aan de orde stellen.
- Ik ga mogelijk een training 'Omgaan met autoriteit' volgen.
- Ik ga proberen in een vergelijkbare situatie mijn twijfel of onrust aan de orde te stellen bij de regiomanager.

In fase 5 (uitproberen) gaat Christine de opties uitproberen. Fase 5 valt samen met fase 1: het uitproberen is het opnieuw handelen en ervaring opdoen.

Specifieke situatie kiezen

Focus

De uitwerking van de casus laat zien dat het belangrijk is om een specifieke situatie uit het hele werkproces aan de orde te stellen. De focus op het eigen gedrag in die situatie leidt tot verdieping. Wanneer Christine het totale werkproces aan een onderzoek zou willen onderwerpen, dan wordt de reflectie onoverzichtelijk: het gevaar bestaat dat er verwarring optreedt met evaluatie van de taak én ze zou dan moeten focussen op verschillende gedragsaspecten in verschillende betekenisvolle situaties. Ze had bijvoorbeeld ook kunnen inzoomen op het feit dat ze met de regiomanager de afspraak maakte om Peter voor het management te behouden. Wat heeft haar tot dit besluit bewogen? Wat dacht en voelde zij en wat wilde zij eigenlijk? Wat zegt dit over haar?

Overigens is het goed op te merken dat er nu gekozen is om Christine als hoofdpersoon te nemen in deze casus, maar dat ook de regiomanager, de andere vier managers én Peter professionals zijn die zouden kunnen (moeten?) reflecteren op hun gedrag in deze kwestie. Welke interpretaties heb je bij hun handelen?

3.4 Systematiek: een stappenplan

De casus Christine is in paragraaf 3.3 aan de hand van de reflectiespiraal doorlopen.
Voor de overzichtelijkheid tref je hierna een stappenplan aan, gebaseerd op de fasen van de reflectiespiraal. De toegevoegde tussenfasen (1+, 2+ en 3+) zijn hierin verwerkt. Dit stappenplan geeft de systematiek van de vaardigheid reflecteren weer. Je doorloopt deze stappen en traint daarmee je reflectievaardigheid. Het stappenplan correspondeert met figuur 3.2.

Systematiek

Stappenplan voor reflectie

Stap 1 Handelen/ervaring opdoen (betekenisvolle situatie).
Stap 1+
- Gevoelssignaal herkennen.
- Bewust worden van de betekenisvolle situatie.
- Selecteren van de betekenisvolle situatie.

Stap 2 Afstand nemen en terugkijken op deze situatie. In deze fase doe je het volgende:
- Concretiseren van betekenisvolle situatie.
- Expliciet maken van de betekenisvolle situatie en jouw gedrag daarin.
- De betekenisvolle situatie vanuit verschillende invalshoeken bekijken.
- Nadenken over eigen willen/denken/voelen/handelen.
- Analyseren van eigen willen/denken/voelen/handelen.
- Confronteren met eigen subjectieve theorieën; persoonlijk werkconcept.*
- Ontdekken van (impliciet) werkmodel of structuur in handelen.**
- Ontdekken van effecten van jouw handelen op jezelf en anderen.
- Leggen van verbanden tussen eigen handelen en reactie van omgeving.
- Een verband ontdekken tussen jouw handelen in deze en andere situaties.
- Een patroon ontdekken in jouw handelen in deze en andere situaties (generaliseren).
- Verkrijgen van inzicht in beweegredenen voor eigen gedrag.

Stap 2+ Consequenties overzien en vaststellen: van het vertoonde gedrag/handelen in de betekenisvolle situatie. De consequenties zijn gericht op het eigen handelen in het verleden. De vragen zijn: wat wilde ik? én: wat waren de gevolgen voor mijzelf en anderen?

Stap 3 Het expliciet formuleren van de kern: de essentiële aspecten van de betekenisvolle situatie. Wat is daarin voor mij het belangrijkst? Wat is voor mij het moeilijkst? Wat ging goed?

* en ** zie hoofdstuk 4, paragraaf 4.5

Stap 3+ Consequenties overzien en vaststellen van formulering onder stap 3.
Vaststellen wat mogelijke consequenties van gedrag kunnen zijn voor de toekomst. De consequenties zijn dus gericht op toekomstig handelen. De vragen zijn: wat wil ik? en: wat zijn de mogelijke gevolgen voor mijzelf en anderen?
Vul voor jezelf de volgende zin in: 'Als ik ... (niet) doe, dan is ... het gevolg.'

Beslismoment
Keuze maken of je in de toekomst anders wilt handelen. Je gaat naar stap 4, of niet.
In dit laatste geval kies je geen alternatieve handelwijze. Zoals al eerder gezegd kan het zo zijn dat je hiermee je handelen op een zeker aanvaardbaar (professioneel) niveau handhaaft, maar het kan ook zijn dat je ervoor kiest om je professioneel handelen niet te verbeteren (om welke reden dan ook). Wanneer dit laatste het geval is en de reflectie plaatsvindt in het kader van een beroep of opleiding, dan is het in dit stadium noodzakelijk om je af te vragen of je (op dit moment) verder wilt en kunt met/geschikt bent voor deze opleiding of dit beroep. Immers, een beroep uitvoeren of een opleiding volgen, veronderstelt de wil om het beroep eigen te maken of zich daarin te bekwamen. Onderdeel hiervan is reflectie op het handelen en reflectie is gericht op verbetering van dat beroepshandelen. Wil je, of kun je dat niet, dan moet je je afvragen of je in dit beroep of op deze opleiding op je plaats bent.

Stap 4
- Onderzoeken welke alternatieven er zijn voor eigen handelen (met behulp van theorie en/of ervaring van jezelf en van anderen).
- Kiezen welk alternatief je gaat uitproberen om jouw (professioneel) handelen te verbeteren.

Stap 5 Alternatief uitproberen (handelen/ervaring opdoen).

Met het uitproberen begint weer een nieuwe cyclus, waarmee de reflectiespiraal ontstaat.

3.5 Leerproces

In de voorgaande paragrafen heb je kennisgemaakt met een model voor reflectie en je hebt een uitwerking ervan kunnen volgen in de casus Christine. Zij is bereid haar eigen gedrag te onderzoeken, vast te stellen wat zij in haar handelen kan verbeteren en dat vervolgens uit te proberen. Dit allemaal met als doel zichzelf én de ander nog beter tot zijn recht te laten komen in de beroepsuitoefening. De ander kan in dit geval Peter zijn, maar ook de regiomanager of de andere managers. Christine toont in haar werk de lerende houding die nodig is voor professionele ontwikkeling. Een aantal elementen in die lerende houding zijn: *bewust* zijn of worden van het eigen gedrag en de *bereidheid* hebben naar het eigen gedrag te kijken. Wanneer je beseft dat je niet weet waarom je op een bepaalde manier gehandeld (gedacht/gevoeld) hebt

Bewust zijn of worden

Bereidheid

in een situatie en je bent bereid jezelf vragen te stellen hierover en kritisch hiernaar te kijken, dan kun je tot inzichten komen die je in de toekomst helpen op een andere manier te handelen. Bewustwording van het eigen handelen kan leiden tot gewenst gedrag.

Vier fasen in leerproces

Het leerproces dat je hierbij doormaakt, kent vier fasen:
1 onbewust – onbekwaam;
2 bewust – onbekwaam;
3 bewust – bekwaam;
4 onbewust – bekwaam.

Aanvankelijk ben je je niet bewust van je onbekwaamheid (fase 1), maar door reflectie, het nadenken over je gedrag, word je je bewust van je onbekwaamheid (fase 2). Deze bewustwording is een belangrijke voorwaarde om de volgende stap te kunnen zetten: de wil om bekwaam te worden (fase 3). Hiertoe onderneem je actie, je oefent nieuw gedrag, net zolang tot je het je eigen hebt gemaakt. Het is bij jou gaan horen en het wordt vanzelfsprekend. Je staat er niet steeds meer bij stil (fase 4) (Lingsma e.a., 2003).

3.6 Reflectievermogen en abstract denken

Het vermogen te reflecteren is niet bij iedereen gelijkelijk aanwezig. De ene persoon is zeer goed in staat naar het eigen gedrag te kijken en doet dat ook en de ander is er helemaal niet toe in staat. Die kijkt vooral naar het gedrag van een ander en heeft daar vaak wel een mening over. Tussen deze uitersten liggen nog vele gradaties van het reflectievermogen. Gelukkig is reflecteren te leren. Zoals je hebt gelezen moet je natuurlijk wel bereid zijn naar het eigen gedrag te kijken en dat ter discussie willen stellen. Als die bereidheid afwezig is zal er geen sprake zijn van reflectie.
Er zijn mensen die het reflecteren van nature in zich hebben, anderen moeten er veel moeite voor doen om het onder de knie te krijgen. Er is dus nogal wat verschil.

Abstract en reflectief denken

Het vermogen te reflecteren ontwikkelt zich tijdens de adolescentie. De cognitieve ontwikkeling die je dan doormaakt stelt je in staat abstract en reflectief te kunnen denken.

Om terug te kunnen kijken op een ervaring, neem je afstand. Je beschouwt je handelen als het ware van bovenaf, zie figuur 3.3. Je kunt zeggen: Ik kijk terug op de situatie. Het is duidelijk dat je niet letterlijk kijkt, ziet en waarneemt, maar dat je dat in gedachten doet. Je denkt dus over de situatie na, je stelt het je in gedachten (opnieuw) voor. Dit is een abstracte bezigheid.

Abstract denken

Reflecteren vereist dus het vermogen tot abstract denken. Je moet je gedachten kunnen laten gaan over een proces dat niet stoffelijk is. Een voorbeeld: wanneer je de opdracht krijgt een cilinder van staal te maken, kun je direct na de voltooiing ervan zien of je het er goed vanaf hebt gebracht. Je kunt zien, voelen en meten of hij recht of scheef is. Dit is zintuiglijk waarneembaar. Daarentegen heeft een situatie of gebeurte-

Figuur 3.3 **Kijken naar je handelen van bovenaf**

Metacognitief niveau

nis waarop je reflecteert geen stoffelijke vorm, deze is niet tastbaar, niet zintuiglijk waarneembaar. Je moet deze situatie in gedachten voorstellen en beredeneren. Er is sprake van een vaardigheid op een niveau dat ligt boven het niveau van het handelen in de betreffende situatie. Dit noem je het metacognitieve niveau. Je moet abstract kunnen denken. In welke mate je daartoe in staat bent, verschilt per persoon. Dat heeft onder andere te maken met je cognitieve ontwikkeling, onder meer gedurende de periode van adolescentie.

Behalve abstract denken is er een ander belangrijk aspect dat een rol speelt bij de ontwikkeling van het reflectievermogen, namelijk de culturele achtergrond. Nederlanders zijn over het algemeen individueel georiënteerd, het 'ik' is belangrijk en onderzoek naar dat ik is niet vreemd. Er is veel aandacht voor de psyche van het individu. Dit geldt overigens voor de meeste westerse landen, hoewel er onderling ook weer grote verschillen zijn in de mate van openheid in het denken en praten over het 'ik'. Er zijn ook culturen die veel meer gericht zijn op het collectief, waarin het 'ik' een andere, minder prominente rol speelt. Binnen de socialisatie zal meer aandacht uitgaan naar familie- en groepsverbanden en groepsgedrag. Het onderzoeken van eigen gedrag (zelfreflectie) zal extra aandacht vragen, omdat de reflectant zijn focus moet verleggen van het collectief naar het eigen individu. En als je dat van huis uit niet gewend bent, vraagt dat nogal wat van je. Overigens zou je, als je het over verschil in reflectievermogen hebt, ook nog een onderscheid kunnen maken tussen mannen en vrouwen?

3.7 Reflecteren: een omschrijving van het begrip

In de voorgaande hoofdstukken en paragrafen heb je een flinke hoeveelheid informatie gekregen over reflecteren. Bovendien heb je praktijkvoorbeelden tot je genomen en opdrachten gemaakt. Uit al deze informatie en oefening heb je ongetwijfeld een beeld gecreëerd over het begrip reflecteren, maar ook wat het daadwerkelijk reflecteren in de praktijk voor jou betekent en wat het je kan opleveren. Vandaar deze vraag aan jou: zou je nu in je eigen woorden kunnen weergeven wat reflecteren volgens jou is?

Op basis van de informatie zou je de volgende omschrijving van het begrip reflecteren kunnen hanteren:

Reflecteren

> Reflecteren is een cyclische manier van leren waarin je vaardig moet worden. Daarmee is het tegelijkertijd een vaardigheid. Reflecteren is altijd gericht op het eigen gedrag/handelen. Het leidt via bewustwording tot inzicht in de beweegredenen voor en de uitvoering van dit eigen handelen (gedrag) in betekenisvolle (professionele) situaties. Met dit inzicht bepaal je of en hoe je jouw gedrag wilt veranderen. Je formuleert handelingsalternatieven. Het doel ervan is je (professioneel) handelen te verbeteren in toekomstige situaties.

Samenvatting

Reflecteren is een manier van leren en tegelijkertijd een vaardigheid. Je moet het eerst kunnen voor je ervan kunt leren. Het vermogen tot reflecteren hangt onder andere af van het vermogen abstract te kunnen denken.

Reflecteren richt zich altijd op de eigen persoon en het eigen handelen in een bepaalde situatie. Het doel is het verbeteren van je (toekomstig) professioneel handelen.

De vaardigheid reflecteren houdt in dat je terugkijkt op je gedrag (denken, voelen, handelen, willen) in een bepaalde situatie om erachter te komen wat de beweegredenen waren vóór, en de consequenties waren van dat gedrag in die situatie. Je analyseert de situatie, het eigen gedrag en de eigen interpretaties daarin, om vervolgens te bepalen of en hoe je je gedrag zal veranderen met het oog op een toekomstige (vergelijkbare of nieuwe) situatie. Deze omschrijving impliceert dat terugkijken meer behelst dan weergeven wat er is gebeurd; het vergt een nieuwsgierig zijn naar beweegredenen voor eigen gedrag en oog voor diverse invalshoeken van de situatie. Het vergt (zelf)onderzoek. Met het opnieuw uitproberen van eigen handelen en daarop reflecteren ontstaat een cyclisch proces. Dat proces veronderstelt een systematische werkwijze.

Reflecteren als manier van leren gaat uit van ervaringsleren. Je leert door te doen en op die ervaring terug te kijken. Daaruit trek je lering voor de toekomst.

Om de lezer te trainen in de systematiek van het reflectieproces, is een stappenplan beschikbaar.

Opdrachten

3.1 Reflecteren volgens het stappenplan (1)

Stap 1 Selecteer uit je dagelijks leven (bijvoorbeeld gezin, school, relatie, werk) een betekenisvolle gebeurtenis. Wanneer je dit nog lastig vindt, doe dan opdracht 2.1 uit hoofdstuk 2 nog eens.

Stap 2 Doorloop naar aanleiding van deze betekenisvolle gebeurtenis de fasen 1 tot en met 3 uit het reflectiemodel in figuur 3.2. Doe dit volgens het stappenplan in paragraaf 3.4. De stappen in dit plan lopen parallel aan de fasen uit figuur 3.2.
Doe deze opdracht schriftelijk. Stel jezelf open vragen over de diverse genoemde aspecten in het stappenplan. Formuleer concreet en expliciet.

Stap 3 Maak een nauwkeurig uitgewerkt verslag met een heldere structuur, waarin het zoeken naar de beweegredenen voor je gedrag tot uiting komt.

3.2 Reflecteren volgens het stappenplan (2) en terugkijken op deze taak

Stap 1 Selecteer uit je dagelijks leven (bijvoorbeeld gezin, school, relatie, werk) een betekenisvolle gebeurtenis. Wanneer je dit nog lastig vindt, doe dan opdracht 2.1 uit hoofdstuk 2 nog eens.

Stap 2 Doorloop naar aanleiding van deze betekenisvolle gebeurtenis de fasen van het reflectiemodel uit figuur 3.2. Maak gebruik van het stappenplan in paragraaf 3.4. Stel jezelf open vragen over de diverse genoemde aspecten in het stappenplan. Formuleer concreet en expliciet. Doe dit schriftelijk.

Stap 3 Je gaat nu naar een metaniveau (overstijgend niveau): je kijkt terug op de wijze waarop jij met deze reflectiespiraal hebt gewerkt. Noteer voor jezelf wat je lastig vindt bij het doorlopen van het stappenplan. Let op! Het gaat er hier dus niet om wat je lastig vindt in de betekenisvolle situatie, maar wat je lastig vindt bij het doorlopen van de reflectiespiraal!

Stap 4 Maak een afspraak met een studiegenoot, die ook deze opdracht doet.

Stap 5 Bespreek met je studiegenoot elkaars ervaring, gericht op het doorlopen van de reflectiespiraal. Stel elkaar vragen hierover, bijvoorbeeld:
- Welke fase kun je goed onder woorden brengen, welke minder goed?
- Wat kun je onder woorden brengen?
- Wat gaat goed?
- Waar heb je moeite mee bij het doorlopen van de reflectiespiraal?
- Hoe komt dat?
- Welke vragen heb je?

Stap 6 Geef elkaar feedback op de manier waarop de ander de reflectiespiraal doorloopt.

Stap 7 Denk met elkaar na over manieren die het doorlopen van de reflectiespiraal voor jou en de ander vergemakkelijken, gericht op die punten waar jullie moeite mee hebben. Zet de genoemde punten op papier. Punten die al goed gaan en tips voor de ander, benoem je ook.

Stap 8 Ga na de bespreking individueel verder. Herhaal de reflectiespiraal met de feedback en tips die je van je studiegenoot ontvangen hebt. Je kunt hiervoor dezelfde betekenisvolle situatie als uitgangspunt nemen of een nieuwe situatie kiezen.

3.3 Consequenties en beslismoment

Stap 1 Zoek een rustige plaats om te werken.

Stap 2 Selecteer een betekenisvolle gebeurtenis.

Stap 3 Beschrijf je gedrag (denken, voelen, willen, handelen) in die situatie. Doe dit concreet en expliciet. Maak gebruik van de richtvragen in tabel 3.1.

Stap 4 Denk na over en benoem de consequenties van jouw handelen *op dat moment:*
- voor jouzelf;
- voor anderen.

Stap 5 Denk na over en benoem de mogelijke consequenties van jouw handelen *in de toekomst:*
- voor jouzelf;
- voor anderen.

Stap 6 Welke beslissing neem je ten aanzien van je eigen handelen? (Beslismoment)

Professionele situaties en relaties

4.1 Relatiegerichtheid
4.2 Wederkerigheid en vertrouwen
4.3 Professionele afstand
4.4 Integriteit, transparantie van handelen en maatschappelijke verantwoordelijkheid
4.5 Beroepscode, gedragsregels en reflectie

Je hebt in de vorige hoofdstukken informatie gekregen over leerstijlen en de systematiek van reflectie. Een praktische uitwerking daarvan heb je doorgenomen. Dit hoofdstuk maakt de koppeling naar diverse beroepen en actuele thema's die aantonen dat reflectie op eigen professioneel handelen in elke beroepspraktijk nodig is.

OPENINGSCASUS

Keuzes maken

Arend Jan is een succesvol architect die de mogelijkheid heeft gehad enkele van zijn eigen ontwerpen voor kantoorgebouwen daadwerkelijk uit te voeren. Hij wordt geroemd om zijn minimalistische stijl en het gebruik van materialen als staal, beton en glas.

De markt voor kantoorgebouwen is echter in korte tijd ingezakt en hij ziet zich genoodzaakt zich ook op particuliere opdrachtgevers te gaan richten, zodat hij zijn architectenbureau, met vier mensen personeel, open kan houden. Hij heeft een gesprek met de opdrachtgevers Lodewijk en zijn echtgenote Peta, die een woning met praktijkruimte door hem laten ontwerpen, waarbij tevens aandacht moet zijn voor het kleurgebruik binnenshuis.

Arend Jan legt deze keer het definitief ontwerp aan hen voor met zijn kleuradvies. Hij stelt voor de kleuren te laten aansluiten op de gebruikte materialen, voornamelijk beton en roestvrij staal en zijn advies is in te zetten op zwart- en grijstinten. Zijn opdrachtgevers zijn verrukt van het gebouwontwerp, maar kunnen zich helemaal niet vinden in het kleuradvies. Zij vinden dat tegenover de strakke sobere materialen geen koele kleuren moeten staan, maar juist uitbundige warme kleuren, zoals oranje- aarde- en groentinten. Arend Jan is het absoluut niet met de opdrachtgevers eens, hij begint zich na enige tijd in dit gesprek aan hen te ergeren. Hij begrijpt niet dat ze niet inzien dat zijn kleurenkeuze logisch volgt uit de materiaalkeuze.

Hij stelt de opdrachtgevers voor even wat tijd te nemen om te wennen aan zijn kleuradvies; in de loop van de daaropvolgende week kunnen ze dan nog eens gedrieën van gedachten wisselen over zijn voorstel. Als Arend Jan na het gesprek in zijn auto naar kantoor rijdt, denkt hij na over dit contact met zijn opdrachtgevers.

Reflectie door Arend Jan (bad practice)

'Je moet wel van goeden huize komen om zo'n weloverwogen kleuradvies in de wind te slaan, zeg! Het is toch onbestaanbaar dat je bij een dergelijk ontwerp zou kiezen voor oranje of groen! Dat ze dat niet zien! Ze kiezen voor jou als architect, dan weten ze toch wat ze in huis halen en dan hun eigen ideeën er ook nog op los laten, dat wordt lastig werken! Wie is hier nu architect, wie heeft er verstand van zaken? Tegenwoordig denkt iedereen zich met het metier te kunnen bemoeien, dat komt door al die woonprogramma's op tv. Het is het integrale ontwerp, of niet! Ze beseffen niet hoeveel tijd en energie er al in zit, in dit ontwerp. Maar als ze niet mee willen gaan met het kleuradvies, dan gaat het niet door, daar wil je je naam toch niet aan verbinden? Als anderen gaan voorschrijven hoe je het moet doen, dan ga je er aan als architect. Kom je straks te werken voor Jan en alleman, dag carrière!'

Analyse bad practice

- Geen ik-boodschap
- Verantwoordelijkheid bij ander/buiten zichzelf leggen
- Het gaat niet over het eigen gedrag, alleen over dat van de ander
- Geen aandacht besteden aan het gevoelssignaal
- Geen zelfonderzoek: hoe komt het dat ik zo reageer?
- Eigen opvatting als waarheid zien

Reflectie door Arend Jan (good practice)
'Dit gesprek viel me niet mee! Ik heb een weloverwogen advies gegeven, maar ze houden vast aan hun eigen kleurenkeuze. Ik heb daar grote moeite mee, merk ik. Ik ergerde me zelfs! Hoe komt dat eigenlijk dat het me zo dwarszit? Ik ben enthousiast over het integrale ontwerp, ik heb er ook enorm veel tijd in geïnvesteerd. Voor mij is het zo'n vast gegeven dat zwart- en grijstinten bij mijn werk horen, ik vind dat er een heel logische verbinding is tussen materiaal en kleur. Voor mij is dat logisch ja, maar heb ik hen dat wel duidelijk kunnen maken? En aan de andere kant, heb ik wel naar hun argumenten voor andere kleuren geluisterd? Hoe heb ik me eigenlijk opgesteld in dit gesprek? Als ik eerlijk ben, was ik nogal sturend en vasthoudend. Hoe komt dat? Wat is het verschil met mijn vorige projecten? Daar bepaalde ik de concepten en die werden volgens mijn aanwijzingen uitgevoerd. De kopers waren laaiend enthousiast. Maar het ging natuurlijk wel altijd om een zakelijke inrichting, kantoren en projectruimtes; een woonruimte is toch iets anders...
Met degenen die niets in mijn concept zagen kwam ik niet vaak in contact. Eigenlijk kon ik altijd mijn eigen gang gaan en ik merk nu dat ik daarin geremd word door de opdrachtgever. Het liefst ga ik door zoals ik altijd werk, ik wil trouw blijven aan mijn uitgangspunten. Maar kan dat wel met de andere belangen die een rol spelen?
Als ik wat meer particuliere klanten aan mij wil binden, dan zal ik me toch beter in de wensen van de opdrachtgever moeten verdiepen en in een eerdere fase rekening moeten houden met zijn of haar eisen. Als ik dat te moeilijk vind en hierin niet ga investeren, zal ik waarschijnlijk enkele personeelsleden moeten ontslaan. Wat een lastig dilemma.'

4.1 Relatiegerichtheid

In de uitvoering van je beroep of functie heb je altijd te maken met anderen; er is sprake van een beroepsmatige relatie. Dit kan de relatie met je baas, je collega's of je ondergeschikten betreffen, maar ook die met de klant, cliënt, patiënt of opdrachtgever.

Beroepsmatige relatie

Arend Jan uit de openingscasus heeft te maken met opdrachtgevers die tegelijkertijd zijn klanten zijn. Hij heeft een zakelijke of beroepsmatige relatie met hen. Beide partijen willen voordeel behalen uit de relatie en zij hebben er dus baat bij dat deze goed is. Beroepen waarin een persoon direct contact of een directe relatie heeft met een andere persoon en waarin dit contact of deze relatie bepalend is voor de kwaliteit van de dienstverlening zijn relatiegerichte beroepen. Zier (1988) hanteert de term relatieafhankelijkheid om aan te geven dat de kwaliteit van de dienstverlening afhankelijk is van de kwaliteit van de relatie tussen dienstafnemer en dienstverlener. De kwaliteit van die relatie wordt onder andere bepaald door de mate van contact tussen beide partijen en de communicatie en interactie daarin. Onder interactie kun je verstaan: wederzijdse beïnvloeding. Een voorbeeld: als je tussen de middag je lunch ophaalt bij de croissanterie om de hoek en je bent elke dag opnieuw tevreden over de kwaliteit ervan, ongeacht wie jouw lunch bereidt (er werken talloze studenten...), dan is de relatieafhankelijkheid tussen jou en de croissantverkoper klein. Jouw tevredenheid hangt niet af van de relatie die je met hem hebt, de kwaliteit is in alle gevallen goed.

Relatiegerichte beroepen

Relatieafhankelijkheid

Interactie

Ben je een klant die een nieuwbouwhuis wil laten bouwen volgens eigen wensen, dan zal de relatie met de architect of aannemer die de zaak uitvoert goed moeten zijn om uiteindelijk tevreden te kunnen zijn over de kwaliteit van de geleverde diensten. Als je het gevoel hebt dat er geen werkelijk contact is tussen jou als opdrachtgever en de architect die jouw huis gaat ontwerpen, hoeveel vertrouwen heb je dan in de afloop van dit project?

Neem het voorbeeld van Arend Jan: wat zou er in de relatie tussen hem en zijn opdrachtgevers kunnen veranderen zodat de kwaliteit van de dienst die hij levert door beide partijen als beter wordt ervaren? Hoe zou Arend Jan kunnen investeren in die beroepsgerichte relatie? Overigens kun je dit ook vragen aan de andere partij, maar de focus ligt in dit geval bij Arend Jan; hij biedt een dienst aan en wil verkopen.

Je kunt je aan de hand van deze casus waarschijnlijk goed voorstellen hoe belangrijk het is om, voor het verbeteren van je professioneel handelen, goed naar je eigen gedrag en beweegredenen daarvoor te kijken. De beroepsgerichte relaties vormen voor die reflectie een goede bron.

Bron: *de Volkskrant*/Sigmund door Peter de Wit

4.2 Wederkerigheid en vertrouwen

Wederkerigheid
Beïnvloeding

Wat binnen de relatie en de interactie daarin een grote rol speelt is het principe van wederkerigheid (Groen e.a., 2006).
Dit houdt in dat de onderlinge beïnvloeding van beide personen uitgaat en dat beiden openstaan voor beïnvloeding door de ander. De beroepsbeoefenaar beïnvloedt zijn klant, maar andersom is ook het geval. Als je je hiervan bewust bent, ga je anders kijken naar je eigen gedrag; je zet bijvoorbeeld bewust een bepaalde tactiek in. Maar ook kun je, zoals Arend Jan, je afvragen waarom het je bijvoorbeeld zo raakt dat men jouw advies niet wil opvolgen. Het commentaar van de klant beïnvloedt jou als beroepsbeoefenaar.
In de verkoopbranche maakt men uitermate slim gebruik van het principe van beïnvloeding en er worden cursussen verkooptechniek gegeven waarin beïnvloedingsstrategieën worden getraind. Heb je trouwens zelf wel eens te maken gehad met een uiterst beleefde, maar o zo irritante telefonische verkoper vanuit een callcenter? Hier lijkt in bepaalde gevallen bijna sprake te zijn van manipulatie, ook een vorm van beïnvloeding. Maar is er in deze gevallen ook sprake van wederkerigheid?

Manipulatie

Evenwicht

Vertrouwen

De wederzijdse beïnvloeding vindt tussen mensen altijd plaats en moet als het goed is redelijk in evenwicht zijn. Er is sprake van geven en nemen. Als mensen het gevoel hebben dat ze zelf over het algemeen meer energie stoppen in een vriendschap dan de ander, dan vermindert de tevredenheid over de relatie. Wederkerigheid is een belangrijke voorwaarde om een relatie te blijven waarderen. Dat geldt ook voor onderling vertrouwen. Dit geeft de mate van betrouwbaarheid weer die men elkaar onderling toekent. Betrouwbaarheid zegt iets over het gedrag van de ander: komt hij zijn afspraken na? Doet hij wat hij zegt? En is hij eerlijk tegenover mij? Ook als er anderen bij zijn? Valt hij mij dan niet af? Laat hij mij niet in de kou staan? Deze laatste vragen zeggen iets over de manier waarop iemand zich tot de ander verhoudt. Hoe gedraagt hij zich en is zijn gedrag alleen gericht op het eigen voordeel (eenzijdig belang) of is hij ook bereid zijn handelen ten dienste te stellen van de ander? Met andere woorden, is er sprake van wederzijds vertrouwen en een wederzijds belang bij de relatie?

Ontevreden klanten? Maak je bedrijf kleiner

Grote bedrijven presteren vaak slechter dan kleine. De klanten ervan worden hoorndol. De oplossing: creëer kleine, zelfstandige eenheden.

Door Toine Al

De klanttevredenheid loopt bij grote bedrijven steeds verder terug.
Veel klachten blijven onopgelost. Tot ergernis van de klanten.
De grootte van een bedrijf staat niet per se voor meer kwaliteit. 'Veel grote bedrijven grossieren in schijnefficiency. Dat is slecht voor de klant en slecht voor de motivatie van de medewerkers', zegt Eckart Wintzen (68)*, oprichter en oud-topman van het Nederlandse IT-bedrijf BSO/Origin.
In een grote organisatie voelt de medewerker vaak een band met de klant. 'Bij een omvang van een paar duizend medewerkers raakt een bedrijf voor een groot deel intern gericht', zegt Jeroen van Zelst, mede-oprichter van IT- en organisatieconsultant Andarr met zeventig medewerkers. Hiervoor werkte Van Zelst bij IT-reus Ordina: 'Daar was het voor mij soms moeilijker om contact te krijgen met een interne collega dan voor een klant van buiten. In een kleine organisatie kom je elkaar tegen bij de borrel en is de bereidheid elkaar te helpen groot.'
Bij de klachtenafhandeling wreekt zich het gebrek aan persoonlijk contact met de klant, stelt Wintzen: 'Een persoonlijke benadering is misschien duurder, maar iedereen voelt zich er beter bij. En als er geen klanten weglopen, hoef je dus ook niet zoveel geld te besteden om nieuwe binnen te halen.'
Wintzen bedacht een alternatief organisatiemodel, waarmee grote bedrijven net zo klantvriendelijk en slagvaardig kunnen zijn als kleine bedrijven. Een bedrijf moet daarvoor worden opgebouwd als een verzameling van kleine bedrijven (cellen) met ongeveer vijftig medewerkers. Elk daarvan wordt als familiebedrijf gerund en opereert in zijn eigen marktgebied. De klant en de medewerker staan centraal. Management en medewerkers krijgen maximale zelfstandigheid. Alleen missie, uitstraling en kwaliteitsstandaard zijn voor iedereen hetzelfde. Centrale afdelingen voor marketing, personeelszaken of wagenparkbeheer bestaan niet. Al deze taken regelen de plaatselijke vestigingen zelf.
Wintzen bracht zijn ideeën met BSO/Origin succesvol in de praktijk. Hij begon in 1976 met twaalf medewerkers en verkocht het bedrijf in 1996 met zesduizend medewerkers, verspreid over honderd vestigingen in twintig landen.
Wintzen: 'In een kleine organisatie ziet iedereen wat er wordt gemaakt en waaraan hij zelf bijdraagt. Als je bij een bakker werkt, waar de klanten de hele dag in een lange rij op de stoep staan te wachten voor het brood dat er gebakken wordt, dan voel je trots. En trotse medewerkers zorgen voor tevreden klanten. Daarin ligt de basis voor een succesvol bedrijf.'
Alle grote bedrijven zouden volgens Wintzen zo kunnen werken. 'Mijn hartekreet is: laat degene die de klant bedient, zelf uitmaken hoe die dat wil doen. Die gedachtegang kan ieder bedrijf volgen, behalve bedrijven die heel complexe producten maken, zoals Boeing of ASML.'

Voor een succesvolle organisatie telt ook het contact tussen manager en medewerker. Wintzen: 'Als je niet echt luistert naar je mensen, dan laat je ze dingen doen waar ze zich niet senang bij voelen en dan heb je verloop. Dat is véél duurder.'
Dat het celmodel nog altijd niet massaal wordt toegepast, komt volgens Winzten doordat het niet past in ons cultuurpatroon: 'Als iemand

* Eckart Wintzen is op 21 maart 2008 overleden

de verantwoordelijkheid heeft voor een regio of een land, dan zegt het traditionele managementdenken dat je in die regio alles moet controleren met procedures en voorschriften: check, check, doublecheck! Vertrouwen geven en verantwoordelijkheid afstaan is moeilijk.'
Maar misschien is de tijd inmiddels toch rijp voor het celmodel.

'We zijn langzamerhand tot het inzicht aan het komen dat dingen in een bedrijf meer organisch veranderen, dan door van bovenaf een kant-en-klaar besluit op te leggen. Dat speelde in de crisis over het rondje om de kerk bij NS destijds sterk mee', zei Kees Blokland, directeur personeelszaken van de NS onlangs in een interview. 'Diepgaande verandering vraagt een meer participerende vorm van besluiten. Dan is de medewerker bereid zijn kennis en ervaring werkelijk in te brengen.'

Meer over het celmodel:
Eckart's Notes, Lemniscaat,
ISBN 978-90-5637-967-4
www.extent.nl ∎

Bron: *de Volkskrant*, 25 september 2007

Een goede relatie belangrijk voor effectiviteit

4.3 Professionele afstand

De kwaliteit van de relatie is binnen relatiegerichte beroepen dus bepalend voor de kwaliteit van de geleverde dienst. Maar wat is nu een kwalitatief goede beroepsmatige relatie met je klant, patiënt of cliënt? Je kunt je voorstellen dat je in een goede relatie investeert. Doe je dat te weinig, dan merk je dat. Steek je er veel energie in, dan zul je daar de vruchten van plukken, maar wees hierbij wel alert. De voorwaarden wederkerigheid en vertrouwen zijn genoemd en bij die aspecten zit nu juist ook een valkuil. Want wat gebeurt er als je te veel tijd en energie in de relatie investeert? Als je te veel privé-informatie verstrekt?

Zelfonthulling

In de psychologie hanteert men de term zelfonthulling: het gegeven dat mensen in een gesprek persoonlijke informatie blootgeven. Voor het aangaan van een relatie moet zelfonthulling wederzijds zijn en tevens toenemen in de loop van het contact (Vonk, 2004).

Je kunt je voorstellen dat bij het opbouwen van een privérelatie de zelfonthulling zal toenemen en dat het zal leiden tot vertrouwelijkheid en het opbouwen van onderling vertrouwen. Maar in een professionele relatie is er een grens. Dit is geen duidelijk zichtbare rode lijn, je wordt niet van buitenaf gewaarschuwd. Je bent hierin je eigen criticus. Het gaat erom dat er binnen een professionele relatie een evenwicht bestaat tussen het uitwisselen van zakelijke informatie, waarbij vertrouwen en wederkerigheid voorwaarden zijn. De privé-informatie die je verstrekt of die verstrekt wordt, dient relevant te zijn voor het doel, het opbouwen van de professionele relatie. Als de verstrekking een ander doel dient, is het zaak na te gaan wat de beweegredenen daarvoor zijn.

Vaak voel je zelf wel aan of de persoonlijke informatie die je verstrekt of die de ander aan jou verstrekt nog gepast is of dat het óver de grens gaat. Je krijgt als het ware een 'gevoelssignaal' (zie paragraaf 2.6). Bij uitstek een situatie om op te reflecteren: wat is er aan de orde, wat wil ik, wat denk ik, hoe handel ik? Welk effect heeft mijn handelen op de ander, of andersom, welk effect heeft het handelen van de ander op mij?

In een professionele relatie heb je altijd te maken met het dilemma van afstand en nabijheid. Je dient professionele afstand te bewaren, je hebt immers geen gelijkwaardige relatie met je werknemer, klant, cliënt of patiënt. De afstand geldt zowel psychisch (geestelijk overwicht en beïnvloeding) als fysiek (lichamelijk overwicht en beïnvloeding). Denk bij het dilemma van afstand en nabijheid aan praktijksituaties tussen bijvoorbeeld een arts en een patiënt die zorg of juist angst oproept, tussen advocaat en dito cliënt of tussen bouwondernemer en ambtenaar van huisvesting en ruimtelijke ordening; hoeveel afstand houden zij tot elkaar en wanneer is er sprake van te veel nabijheid, waardoor onduidelijkheid in de relatie of belangenverstrengeling zou kunnen ontstaan? Neem in dit kader ook de aspecten rond ongewenste intimiteiten en (seksuele) intimidatie in ogenschouw.

Wethouder Zwolle weg na kritiek

ARNHEM — Wethouder Emmy Witbraad (PvdA) van Zwolle stapt op. Ze heeft maandag haar ontslag ingediend, omdat ze 'geleidelijk aan draagvlak in de gemeenteraad heeft verloren', verklaarde ze.
De positie van Witbraad, die wethouder was van Ruimtelijke Ordening, Financiën en Cultuur, was onhoudbaar geworden na de dreiging van een zoveelste conflict. Deze keer ging het over de bestemming van boerderij De Oude Mars, maar eerder lag ze onder vuur na een restauratiesubsidie van 200 duizend euro aan topkok Jonnie de Boer voor zijn hotel in de oude Zwolse gevangenis het Spinhuis. Daarvoor was er ophef over de stopzetting van het festival De Stad als Theater.
Haar voorstellen werden wel aangenomen, maar op haar presentatie en communicatie bleef kritiek komen.
Witbraad heeft zich verkeken op het werk als wethouder, zei ze. Het opereren in het politieke krachtenveld, is niet haar favoriete bezigheid. Ze is 35 jaar actief als raadslid, statenlid en overheidsmanager.

Bron: *de Volkskrant*, 18 september 2007

Rechter mag niet vliegen op kosten van advocaat

AMSTERDAM — Huub Willems (62), de voorzitter van de Ondernemingskamer, mag niet meer op kosten van anderen spreken op congressen. Dit concludeert Nico Schipper, de president van het Amsterdamse gerechtshof, naar aanleiding van een onderzoek naar een eerdere reis van Willems.
Die reis naar New York viel precies in de periode dat alle ogen waren gericht op Willems. De rechter zou uitspraak doen in de zaak van de Vereniging van Effectenbezitters (VEB) tegen ABN Amro over de verkoop van de dochter laSalle.
Willems vloog zaterdag 28 mei na het horen van beide partijen naar New York.
Daar overnachtte hij in het Waldorf Astoria-hotel en sprak hij op een congres over aandeelhoudersactivisme. Woensdag keerde hij terug uit de VS en donderdag 3 mei deed hij zijn opzienbarende uitspraak in de ABN Amro-zaak: de bank moest de flitsverkoop van laSalle terugdraaien.
Dat reisje naar New York was bekend. Niet dat de kosten (circa 2.500 euro) waren betaald door NautaDutilh, het advocatenkantoor dat ABN Amro ter zijde stond. Deze onthulling in *De Telegraaf* leidde donderdag tot geruststellende woorden, maar ook tot het verbod.
Schipper had naar aanleiding van de lezing in de Big Apple, waar Willems geen toestemming voor had gevraagd, eind september een onderzoek ingesteld. Hoewel geen sprake was van niet-integer handelen, vindt Schipper het wel ongelukkig dat een verkeerd beeld had kunnen ontstaan. Een gedragslijn die ook geldt voor andere rechters, moet herhaling voorkomen.
NautaDutilh vindt het vergoeden van de onkosten de normaalste zaak van de wereld. 'Je geeft geen vergoeding, maar betaalt de onkosten', aldus een woordvoerder van NautaDutilh.
De VEB, die de zaak tegen ABN Amro in eerste instantie won, twijfelt evenmin aan de onafhankelijkheid van Willems. 'Het feit dat hij het verzoek van de VEB uiteindelijk heeft ingewilligd, zegt voldoende.'
De uitspraak was geen lang leven beschoren. Half juli vernietigde de Hoge Raad de uitspraak van Willems. ABN Amro verdiende 7,3 miljard euro met de verkoop van laSalle aan Bank of America.

Frank van Alphen

Bron: *de Volkskrant*, 5 oktober 2007

Wat zijn de beweegredenen voor hun handelen?

4.4 Integriteit, transparantie van handelen en maatschappelijke verantwoordelijkheid

Je volgt op dit moment een opleiding of je bent al in de praktijk aan het werk. Je krijgt of hebt te maken met de belangen van de organisatie, van jezelf als werknemer, van je collega's en van je klanten of opdrachtgevers. De omgeving verwacht dat je je beroep naar eer en geweten uitvoert, integer, eerlijk, deskundig en betrouwbaar. Vraag je daarom af waarom je handelt zoals je handelt. In wiens belang doe je iets? Hoe verhoudt het organisatiebelang zich tot het belang van de klant, of tot jouw persoonlijk belang? Nadenken over je werkuitvoering en je eigen positie daarin is een must. Je draagt immers ook een maatschappelijke verantwoordelijkheid; jouw handelen heeft effect op anderen en op de omgeving. Van een beroepsbeoefenaar verwacht men integriteit, ofwel rechtschapenheid. Je moet je kunnen verantwoorden tegenover jezelf, je werkgever of werknemers, je klanten en de maatschappij. Integriteit veronderstelt ook transparantie (doorzichtigheid) van handelen: dat je inzichtelijk kunt maken hoe je handelt, dat je kunt aantonen wat je precies doet, waarom, wanneer en hoe.

Maatschappelijke verantwoordelijkheid
Integriteit
Transparantie

Topambtenaar Brabant kreeg al eerder gouden handdruk

Vrouw vertrok in 1998 bij de gemeente Arnhem met een afvloeiingsregeling, en trad datzelfde jaar in Brabant in dienst.
Van onze verslaggever
Peter de Graaf

DEN BOSCH — Een topambtenaar van de provincie Noord-Brabant, die in 2002 met een gouden handdruk is vertrokken, blijkt in 1998 bij haar vorige werkgever, de gemeente Arnhem, ook al te zijn weggegaan met een afvloeiingsregeling. Daarover heeft ze tegen het provinciebestuur nooit wat gezegd. 'We zijn onaangenaam verrast door deze eerdere vertrekregeling bij de gemeente Arnhem', aldus een verklaring van het Brabantse provinciebestuur.
Noord-Brabant laat juristen uitzoeken of de voormalige provinciedirecteur laakbaar heeft gehandeld en of zij hierop nog kan worden aangesproken. Ook wordt onderzocht of er geld kan worden teruggeëist. Volgens een provinciewoordvoerder is uit onderzoek gebleken dat de vrouw de wachtgeldregeling in Arnhem 'heeft afgekocht, waardoor ze het hele bedrag in één keer op haar rekening kreeg'.
Een woordvoerder van de gemeente Arnhem bevestigt de afvloeiingsregeling met de toenmalige directeur milieu en openbare werken in 1998. 'Er was discussie over haar functioneren. Met haar is een regeling getroffen.'
De vrouw trad in hetzelfde jaar in dienst bij de provincie Noord-Brabant. In 2002 werd de vrouw wegens slecht functioneren op non-actief gesteld. Ze kreeg tot eind 2005 55 procent van haar salaris doorbetaald. Na 2005 kon de ex-topambtenaar, die inmiddels naar Frankrijk is vertrokken, gebruikmaken van de VUT-regeling. ∎

Bron: *de Volkskrant,* 29 september 2007

Wat zijn de beweegredenen van de topambtenaar (geweest)?

Wat is integriteit?

Integriteit staat volgens 'Van Dale' voor rechtschapenheid, onomkoopbaarheid en ongeschondenheid. Het begrip integriteit is afgeleid van het Latijnse woord in-tangere, wat vertaald kan worden als niet aangeraakt. Het verwijst met andere woorden naar iets dat, of iemand die, onbesmet, onaangetast en ongekreukt is.

Wat opvalt bij de meeste definities van integriteit, is de negatieve lading die eraan ten grondslag ligt. Integriteit wordt veelal gedefinieerd als de afwezigheid van fraude en corruptie.

Een positieve definitie van integriteit en een koppeling met kwaliteit maakt dat integriteit een belangrijk facet wordt binnen alle werkzaamheden en bedrijfsvoeringprocessen.

De invulling die door BIOS wordt gegeven aan het begrip integriteit bestaat uit drie componenten: kwaliteit, goed ambtenaarschap en goed werkgeverschap.

- Integriteit is een maatstaf voor het beoordelen van de kwaliteit van het functioneren van personen en organisaties. Het geeft niet alleen de mate van ongeschondenheid en onkreukbaarheid aan, maar is ook een maatstaf of wordt gehandeld conform de waarden en normen van goed ambtenaarschap en goed werkgeverschap.

- Goed ambtenaarschap houdt in dat de ambtenaar zorgvuldig en verantwoordelijk omgaat met de bevoegdheden, middelen en informatie waarover hij beschikt ten behoeve van het algemene belang dat hij dient en dat hij op correcte wijze omgaat en rekening houdt met burgers, collega's, klanten en andere belanghebbenden.

- Goed werkgeverschap houdt in dat de werkgever verantwoordelijk is voor het voeren van een goed integriteitsbeleid. Goed integriteitsbeleid is een recht van medewerkers, zoals een goed arbobeleid. Integriteit is meer dan het simpelweg naleven van regels. Juist waar regels ontbreken of onhelder zijn zoals in nieuwe, complexe of veranderlijke situaties komt het eropaan dat ambtenaren in staat zijn om op (moreel) verantwoorde wijze te oordelen en te handelen. Het behoort tot de taak van de werkgever om dit oordeelsvermogen te bevorderen. Daarnaast beschermt de werkgever de ambtenaar tegen mogelijke misstappen door (onnodige) integriteitsrisico's en verleidingen in kaart te brengen en weg te nemen.

Bron: Bureau Integriteitsbevordering Openbare Sector (BIOS)
Integriteit Overheid
www.integriteitoverheid.nl

Maatschappelijk verantwoord ondernemen

In dit verband is het ook interessant om het hot item 'maatschappelijk verantwoord ondernemen' onder de aandacht te brengen. Steeds meer bedrijven nemen in hun missie op dat ze op verantwoorde wijze een bijdrage willen leveren aan milieu en sociale omgeving, ter bevordering van leefomstandigheden op aarde. Wat zijn de beweegredenen voor bedrijven en de verantwoordelijke beroepsbeoefenaren daarbinnen om hieraan actief een bijdrage te leveren?

Redder tussen de bedrijven door

Je kunt je corporate identity versterken door een golftoernooi te sponsoren, maar je kunt ook proberen met dat geld de honger in de wereld te bestrijden. Daartoe besloot TNT-topman Peter Bakker vijf jaar geleden. Nu alleen nog even de postbodes redden.

Bij rampen lopen tegenwoordig naast de vele hulpverleners van het Rode Kruis en Unicef ook enkele managers van postbedrijf TNT rond. Toen Bangladesh onlangs werd getroffen door de cycloon Sidr, reisde manager Ron Geurtz namens TNT naar het getroffen gebied. Hij moest proberen het transport van hulpgoederen efficiënter te laten verlopen. 'Elke hulporganisatie regelt vaak haar eigen transport', zei Geurtz. 'Dat kan ertoe leiden dat er om vrachtwagens wordt gevochten, waardoor de prijzen stijgen. Als de hulporganisaties samenwerken, kun je de prijs laag houden.' De bemoeienis van Geurtz is een direct gevolg van de stap die TNT-topman Peter Bakker vijf jaar geleden zette. Hij besloot toen niet langer een golftoernooi te sponsoren, maar dat geld te gebruiken om de honger in de wereld te bestrijden. Bakker was ervan overtuigd dat de hulpverlening veel efficiënter kon, als hulporganisaties beter zouden luisteren naar een logistiek bedrijf als TNT. Het World Food Programma (WFP) van de Verenigde Naties ging met TNT in zee. TNT stelt sindsdien vliegtuigen ter beschikking voor het voedsel te transporteren – vooral in het weekeinde, als veel toestellen werkloos aan de grond staan – en het postconcern helpt bij de bouw van voorraadschuren en desgewenst wordt elke vorm van transport geregeld, waarbij TNT van zijn inkoopmacht gebruik kan maken.

In deze periode ging het met zijn bedrijf bergafwaarts. De logistieke divisie, die onder meer de bevoorrading van autofabrieken voor zijn rekening nam presteerde steeds slechter. De kritiek op Bakker nam toe, vooral onder aandeelhouders. Kon hij zich niet beter op zijn bedrijf richten, in plaats van de honger te bestrijden?

Bakker trok zich deze kritiek zeer aan. Na zijn vlammende start trok hij zich terug om zich helemaal op het bedrijf te concentreren. Hij wilde ineens geen interviews meer geven die hem als persoon in het zonnetje zetten. Het ging niet om Peter Bakker, maar om TNT, probeerde hij uit te stralen. Deze periode van bezinning leidde er uiteindelijk toe dat hij de logistieke divisie verkocht en besloot opnieuw hard in te grijpen bij de Nederlandse postbodes. De komende jaren zullen duizenden banen verloren gaan.

Nadat Bakker zijn aandeelhouders op deze wijze gerust had gesteld, kon hij zich weer storten op zijn grote liefhebberij: het redden van de wereld. Liet hij zich bij het bestrijden van de honger inspireren door zijn grote held Bono, sinds dit jaar is Al Gore zijn voorbeeld. De film *An Inconvenient Truth* hakte er zo hard in bij Bakker dat hij in één klap vastbesloten was om van TNT de duurzaamste onderneming ter wereld te maken.

Zijn aanpak was opnieuw zeer voortvarend. Bakker ruilde zijn Porsche Cayman S in voor een Toyota Prius en beloofde dat het bedrijf de CO_2-uitstoot drastisch ging terugbrengen. TNT begon in Londen (en sinds dit najaar ook in Rotterdam) met elektrische vrachtwagens te rijden. Bovendien beloofde het bedrijf dat het nieuwe hoofdkantoor klimaatpositief zou worden – klimaatneutraal was niet genoeg. De bekroning kwam afgelopen augustus al. De Dow Jones Sustainability Index riep TNT uit tot de meest duurzame onderneming ter wereld.

Van het TNT-personeel wordt verwacht dat ze zich enthousiast achter hun voorman scharen. Jaarlijks organiseert TNT, in samenwerking met Unilever, Walk the World, een wandeltocht waarmee geld wordt ingezameld voor arme kinderen. Duizenden TNT'ers doen elk jaar mee. Dit enthousiasme wordt soms op de proef gesteld. Zoals afgelopen zomer, toen bleek dat Bakker zomaar een loonsverhoging kreeg van 41 procent (van 2,8 naar 4 miljoen euro). Dat viel bij veel werknemers verkeerd, zeker bij de duizenden postbodes die hun baan dreigen te verliezen.

Bakker zag bijtijds in dat zijn geloofwaardigheid als wereldverbeteraar in het geding was. Hij leverde de volledige salarisstijging in, een stap die in Nederland niet eerder was vertoond. Het geld kwam ten goede aan een mobiliteitsfonds voor postbodes.

Deze geste smaakte blijkbaar naar meer, want Bakker wil nu ook de Nederlandse arbeidsmarkt redden. Hij gaat leidinggeven aan de commissie die de vastgelopen discussie over het ontslagrecht weer moet vlottrekken. Bakker moet 200 duizend mensen aan een baan helpen, waaronder 9 duizend postbodes.

Pieter Klok ■

Bron: *de Volkskrant*, 24 december 2007

Wat zijn de beweegredenen van de TNT-topman?

4.5 Beroepscode, gedragregels en reflectie

Binnen verschillende beroepsgroepen hanteert men een zogenoemde beroepscode. Deze wordt opgesteld door vertegenwoordigers uit de beroepsgroep die zich verenigen in een beroepsvereniging. Denk aan de journalistiek, de advocatuur, het maatschappelijk werk, het notariaat of de medische sector. Maar ook archeologen, tolken en hypotheekadviseurs hebben een beroepscode. Een beroepscode is volgens

Beroepscode

Van Dale's Handwoordenboek het geheel van ongeschreven regels waaraan de beroepsbeoefenaar zich moet houden bij de uitoefening van zijn beroep.

De codes zijn echter niet altijd ongeschreven regels, de hiervoor genoemde codes zijn expliciet uitgeschreven. Ze vormen de (bindende) richtlijn voor het gedrag van een beroepsbeoefenaar indien zich een professioneel dilemma voordoet. De code geeft gedragregels voor de beroepsbeoefenaar zodat deze ethisch en moreel verantwoord zijn beroep uitoefent.

Hierna staan twee fragmenten uit de beroepscode voor archeologen:

[...]

'De basisprincipes voor professioneel en ethisch verantwoord handelen strekken zich uit over vier terreinen:
- inhoudelijke competentie;
- professionele competentie;
- wettigheid en betamelijkheid;
- respect voor de maatschappelijk omgeving.

In deze vier domeinen spelen relaties tussen archeologen en verschillende sociale groepen waaraan verantwoording wordt afgelegd. Inhoudelijke competentie gaat vooral over de relatie met de beroepsgroep en het vak. Professionele competentie strekt zich uit over het terrein van zakelijke relaties tussen opdrachtgever en afnemer. Wettigheid en betamelijkheid regelen de publieke verhouding tot de samenleving als geheel, en op meer formele wijze.
Respect voor de maatschappelijke omgeving tot slot is een ethische eis die in kleinere publieke verbanden speelt, en op meer informele wijze gestalte krijgt.'

[...]

'2 Professionele competentie
Onafhankelijk van de precieze inhoud van zijn vak zal een beroepsarcheoloog zich professioneel moeten gedragen. De belangrijkste verantwoordingsrelatie waarin deze morele vereiste speelt is, in het externe verkeer, die met opdrachtgever en, in intern verkeer, met de werkgever.
Professionele competentie betreft de volgende drie aspecten: zakelijke betrouwbaarheid, discretie en integriteit.
Zakelijke betrouwbaarheid sluit allereerst aan bij de hierboven genoemde inhoudelijke plicht om niet buiten de eigen deskundigheid te treden. Een archeoloog informeert zijn opdracht- of werkgever tijdig en voortdurend over de grenzen van zijn deskundigheid. Dat is niet alleen in het belang van het onderwerp van aandacht, het archeologische erfgoed, maar ook van de zakelijke rechten, plichten en procedures daaromheen. Opdracht- en werkgever hebben er recht op te weten waar ze aan toe zijn: wat, waarom en door wie met welk beoogd effect wordt gedaan. In deze dimensie mag van de archeoloog geëist worden dat het belang van de opdracht- en werkgever in alle beslissingen voorop zal staan. Onderdeel van zakelijke betrouwbaarheid zijn dan ook heldere communicatie en transparantie, planmatig werken, fasering, terugkoppeling en evaluatie na beëindiging van de opdracht of het werk. Het zal evident zijn dat hier conflicten kunnen optreden met de plicht tot inhoudelijke competentie, waar immers het belang van het erfgoed en de

verantwoording ten opzichte van de samenleving en de collegiale gemeenschap voorop staat. Met name zal dit voelbaar zijn wanneer archeologen zich bewegen op beslissingsvoorbereidende terreinen bij overheden.

Daar moeten zij in het bevoegd gezag vaak twee meesters dienen: als afweger van meerdere, ook niet-archeologische belangen, en als verantwoordelijke voor beheer en behoud van het cultureel erfgoed.'

(Bron: Nederlandse Vereniging voor Archeologen, www.nvva.info.nl, 2001)

Naast de officiële codes zijn er voor diverse beroepsgroepen gedragsregels, denk bijvoorbeeld aan die voor militairen en politiepersoneel die voorschrijven hoe zij zich buiten diensttijd moeten gedragen.

Het uniform kun je niet uittrekken

Defensie is streng. Wie zich misdraagt, zal het weten. En militairen vergeten snel dat ze 24 uur per dag in dienst zijn. Ook bij verlof.

Van onze verslaggever
Noël van Bemmel

AMSTERDAM — Dagelijks weigeren portiers dronken mannen de toegang tot feestjes en krijgen daarbij bedreigingen naar hun hoofd geslingerd. Maar nu een militair dat doet is het landelijk nieuws. Is dat terecht? Voor soldaten gelden strengere regels dan voor andere burgers. Ook als zij op vakantie zijn of in hun burgerkloffie een avondje stappen. De regels worden deze maand zelfs aangescherpt als een nieuwe gedragscode van kracht wordt naar aanleiding van eerdere incidenten.

Zo vielen de laatste tijd militairen in negatieve zin op door hun gedrag in horecagelegenheden (Noorwegen en Appingedam), door drugsgebruik (Schaarsbergen) en door voorvallen van seksuele intimidatie op twee marineschepen. Volgens de commissie Staal, die onderzoek deed naar het wangedrag bij Defensie, zijn veel problemen gerelateerd aan alcoholmisbruik.

'We verwachten sowieso dat alle militairen de wet respecteren', zegt een woordvoerder van Defensie. Dat geldt weliswaar voor alle Nederlanders, maar een militair belooft dat nog eens expliciet door het uitspreken van een eed of belofte.

Daarnaast hanteert Defensie een zerotolerancebeleid op het gebied van drugs. Op het gebruik van harddrugs staat ontslag, bij softdrugs is eerst een waarschuwing mogelijk, mits het gebruik bescheiden en solitair was.

Tenslotte moet iedere militair zich fatsoenlijk gedragen en de belangen van het leger niet schaden. Ook niet in hun vrije tijd. Jezelf presenteren als Afghanistan-veteraan en een portier bedreigen valt daaronder.

De strafprocedure is geregeld in de Wet Militair Tuchtrecht. Een soldaat kan disciplinaire maatregelen verwachten, ook als hem of haar strafrechtelijk niets te verwijten valt.

Een 'tot straffen bevoegde meerdere' – meestal de compagniescommandant – kan berispen, verlofdagen intrekken of een geldboete opleggen. De woordvoerder: 'Maar een ééns-maar-nooit-weer-gesprek doet ook wonderen.'

Voorzitter Wim van den Burg van de militaire vakbond vindt de strenge regels terecht. 'De Nederlandse samenleving mag van haar soldaten een goed normbesef verwachten, en zelfbeheersing.'

Wel signaleert hij dat militairen zich onvoldoende realiseren hoe kwetsbaar ze zijn. 'Je kunt je uniform niet meer uittrekken. Ook als je geen enkele wet overtreedt, kun je zo ontslagen worden.' Van den Burg pleit voor meer aandacht voor dit aspect tijdens de militaire opleiding.

Dat veel soldaten jong en laag opgeleid zijn, is volgens hem geen geldig excuus. 'Defensie krijgt niet alleen toppers binnen, maar moet dat wel van hen maken.' ∎

Bron: *de Volkskrant,* 4 januari 2007

Reflectie: ook voor militairen

Beroepscodes, gedragsregels en reflectie staan in directe relatie tot elkaar. Reflectie helpt je het eigen handelen onder ogen te zien. Je vraagt je af waarom je handelt zoals je doet of hebt gedaan. Welk gedrag vertoon je? Wat levert het je op? Kun je je gedrag verantwoorden? Welke keuze maak je uiteindelijk als je staat voor een professioneel dilemma? Reflectie helpt je stil te staan bij vragen rond professioneel handelen, integriteit en transparantie. Het helpt je ook een attitude te ontwikkelen van openheid en toegankelijkheid ten opzichte van en voor de klant of cliënt, maar ook voor collega's en opdrachtgevers. Het is een uitdrukking van het nemen van verantwoordelijkheid.

Omslag CDA leidt tot meerderheid voor initiatiefwetsvoorstel van PvdA

Overheid bij ramp niet langer vrijuit

Overheidsorganen en hun bestuurders worden strafbaar als andere rechtspersonen.
Irritatie nam toe na rampen als in Enschede en Volendam.

Van onze verslaggever
Michiel Kruijt

AMSTERDAM — Overheidsinstanties, politieke bestuurders en leidinggevende ambtenaren kunnen voortaan worden vervolgd als zij de wet overtreden. Een meerderheid in de Tweede Kamer wil af van de praktijk dat zij vaak niet voor de strafrechter kunnen worden gebracht.
In het Wetboek van strafrecht komt te staan dat overheidsorganen 'op gelijke voet' vervolgbaar worden als bedrijven, stichtingen en andere rechtspersonen. Politieke bestuurders en leidinggevende ambtenaren kunnen hierdoor ook als verdachte worden aangemerkt.
Dit betekent dat overheidsinstanties en hun bestuurders niet langer automatisch vrijuit gaan in het geval van rampen als de ontplofte vuurwerkfabriek in Enschede (2000, 23 doden), de cafébrand in Volendam (2001, 14 doden) en de brand in het detentiecentrum op Schiphol-Oost (2005, 11 doden).
Het Tweede Kamerlid Aleid Wolfsen (PvdA) diende in april vorig jaar een initiatiefwetsvoorstel in om de strafrechtelijke immuniteit van de overheid op te heffen, maar kon daarvoor geen meerderheid vinden. Dinsdag heeft het CDA besloten het voorstel van Wolfsen toch te steunen en het zelfs te ondertekenen. Omdat de Christen-Unie dat ook doet, kan het voorstel nu op minstens 80 van de 150 Kamerzetels rekenen.
De opheffing van de immuniteit kan grote gevolgen hebben voor de overheid. Na de rampen in Enschede, Volendam en Schiphol-Oost weigerde het Openbaar Ministerie (OM) onderzoek in te stellen naar de rol van overheidsorganen, bestuurders en leidinggevende ambtenaren, ondanks aanwijzingen dat er fouten waren gemaakt bij het verlenen van bouw-, vuurwerk- en brandveiligheidsvergunningen. Volgens het OM was onderzoek nutteloos, omdat toch geen vervolging kon worden ingesteld vanwege de zogeheten Pikmeerarresten uit 1996 en 1998.
In deze uitspraken bepaalde de Hoge Raad dat lagere overheden niet vervolgbaar zijn als zij een overheidstaak uitvoeren die niet aan particuliere instanties kan worden overgelaten. Het toezicht op vergunningen wordt tot zo'n 'exclusieve overheidstaak' gerekend. In een eerdere uitspraak had de hoogste rechter in Nederland al uitgemaakt dat de staat nooit vervolgbaar is.
Deze niet-vervolgbaarheid riep groot ongenoegen op bij overlevenden en nabestaanden van de rampen. Zij vonden dat mogelijke nalatigheid van gemeenten en andere overheidsinstanties daardoor toegedekt bleef.
Wolfsen heeft een eigen wetsvoorstel gemaakt, omdat hij principieel bezwaar heeft tegen de huidige situatie. 'Een overheid die burgers aanspreekt op hun verantwoordelijkheden, kan dat alleen doen als zij zelf ook verantwoordelijk kan worden gehouden voor haar handelen of het nalaten daarvan', aldus de PvdA'er. 'Belangrijk voordeel is ook dat strafrechtelijk onderzoek mogelijk wordt, waardoor de waarheid over de rol van de overheid bij rampen niet langer buiten beeld blijft.' ∎

Bron: *de Volkskrant*, 19 december 2007

Reflectie met het oog op verantwoordelijk handelen en het nemen van verantwoordelijkheid

Delen

In deze tijd, waarin de werknemer (in plaats van de werkgever of de organisatie waarvoor hij werkt) steeds vaker wordt aangesproken op zijn individuele verantwoordelijkheid, is het zeker van belang stil te staan bij de beweegredenen voor het eigen handelen. Daarnaast is het minstens zo belangrijk de reflectie op eigen handelen te delen met vakgenoten, samen stil te staan bij de stappen die je, soms onder grote (werk)druk neemt en je af te vragen waarom je handelt zoals je handelt. Het vragen om feedback (zie §5.3.2) helpt je hierbij.

Interview Ernst Bakker

'Ik geef geen illegalen aan, dat is verraad'

AMSTERDAM — De Hilversumse burgemeester Ernst Bakker (D66) weigert het ministerie van Justitie gegevens te verstrekken van mensen die niet in aanmerking komen voor de pardonregeling. Voor zover bekend is hij de eerste burgemeester die een verzoek van staatssecretaris Albayrak van Justitie naast zich neerlegt.

Albayrak vroeg burgemeesters dinsdag in de Tweede Kamer lijsten te maken van illegalen die niet voldoen aan de criteria voor een verblijfsvergunning. Ze wil hun adressen en gegevens hebben om ze het land te kunnen uitzetten. De staatssecretaris zei te verwachten dat veel lokale bestuurders zullen meewerken, omdat zij niet willen dat mensen in de illegaliteit blijven hangen.

Waarom geeft u geen gegevens door van illegalen?
'Een illegaal die met een burgemeester praat om te kijken of hij of zij in aanmerking komt voor een verblijfsvergunning, moet in vertrouwen kunnen spreken. Zo iemand zit in de penarie en heeft het recht in alle rust te kijken waar hij aan toe is. Als gaandeweg het gesprek blijkt dat hij niet voldoet aan de criteria, vind ik het heel raar dat ik hem dan zou aangeven en dat hij het land wordt uitgezet. Dat doe je toch niet?'

Dat voelt als verraad?
'Ja, als verraad, klikken. Als ik denk dat iemand waarschijnlijk niet in aanmerking komt voor een verblijfsvergunning, zal ik dat zeggen. En ik zal hem erop wijzen dat het voordeel van jezelf aangeven is dat de overheid dan helpt bij het vertrek naar het buitenland. Maar verder hoef ik als burgemeester niet te gaan. Mensen moeten zelf de keuze kunnen maken om zich te melden.'

Hoort een burgemeester niet gewoon de wet uit te voeren?
'Ik hou de wet niet tegen. Er staat nergens dat ik deze gegevens moet doorgeven. Daar zijn burgemeesters niet voor. Zelfs niet in vredestijd.'

U wilt mensen helpen die geen recht hebben om hier te blijven. Illegaliteit leidt tot maatschappelijke problemen. Moet u daar geen einde aan maken?
'Daar heeft staatssecretaris Albayrak andere middelen voor. Ze heeft de beschikking over informatie en medewerkers van justitie en de Immigratie- en Naturalisatie Dienst. Dat ze ook burgemeesters vraagt hieraan mee te werken, vind ik disproportioneel.'

Menno van Dongen

Bron: *de Volkskrant*, 29 juni 2007

Wat zijn de beweegredenen van de burgemeester?

Er zijn nog een paar redenen waarom reflectie op het handelen voor beroepsbeoefenaren zo belangrijk is. Deze zijn onder meer gebaseerd op de inzichten van Van Unen (2003).

Werkdruk

Maatschappelijke verbanden zijn complex geworden, de snelheid van informatie en communicatie stelt hoge eisen aan het vermogen tot verwerken van die informatie en het handelen. Er is voortdurend druk op de ketel, deadlines en productienormen zijn bijna standaard in elke organisatie. Dit vraagt een groot aanpassingvermogen van de beroepsbeoefenaar of de werknemer, maar ook de vaardigheid en deskundigheid om onder druk beslissingen te kunnen nemen. Juist binnen die hectiek is het van belang regelmatig een pas op de plaats te maken: stil te staan bij wat je doet en waarom, zodat je weloverwogen aan het werk gaat en daar ook achter kunt staan. Het denkwerk vergt meer tijd en lijkt in eerste instantie minder productief (je dóet 'niks'), maar op langere termijn zou het wel eens veel productiever kunnen blijken dan verwacht. Een overhaast besluit dat teruggedraaid moet worden of dat leidt tot een mislukt project, kost vele malen meer tijd en geld.

Verantwoorden van individuele beslissing

Een beroepsbeoefenaar is kwetsbaar. Het kan zijn dat je ingrijpende beslissingen in je eentje moet nemen. Je moet je kunnen verantwoorden en als je dat niet kunt, kun je te maken krijgen met een klacht, een schadeclaim of een rechtszaak.

Professionaliteit

Via zelfreflectie kan de beroepsbeoefenaar zijn persoonlijke opvatting van professionaliteit bijstellen. Hij kan zo voorkomen dat modellen en concepten over wat wel en niet professioneel is, gefixeerd raken. Daarmee blijft hij alert op ontwikkelingen binnen het beroepsveld en schept hij de mogelijkheid creatief en actief bij te dragen aan de discussie hierover.

Aannames

Wat hierbij aansluit is dat de professional voortdurend alert moet zijn op aannames die hij bewust of onbewust doet, waarop hij zijn verdere handelen baseert. Die aannames hoeven helemaal niet overeen te komen met de werkelijkheid, ze kloppen misschien niet. Wanneer je actuele informatie uit de media tot je neemt over incidenten of calamiteiten die zich hebben voorgedaan, speelt er heel vaak een element mee van een foutieve aanname. Een voorbeeld van een aanname in de werksituatie van een bouwkundige: 'Ik zie dat op deze constructietekening de bouten kleiner zijn dan op die vorige tekening. Ik neem aan dat daar door de technisch tekenaar wel over is nagedacht.' Je kunt je een voorstelling maken van eventuele gevolgen wanneer er wel sprake blijkt te zijn van een fout... Je kunt je ook afvragen wat degene die de opmerking maakt beweegt om aan te nemen dat er wel over nagedacht zal zijn. Waarom kiest hij er niet voor contact op te nemen met de technisch tekenaar en te checken of de tekening klopt?

Minister Dekker stuurt rapport Bos en Lommerplein aan Kamer
19-07-2006

Minister Dekker heeft vandaag het rapport over de rol van het stadsdeel Bos en Lommer in Amsterdam als vergunningverlener en toezichthouder bij de aanleg van het dak van de parkeergarage aan het Bos en Lommerplein aan de Kamer gestuurd. In het rapport concludeert de VROM-Inspectie dat het stadsdeel onvoldoende toezicht heeft gehouden. Begin dit jaar werden scheuren ontdekt in de parkeergarage. Vorige week werd het plein ontruimd uit vrees voor zware ongevallen.

Volgens het rapport was er wel voldoende toezicht tijdens de bouw, maar de kwaliteit ervan was onvoldoende. Het betonijzer in belangrijke en kritische constructies werd bijvoorbeeld niet altijd gecontroleerd. Over de vergunningverlening doet de inspectie geen uitspraak. Uit de dossiers van het stadsdeel kon de VROM-Inspectie hierover geen volledig beeld opmaken. Door 'een gebrekkige overdracht' tussen de dienst Milieu en Bouwtoezicht en het stadsdeel werden vanuit de vergunningverleners geen aandachtspunten meegegeven aan de toezichthouder.
De VROM-Inspectie constateert dat 'al het toezicht heeft gefaald'. Zowel het betonvlechtbedrijf, de onder- en hoofdaannemer, de toezichthouder namens de opdrachtgever en het stadsdeel hebben fouten gemaakt.

Stap vooruit
Het inspectierapport is opgesteld op verzoek van het stadsdeelbestuur. Het wilde zelf graag een onafhankelijk oordeel over zijn toezicht en vergunningverlening.
Eind 2003 concludeerde de VROM-Inspectie al in een regulier gemeenteonderzoek dat in het stadsdeel Bos en Lommer vooral de uitvoering en handhaving van het beleid voor bouwen, ruimtelijke ordening en milieu onder de maat was. In dit onderzoek stelde de inspectie verbeteringen voor. Eind 2005 concludeerde de inspectie in een gesprek met het stadsdeel dat in onder meer de uitvoering en handhaving een 'grote stap vooruit' was gemaakt. Op 21 maart 2006 stuurde de inspectie het stadsdeel een brief met de samenvatting van dit gesprek, haar conclusies en verdere afspraken. Het parkeerdak aan het Bos en Lommerplein werd in juni 2004 opgeleverd. ∎

Bron: www.vrom.nl, 19 juli 2006

Reflectie: ook voor beroepsoefenaren in de techniek

Een ander aspect dat je door reflectie zo veel mogelijk kunt proberen te voorkomen, is het handelen vanuit je eigen zogenoemde blinde vlekken (zie ook subparagraaf 5.3.3). Blijf alert op datgene wat vanzelfsprekend voor je lijkt!

Het is goed om in dit verband nog even stil te staan bij het al eerdergenoemde persoonlijk werkconcept, het persoonlijk werkmodel en de zogenoemde subjectieve theorieën. In het stappenplan voor reflectie (hoofdstuk 3) ben je deze termen al tegengekomen; het is belangrijk deze aspecten te betrekken in je reflectie.

Persoonlijk werkconcept

Persoonlijk werkmodel

Subjectieve theorieën

Het persoonlijk *werkconcept* is te vertalen als: jouw persoonlijke opvatting over en interpretatie van de werkelijkheid en hoe daarin te handelen. Het persoonlijk *werkmodel* is de wijze waarop je van plan bent een bepaalde taak (situatie, probleem) aan te pakken.

Subjectieve theorieën kun je opvatten als jouw persoonlijke theorieën (op basis van socialisatie en diverse ervaringen) over de jou omringende wereld, over de omgang met anderen, over wat goed is en wat fout. Je zult begrijpen dat deze theorieën, omdat ze persoonlijk zijn, subjectief zijn en niet overeen hoeven te komen, of zelfs botsen met die van anderen. Reflecteren helpt je om je persoonlijke concepten, modellen en theorieën kritisch te bezien en daarmee je (professioneel) handelen dat mogelijk daarop gebaseerd is.

Reflecteren richt zich op het verbeteren van professioneel handelen. Hoe beter je leert zelfstandig te reflecteren op je professioneel handelen, hoe beter je in staat zult zijn je beroep zelfstandig uit te oefenen en je eigen deskundigheid op peil te houden (Nijenhuis, 2002).

Persoonlijk gedragsrepertoire

Professioneel gedragsrepertoire

Reflecteren is dus onlosmakelijk verbonden met jouw persoonlijke ontwikkeling tot beroepsbeoefenaar. Je ontwikkelt je van privépersoon met een persoonlijk gedragsrepertoire (hoe handel, denk en voel ik in dagelijkse situaties en wat wil ik?) tot een professional met een professioneel gedragsrepertoire (hoe handel, denk en voel ik in professionele situaties en wat wil ik?).

Hierna tref je enkele praktijkvoorbeelden aan waarin tijdige reflectie op het handelen de hoofdpersonen had kunnen helpen op de juiste wijze te handelen.

'Directeur gemeentewerken haalt opmerkelijk financieel voordeel uit privétransacties: strafontslag gerechtvaardigd (bouwfraude)

De koop door een directeur gemeentewerken (met directe invloed op aanbestedingsprocedures) van een auto en een caravan wordt geheel betaald door een bedrijf dat gelieerd is aan een bouwbedrijf waarmee de gemeente regelmatig zakendoet. Ook heeft de gang van zaken bij de verkoop van een appartement aan een gelieerd bedrijf de schijn van ontoelaatbare belangenverstrengeling opgeroepen. De Raad bevestigt het aan betrokkene verleende strafontslag. Met betrekking tot de inhouding van bezoldiging tijdens schorsing spreekt de Raad uit dat van strafrechtelijke vervolging wegens misdrijf sprake is als er een gerechtelijk vooronderzoek plaatsvindt, ook als er (nog) geen dagvaarding is uitgereikt.

Centrale Raad van Beroep, 30-11-2006, LJN 30-11-2006, TAR 2007/30

Provincieambtenaar maakt snoepreisjes (bouwfraude)

Provinciaal ambtenaar schaft op kosten van de provincie materiaal aan ten behoeve van zijn tuin. Het vervoer (en andere werkzaamheden) vond plaats door medewerkers van de provincie tijdens diensttijd. Ook heeft hij meer-

maals op kosten van een bedrijf waarmee hij ambtelijk een relatie onderhield, reizen gemaakt naar de Antillen e.o. Aan hem is strafontslag opgelegd. De Raad oordeelt dat er sprake is van een ontoelaatbare belangenverstrengeling. Het ontbreken van een statuut over de toelaatbaarheid van dergelijke reizen doet niet af aan de eigen verantwoordelijkheid van de ambtenaar. De Raad verwerpt ook het argument van betrokkene dat gedragingen in privétijd geen consequenties mogen hebben voor zijn ambtelijke aanstelling. De Raad laat het ontslag in stand.
Centrale Raad van Beroep, 10-08-2006, LJN AY6962, TAR 2006/171

Downloaden van muziek door systeembeheerder leidt tot strafontslag

Een systeembeheerder bij een informatiegevoelige dienst van een ministerie heeft meermaals muziekbestanden gedownload met behulp van een speciaal downloadprogramma KaZaA dat door hem is geïnstalleerd. Dit is in strijd met de interne regels voor gebruik van internet en met nadere expliciete aanwijzingen (tijdens werkoverleg en functioneringsgesprek). Aan hem is strafontslag verleend. De Raad acht het strafontslag niet onevenredig omdat bij deze dienst met staatsgeheimen wordt gewerkt en beveiliging een zeer hoge prioriteit geniet. Bovendien is de functie van systeembeheerder een vertrouwensfunctie waaraan zeer hoge eisen worden gesteld met betrekking tot integriteit. Het ontslag blijft in stand.
Centrale Raad van Beroep, 02-03-2006, LJN AV3950, TAR 2006/165

Drugsgebruik politieambtenaar reden voor strafontslag

Aan politiemedewerkster wordt wegens bezit en gebruik van drugs (GHB) strafontslag verleend. De Raad laat het ontslag in stand, omdat de medewerkster hierdoor de grenzen heeft overtreden die uit de aard van haar functie voortvloeien.
Centrale Raad van Beroep, 15-6-2006, LJN AX9641, TAR 2006/141

Belastingmedewerker ontduikt belasting

Medewerker belastingdienst heeft aanzienlijke bedragen op buitenlandse bankrekeningen staan en maakt daarvan geen melding bij zijn belastingaangifte. Hij bestrijdt dat het zijn bankrekeningen zijn. Aan hem is strafontslag verleend. De Raad oordeelt dat voldoende bewijs voorhanden is en herhaalt de vaste jurisprudentie over (on)rechtmatig verkregen bewijs in belasting- en bestuursrechtelijke zaken. De Raad overweegt dat het verzwijgen van vermogen en het niet vermelden van rente zeker voor een belastingambtenaar onacceptabel is. Dat dit in de privésfeer plaatsvindt, doet daaraan niet af omdat deze gedragingen het vertrouwen in de Belastingdienst en de medewerkers daarvan schaden.
Centrale Raad van Beroep, 06-04-2006, LJN AW1847, TAR 2006/166'

(bron: www.integriteitoverheid.nl)

Accent Alcohol op de werkvloer
Betrapt op drinken tijdens het werk

AMSTERDAM — Een op de vier managers betrapt werknemers en collega's op alcoholgebruik tijdens het werk. Het gaat dan bijvoorbeeld om mensen die stiekem drinken of flessen drank in hun bureaulade hebben verstopt. Dat blijkt uit een enquête van het tijdschrift *Management Team* onder driehonderd managers.

Uit de enquête blijkt dat een op de tien managers de werknemers met een alcoholprobleem heeft ontslagen. Managers die regelmatig alcoholgebruik signaleren bij werknemers, kunnen volgens Ronald Knibbe, hoogleraar sociale epidemiologie van de Universiteit van Maastricht, het best de bedrijfsarts inschakelen. 'Opvallend is dat er juist weinig wordt doorverwezen naar de hulpverlening', zegt Anja Corbijn van *Management Team*. Volgens Roel Kerssemakers van de Jellinek, een instelling voor verslavingszorg in Amsterdam en de Gooi- en Vechtstreek, manifesteert een alcoholprobleem op de werkvloer zich vaak in een vroeg stadium, maar weet het management daar niet goed op te reageren. 'Het probleem blijft vaak sluimeren.' Het bedrijfsleven loopt volgens Kerssemakers 'miljarden' mis doordat de arbeidsproductiviteit van werknemers als gevolg van alcoholverslaving afneemt.

Ook de managers zijn ondervraagd over hun drankgebruik. Opvallend is dat oudere managers liever thuis een paar glazen drinken om de stress weg te nemen. Dit in tegenstelling tot hun jongere collega's die graag met collega's naar de kroeg gaan.

De lunch is een moment dat er in het bedrijfsleven volgens Knibbe regelmatig alcohol wordt genuttigd. 'Ik heb daar geen cijfers van, maar neem maar eens een kijkje in de restaurants in de grote steden. Daar wordt regelmatig gedronken, ook op kosten van de baas.'

Ook op bedrijfsfeestjes wordt regelmatig stevig gedronken. Toch is het niet altijd verstandig daar flink in te nemen. Een op de acht van de jonge ondervraagde managers heeft zich wel eens laten gaan. 'Echt genante dingen bleven uit, maar ze noemde als grootste nadeel het uitflappen van dingen die ze liever niet hadden willen zeggen', zegt Corbijn. 12 procent van de managers zei dat bedrijfsfeestjes om die redenen zelfs helemaal afgeschaft of droog gelegd zijn.

Marlies Dinjens ■

Bron: *de Volkskrant*, 23 oktober 2007

Wat versta je onder professioneel gedrag?

Samenvatting

Om binnen de beroepsuitoefening effectief te kunnen handelen is reflectie op dat eigen handelen een voorwaarde. Behalve het handelen, zijn voelen, denken en willen ook gedragsaspecten die worden meegenomen in de reflectie. Het totale gedrag is van invloed op een effectieve werkuitvoering. Binnen die praktijk behoeft het leggen en onderhouden van relaties de nodige aandacht. Goede relaties dragen bij aan werksfeer en resultaten van het bedrijf. Daarnaast is reflectie nodig om in de complexe en veeleisende samenleving bewust stil te staan bij de gemaakte en te maken keuzes. Bewust handelen bevordert het kunnen verantwoorden van gemaakte keuzes en daarmee transparantie van handelen.

Opdrachten

4.1 **Verkoop**
   Stap 1 Ga voor jezelf eens na in welke verkoopsituatie (als verkoper of als klant) jij je erg tevreden hebt gevoeld.
   Stap 2 Welke aspecten van de situatie speelden voor jou een rol bij die tevredenheid?
   Stap 3 Beantwoord de vraag nu voor een situatie waarover je je absoluut ontevreden voelde.
   Stap 4 Wissel je ervaring uit met een collega of medestudent.

4.2 **Gedragsregels**
   Stap 1 Geef voor jouw werksituatie (vaste baan of bijbaan) een aantal gedragsregels waaraan jij je moet houden. Onderscheid algemeen geldende regels en specifiek voor jouw beroepsuitoefening geldende regels.
   Stap 2 Geef aan welke regels expliciet zijn gemaakt binnen het bedrijf en welke regels onuitgesproken zijn.
   Stap 3 Bespreek deze regels met een collega of medestudent.

4.3 **Reflectie**
   Stap 1 Ga voor jezelf na in welke situatie (in je werk of privé) je een persoonlijk dilemma hebt ervaren. Geef kort de situatie weer.
   Stap 2 Wat voelde je precies daarbij?
   Stap 3 Wat dacht je?
   Stap 4 Wat wilde je?
   Stap 5 Hoe heb je gehandeld?
   Stap 6 Wat waren jouw beweegredenen om zo te handelen?

4.4 **Beïnvloeding**
   Stap 1 Lees het volgende artikel *(Kuddedier gedraagt zich bewuster)* goed door.
   Stap 2 Ga voor jezelf na hoe jij je in je gedrag laat leiden door het gedrag van anderen.
   Stap 3 Geef hierbij twee concrete voorbeelden.
   Stap 4 Hoe sta je tegenover dit gedrag van jezelf?
   Stap 5 In welke situaties ervaar je een dilemma? (Geef concrete voorbeelden.)
   Stap 6 Wat zou je in die situaties het liefst willen?
   Stap 7 Hoe zou je dat kunnen bereiken?

Kuddedier gedraagt zich bewuster

Al Gore won zijn Nobelprijs met een deels verzonnen doemscenario. Maar andere, nog nooit gebruikte technieken voor gedragsverandering werken aantoonbaar beter.
Door Ad Bergsma

De meeste lezers van *de Volkskrant* gebruiken veel spaarlampen, nemen voor korte afstanden vaak de fiets, laten hun huis goed isoleren, maken veelvuldig gebruik van het openbaar vervoer, zetten de verwarming niet te hoog en gooien deze krant straks niet bij het vuilnis, maar netjes bij het oud papier.

Dit lijkt misschien de opmaat voor een betoog dat de lezers van *de Volkskrant* Al Gore helemaal niet nodig hebben, maar dit stukje is in feite een poging om zelf voor de Nobelprijs in aanmerking te komen. Want u gelooft het waarschijnlijk niet, maar de bovenstaande zinnen hebben daadwerkelijk effect op uw gedrag. U gaat met de kudde mee en u gaat zich milieubewuster gedragen.

Dit is althans het verhaal dat de Amerikaanse psycholoog Robert Cialdini onlangs vertelde aan een onderzoekscommissie van het Amerikaanse congres. Hij nam een ervaring van een van zijn studenten als voorbeeld, die samen met zijn vriendin het Petrified Forest National Park bezoekt in Arizona. De natuurbeschermers daar hebben grote waarschuwingsborden geplaatst met de boodschap dat het erfgoed wordt bedreigd, doordat er elk jaar 14 ton aan versteend hout uit het park wordt gestolen.

Een schande, maar de vriendin, die nog niet eens ongevraagd een paperclip zou lenen, reageert met 'laten wij ook gauw een stukje pakken'. De mens is nu eenmaal een kuddedier, en een slecht voorbeeld doet slecht volgen. Als de borden hadden opgemerkt dat 97 procent van de bezoekers geen splinter versteend hout mee naar huis neemt, zou de diefstal juist afnemen.

De invloed van de buren is groter dan je denkt

Experimenteel bewijs voor deze stelling komt van het plaatsen van twee alternatieve informatieborden in het Nationale Park. Bij het plaatsen van een bord met een afbeelding van drie verfoeide dieven, verdubbelde de diefstal van versteend hout. Een soortgelijk bord met een enkele dief, gecombineerd met de boodschap dat één zo'n uitzondering al schade toebrengt, leidt er juist toe dat er minder versteend hout verdwijnt.

Deze voorbeelden zullen u er echter nog niet van hebben overtuigd dat de eerste alinea daadwerkelijk uw gedrag verandert. Mensen onderschatten namelijk structureel de invloed van de kudde. Cialdini vroeg milieubeschermers in Californië om deurhangers te plaatsen bij 2 500 huizen. De deurhangers hadden vier verschillende boodschappen, namelijk dat mensen geld kunnen besparen door zuinig te zijn met energie, dat zij de hulpbronnen van de aarde intact houden door energie te sparen, dat zij zich gedragen als verantwoordelijke burgers door energie te sparen of dat de buren ook zuinig zijn met energie. Deze deurhangers zijn door het publiek beoordeeld, en vrijwel iedereen denkt dat het verhaal over de buren het minste indruk maakt. Maar als er wordt gekeken naar gedragsveranderingen, blijkt dat de verwijzing naar de eigen portemonnee, de samenleving of het milieu weliswaar leidt tot kleine verbeteringen in gedrag, maar dat het voorbeeld van de buren veel inspirerender werkt. Wijzen op de zuinige buren leidt tot een gemiddelde besparing van 2 kilowattuur per dag, dat wil zeggen dat er één lamp van 100 watt gedurende twintig uur minder brandt. Cialdini, die onlangs in Tilburg te gast was bij de opening van de gecombineerd psychologische en economische onderzoeksschool Tiber, merkte daarbij op dat dit precies de boodschap is die niemand ooit gebruikt.

Hetzelfde verhaal komt naar voren bij onderzoek naar het gebruik van kaartjes waarmee gasten in hotels worden aangespoord om hun handdoeken opnieuw te gebruiken. Cialdini paste de kaartjes op verschillende manieren aan. De gebruikelijke oproep om het milieu te sparen of om hulpbronnen over te houden voor toekomstige generaties, leidt ertoe dat iets meer dan een derde deel van de gasten dit daadwerkelijk doet. De bereidheid mee te werken, neemt met een sprongetje van 10 procent toe wanneer de boodschap wordt veranderd in dat de meeste andere gasten in het hotel de handdoeken ook hergebruiken. Het meest effectief blijkt echter de boodschap dat de andere gasten die in dezelfde kamer verbleven hun handdoeken hergebruiken. De medewerking komt dan uit op 53 procent. De toevoeging dat het gaat om andere gasten uit dezelfde kamer creëert een groepsgevoel, net zoals twee totale vreemden elkaar eerder vertrouwen wanneer ze toevallig ontdekken dat ze op dezelfde school hebben gezeten. Om dezelfde reden werkt de openingsalinea, omdat u wordt aangesproken op uw identiteit als lezer van *de Volkskrant*.

Cialdini rekende het congres daarbij voor dat het compleet hergebruik van handdoeken in een gemiddeld hotel van 150 kamers leidt tot een besparing van meer dan 300 000 liter water, 39 vaten olie, en 2 000 liter wasmiddel. De helft van deze besparing kan dus worden bereikt door mensen aan te spreken op hun groepsgevoel, maar helaas zijn er nog nauwelijks hotels die deze techniek gebruiken. Hoog tijd om dat te veranderen dus. Kunt u mij voordragen voor de Nobelprijs als dat lukt? ∎

Bron: *de Volkskrant*, 27 oktober 2007

Reflecteren in de praktijk

5.1 Individuele reflectie
5.2 Reflectie met anderen
5.3 Hulpmiddelen bij (individuele) reflectie

Reflecteren is een manier van leren en een vaardigheid die gericht is op het verbeteren van het persoonlijk professioneel handelen. Het eigen gedrag staat centraal. Reflecteren is een activiteit die je prima individueel kunt doen: als je in staat bent het eigen gedrag kritisch te onderzoeken en jezelf vragen te stellen zul je tot een goede reflectie kunnen komen. Er zijn echter meer mogelijkheden. Gezamenlijk reflecteren op een voor jou betekenisvolle situatie levert je behalve vragen van de ander, ook andere, nieuwe inzichten op. In dit hoofdstuk lees je over diverse manieren van reflecteren.

OPENINGSCASUS

Publicatie

Marie-Louise is een vooraanstaand wetenschapper aan een gerenommeerde universiteit. Ze is professor doctor in de theoretische fysica en begeleidt een groepje onderzoekers, onder wie Senay en Roderick.
Beiden zetten zich goed in en met name Roderick valt op door de vele stukken die hij schrijft. Ze vindt dat erg bijzonder van hem; dat hij naast zijn drukke onderzoeksprogramma het ook nog voor elkaar krijgt om verschillende teksten met onderzoeksresultaten te produceren. Bij de andere onderzoekers moet ze er vaak hard aan trekken om ze zover te krijgen. Roderick heeft inmiddels vier publicaties op zijn naam staan en vanmorgen leverde hij opnieuw een tekst aan die hij haar wilde voorleggen met het oog op publicatie. Hij vraagt haar haast te maken met het doornemen, met het oog op de deadline van het tijdschrift dat zijn artikel wil opnemen. Ze is blij met de tekst, elke publicatie is immers een product dat geld oplevert. De marktgerichte koers die de universiteit vaart, leidt ertoe dat hoe meer wetenschappelijke publicaties haar vakgroep produceert, hoe meer euro's er voor onderzoek beschikbaar komen. Bovendien levert een publicatie een bijdrage aan de bekendheid van haar groep en vakgebied en dat is opnieuw goed voor het behalen van succes bij een volgende projectaanvraag.
Marie-Louise leest direct de tekst van Roderick en fronst zo nu en dan haar wenkbrauwen. Wat ze ook in eerdere stukken van hem tegenkwam, valt haar nu weer op: dat hij zijn schrijfstijl af en toe wijzigt. Bovendien staan er conclusies in de tekst die niet volledig worden onderbouwd of gedragen door de onderzoeksgegevens. Een aantal metingen strookt niet met de conclusie en een serie data komt volgens haar niet overeen met de resultaten die ze een paar weken geleden met hem heeft doorgenomen. Aan de ene kant wil ze graag dat het stuk gepubliceerd gaat worden, aan de andere kant voelt ze een zeker onbehagen bij het lezen van de tekst. Ze wil eigenlijk de zaak met Roderick bespreken en dan een besluit nemen, maar de gestelde deadline geeft haar weinig tijd.
Marie-Louise gaat eens achterover zitten en overdenkt de kwestie.

Reflectie door Marie-Louise (bad practice)
'Die Roderick! Je draait je om en hij heeft weer een tekst geschreven! Dit is wel heel bijzonder, zo'n hoge productie. Dit doet het natuurlijk goed in de internationale wereld, het zet ons wederom op de kaart. De conclusies zijn een beetje wankel, maar je moet van goeden huize komen om dat te ontdekken. En die schrijfstijl, dat zal de haast wel zijn. Over het algemeen leest men de artikelen toch niet zo nauwkeurig, bij de vorige publicaties is het toch ook goed gegaan. Trouwens, het verschil in data zal Roderick ook wel opgevallen zijn. Hij zal zijn gegevens wel hebben gecheckt en bijgesteld. Dit artikel moet eigenlijk in dat tijdschrift komen. Door tijdgebrek is het nu niet mogelijk nog uitgebreid te overleggen. Opnieuw metingen verrichten is in verband met de tijd sowieso niet haalbaar, dan is publicatie uitgesloten. Er komt een fiat voor publicatie.'

Analyse bad practice
- Niet overal de ik-vorm
- Geen vragen stellen aan zichzelf
- Geen aandacht voor gevoelssignaal
- Mogelijke bezwaren wegrationaliseren
- Verantwoordelijkheid buiten zichzelf leggen (tijdsdruk; ze lezen niet nauwkeurig; Roderick zal gegevens hebben gecheckt en bijgesteld)
- Overdenking gericht op besluitvorming en niet op eigen gedrag

Reflectie door Marie-Louise (good practice)
'Hoe komt het dat ik niet in een keer enthousiast kan zijn, terwijl er toch een artikel ligt van een van mijn onderzoekers en ik het geweldig vind als zij publiceren? Wat is dat bij mij? Als ik de tekst feitelijk bekijk dan heb ik mijn bedenkingen bij de schrijfstijl van Roderick én bij de onderbouwing van de conclusie. De data heb ik ook niet eerder gezien. Ik denk dat de conclusie sowieso te dun is en aanpassing of nader onderzoek vergt. Wat de schrijfstijl betreft, ik krijg er een onbehaaglijk gevoel bij. Ik constateer dat de stijl in verschillende alinea's te veel van elkaar afwijkt en ik denk dat het misschien niet zijn eigen tekst is. Ik kan dit op dit moment niet hard maken, maar wat ik wel kan doen en wat ik ook wil is hem hiermee confronteren. Ik heb daar toch wel moeite mee, gezien de financiële belangen die op het spel staan. Op het eerste gezicht ziet het artikel er goed uit en kunnen we ermee scoren als onderzoeksgroep. Dat is tenslotte eerder gebeurd en dat levert ons internationale bekendheid op. Bovendien genereren we daarmee onderzoeksgelden, die we hard nodig hebben. Daar ben ik wel gevoelig voor, als ik eerlijk ben. Aan de andere kant wil ik mijn onbehagen serieus nemen; als ik over mijn twijfels geen vragen stel en er blijkt naderhand wel iets mis met de gegevens en de tekst van Roderick dan zal ik mezelf dat nooit vergeven. Ik zet daarmee mijn reputatie op het spel en dat van ons instituut. De zuiverheid van de wetenschap wil ik voorop stellen, ook al kost me dat op korte termijn productie. Ik zal met hem in gesprek moeten gaan als ik mezelf en ons werk serieus wil nemen.'

5.1 Individuele reflectie

In de voorgaande hoofdstukken heb je informatie gekregen over reflectie en je hebt je een beeld gevormd over de wijze waarop je kunt reflecteren op je handelen. Omdat het over het eigen gedrag gaat, wordt reflecteren vaak gezien als een individuele aangelegenheid. En in wezen is dat ook eigenlijk zo. De basis van reflectie ligt in het terugblikken op, nadenken over het eigen gedrag. Dat nadenken gebeurt in je hoofd, bij voorkeur op een rustige plaats waar je je kunt concentreren.

Dat wil echter niet zeggen dat je reflecteren ook altijd in je eentje moet doen, dat het een voorwaarde is. Er is niets op tegen om samen met anderen je eigen gedrag, of dat van de ander, in een bepaalde situatie te onderzoeken. Het voordeel van individuele reflectie is dat je op elk tijdstip, waar je ook bent over je eigen gedrag kunt nadenken. Bovendien kun je kritische vragen stellen aan jezelf en de antwoorden voor jezelf houden als je dat prettig vindt. Uiteraard reflecteer je om te leren

Rodin, de denker

van het eigen gedrag en ben je eerlijk tegenover jezelf, ook als je antwoorden confronterend zijn. Maar als je niet alles onder ogen wilt of kunt zien, is er niemand die je corrigeert. Neem Marie-Louise uit de openingscasus. In de bad practice rechtvaardigt ze haar twijfels over Rodericks tekst door rationalisatie. Als ze haar gedachten hardop had uitgesproken in contact met een collega, had die haar kritisch daarop kunnen bevragen, bijvoorbeeld: 'Hoe komt het dat jij ervan uitgaat dat het wel door de haast zal komen?' Of: 'Wat maakt dat jij aanneemt dat Roderick de gegevens wel zal hebben bijgesteld?'

Je ziet dat de collega hier niet ingaat op het gedrag van Roderick, maar op het gedrag van Marie-Louise. Over deze vragen zal ze na moeten denken en, als ze wil leren van haar gedrag, daarop een eerlijk antwoord geven. In de volgende paragrafen lees je hoe een reflectie met meerdere personen eruit kan zien. Aan het eind van het hoofdstuk krijg je enkele hulpmiddelen aangereikt die je kunnen ondersteunen bij je individuele reflectie.

5.2   Reflectie met anderen

Delen en toetsen

Andere referentiekaders en werkmodellen

Denkkader verbreden

Veiligheid

Reflecteren met anderen is een waardevolle vorm om je eigen gezichtspunten en opvattingen over het eigen gedrag te delen en te toetsen aan die van anderen. Je verbreedt je gezichtsveld doordat anderen spreken vanuit andere referentiekaders en werkmodellen. Zij kunnen met hun blik jouw visie verruimen, je denkkader verbreden. Dat geeft je handvatten om anders te kunnen kijken naar betekenisvolle situaties en van daaruit anders te kunnen handelen in toekomstige situaties. Alle reden dus om een reflectie te delen. Een belangrijke voorwaarde om de eigen ervaringen te durven inbrengen is dat je je op je gemak voelt bij de anderen uit de reflectiegroep. Er moet sprake zijn van veiligheid; mag je en durf je te zeggen wat je bezighoudt, zonder dat je daarop als persoon

Vertrouwen

wordt afgerekend door de anderen? Ook moet je ervan uit kunnen gaan dat met alle informatie vertrouwelijk wordt omgegaan. Vertrouwelijkheid van informatie bevordert de veiligheid in de groep. Veiligheid en vertrouwen zijn dus belangrijke voorwaarden voor reflectie met anderen. Zie hiervoor ook paragraaf 6.3.

Je kunt opmerken dat reflecties in de eerste plaats persoonlijk zijn en dat je ze niet met een ander deelt. In wezen is dat juist. Reflecteren is een persoonlijke aangelegenheid, het gaat altijd over jezelf. Belangrijk is hier het onderscheid te maken in reflecteren als vaardigheid en reflecteren als een manier van leren. Het eerste doe je uiteraard in alle gevallen zelf. Het reflecteren als manier van leren kan op verschillende manieren plaatsvinden: individueel, met een ander of in een groepje.
Een andere vraag is of je graag je reflecties met een ander deelt. Dat is een persoonlijke afweging. Je kunt hierop ook reflecteren door je af te vragen wat jou ervan weerhoudt om je ervaring met een ander te delen. Misschien is de ervaring te beladen en ben je er nog niet aan toe om die aan een ander toe te vertrouwen? Misschien voel je je onzeker over de hele kwestie? Misschien is de ander voor jou nog niet vertrouwd genoeg en ervaar je nog geen veiligheid bij de ander. Er kunnen verschillende elementen een rol spelen die het voor jou moeilijk maken om je ervaring te delen. Voorop staat dat er sprake moet zijn van onderling vertrouwen en veiligheid. Denk hierbij bijvoorbeeld aan de voorwaarde dat de ander jou accepteert zoals je bent en aan de afspraak dat de ervaring die je aan de ander vertelt, niet zomaar aan derden wordt doorverteld.

Bij reflectie met anderen kun je onderscheid maken in reflectie in tweetallen of met meerdere personen, hoewel die grenzen niet strikt zijn. Hierna volgen enkele reflectievormen die zowel in tweetallen als in een groepje kunnen plaatsvinden.

5.2.1 Interview

Het interview in tweetallen gaat als volgt:
- *Stap 1*: A brengt in een kwestie of vraag in. Het gaat hierbij om een voor hem betekenisvolle situatie.
- *Stap 2*: B stelt hierover voornamelijk open vragen. Deze richten zich op het zelfonderzoek van A, dus gericht op diens eigen gedrag.
  B geeft geen oordeel, stelt geen suggestieve vragen en draagt geen oplossingen aan (dit valt niet mee!).
- *Stap 3*: A geeft expliciet aan op welke vraag/vragen hij verder in wil gaan.
- *Stap 4*: B stelt hierover wederom open vragen, verdiept daarmee het onderzoek naar het gedrag van A.

De stappen 3 en 4 herhalen zich. De vragensteller probeert de inbrenger steeds meer te laten focussen op het belangrijkste aspect (van het gedrag van A) in de betekenisvolle situatie.
- *Stap 5*: Na een vooraf afgesproken tijd geeft de inbrenger aan wat op dat moment voor hem het belangrijkste aspect in het eigen gedrag is in die betekenisvolle situatie. De inbrenger probeert hieraan een leervraag te koppelen.

Het doel van deze vorm van interviewen is:
- onderzoek van de ingebrachte vraag of kwestie;
- trainen van de vraagstelling (luisteren/open vragen/focus op gedrag van de inbrenger);
- toespitsen/vraag verhelderen/toewerken naar de kern: wat is het belangrijkste/essentiële aan de ingebrachte kwestie/situatie/vraag, gericht op het eigen gedrag van de inbrenger?

NB Voor voorbeelden van open vragen, zie hoofdstuk 2.

5.2.2 Intervisie

Intervisie

De meest bekende vorm van reflectie samen met anderen is intervisie. Intervisie is een samenwerkingsvorm waarbinnen deelnemers elkaar uitnodigen tot reflectie op hun (professioneel) gedrag aan de hand van situaties en/of dilemma's uit de beroepspraktijk. De deelnemers zijn gelijkwaardig op professioneel niveau en afkomstig van dezelfde lijn in de organisatie; er zit geen leidinggevende bij. De intervisie heeft tot

Doel

doel het professioneel handelen op een aanvaardbaar niveau te handhaven of te verbeteren.

Er zijn diverse vormen van intervisie, die alle terug te voeren zijn op

Basismodel

een basismodel dat uit de volgende stappen bestaat:
1. Korte inbreng van de betekenisvolle situatie/het dilemma door de inbrenger.
2. Stellen van vragen om de feiten/context rond de betekenisvolle situatie en het handelen daarin van de inbrenger helder te krijgen voor alle deelnemers (óók de inbrenger).
3. Focus: wat is de centrale vraag van de inbrenger, waar wil hij/zij op doorgaan?
4. Vragenronde(s) door deelnemers aan inbrenger, gericht op gedrag (denken, voelen, willen, handelen).
5. Analyseren + conclusie: elke deelnemer stelt vast wat er volgens hem/haar aan de orde is in de ingebrachte situatie en verwoordt dit naar de inbrenger.
6. De inbrenger geeft aan welke genoemde aspecten voor hem/haar van betekenis zijn, welke een bredere of andere kijk hebben gegeven op de betekenisvolle situatie en welk aspect hem of haar raakt ('dát is het!') of aan het denken zet op het gebied van het eigen gedrag en mogelijkheden tot leren.
7. De inbrenger geeft aan op welk punt hij/zij zich verder wil ontwikkelen (of wat hij verder wil onderzoeken) en hoe.
8. Deelnemers verwoorden wat hun persoonlijke leermoment is uit deze bijeenkomst.

Intervisie vindt plaats in kleine groepen van minimaal vier tot maximaal acht deelnemers.

Het is belangrijk om een intervisiebijeenkomst te structureren in tijd en volgorde (agenda) en in taak-rolverdeling (voorzitter, notulist, inbrenger). Alle deelnemers houden zich aan vooraf gemaakte afspraken over tijd, aanwezigheid, rollen, inbreng, verslaglegging en niet te vergeten: vertrouwelijkheid (De Meer, 2005).

5.2.3 Brainstorm

Tijdens het reflectieproces denk je na over je gedrag in een betekenisvolle situatie. Je laat je gedachten erover gaan en je dwingt jezelf de situatie vanuit verschillende invalshoeken te bekijken. In feite ben je dan al aan het brainstormen, zij het individueel. Je geeft jezelf allerlei opties die de analyse van en de conclusie over de betekenisvolle situatie vorm kunnen geven.

Soms heb je het gevoel te blijven steken in het proces. Je komt niet echt verder, het lukt je niet om de reflectiespiraal te doorlopen.

Brainstormen
Een mogelijkheid om uit deze impasse te komen is om een betekenisvolle situatie met een aantal medestudenten te beschouwen via een brainstormsessie. Brainstormen is een werkwijze waarbij verschillende leden van een groep zo veel mogelijk ideeën spuien over een vooraf vastgesteld onderwerp of een voorliggende vraag of kwestie. Tijdens dit brainstormen hinderen de leden van de groep elkaar niet door in te gaan op de naar voren gebrachte ideeën. Het gaat erom zo veel mogelijk ideeën te verzamelen.

Brainstormen kan voor reflectie verhelderend werken. De groepsleden denken na over de vraag of kwestie die jij inbrengt, naar aanleiding van de door jou ervaren betekenisvolle situatie. Ideeën en gedachten die de groepsleden naar voren brengen, bieden jou misschien een ander perspectief om naar de situatie en naar je eigen handelen daarin te kijken. Zoveel mensen, zo veel mogelijkheden! Het is uiteindelijk aan jou om te bepalen welke ideeën je aanspreken om je handelen in de ingebrachte betekenisvolle situatie te verbeteren. Het is echt een hulpmiddel om met behulp van de inzichten en invalshoeken van anderen, de eigen gedachten te bepalen.

Brainstormen verloopt volgens een vaste procedure en is gebonden aan een aantal regels. Hierna volgt een beknopt overzicht (Van Oudenhoven, 2004).

Regels voor brainstormen
Regels voor brainstormen zijn:
- De deelnemers mogen alle ideeën, inzichten en opmerkingen noemen, zonder dat er gekeken wordt of ze uitvoerbaar of kwalitatief goed onderbouwd zijn.
- De deelnemers mogen wel een ander idee aanvullen of met een eigen idee combineren.
- De deelnemers spuien hun ideeën zonder commentaar van andere deelnemers te krijgen.

Fasen van brainstorm
De procedure kan verschillen per doelgroep (bijvoorbeeld techniekstudenten of reclamemakers), maar op hoofdlijnen doorloopt elke brainstorm de volgende fasen:
- Inbreng door één van de deelnemers (reflectant) van een casus, probleem of betekenisvolle situatie met context en probleemstelling.
- Probleemverheldering: de overige deelnemers mogen elk een aantal open vragen stellen ter verheldering van de context en de probleemstelling.
- Brainstorm: het spuien van ideeën, opvattingen, veronderstellingen, associaties door de overige deelnemers. De vorm hiervan kan verschillen (mondeling, in de gehele groep, op flap, individueel, op papier, tijdsduur).

- De reflectant geeft zijn reactie op de ideeën die naar voren zijn gekomen. Er mag geen discussie over of verdediging van de gespuide ideeën ontstaan!
- Afronding: de reflectant betrekt zonder waardeoordeel de ontvangen reacties uit de brainstorm bij zijn reflectie op de ingebrachte casus. Hij geeft aan welke richting zijn denken uitgaat en hoe hij denkt te gaan handelen.

Over het nut van brainstormsessies bestaan verschillende opvattingen. Sommigen stellen dat deze werkwijze in groepen productiever en creatiever is dan wanneer je individueel over een kwestie zou nadenken. Aan de andere kant heeft onderzoek aangetoond dat mensen die in een groep werken mínder ideeën produceren dan wanneer hetzelfde aantal mensen individueel zou brainstormen (Stroebe & Diehl, in Vonk, 2004).

In het kader van reflectie lijkt de mogelijkheid van brainstormen met een aantal medestudenten wel zinvol. In de eerste plaats omdat je dan niet in je eentje blijft rondlopen met een kwestie waar je niet uitkomt. Met een aantal anderen erbij komen er meer ideeën op tafel. En in de tweede plaats omdat je (in tegenstelling tot in het onderzoek) gewoonweg meestal niet in staat bent om jouw situatie aan hetzelfde aantal mensen afzonderlijk voor te leggen met de vraag of zij hier een half uur over na willen denken en hun ideeën erover op papier willen zetten. En dat kan in een brainstormsessie juist weer wel. Een duidelijk stappenplan voor de brainstormprocedure met aandacht voor een individuele inbreng, expliciete regels en een goede begeleiding geven kwaliteit aan de uitvoering.

5.2.4 Metafoorreflectie

Beeldspraak

Een metafoor is een figuurlijke uitdrukking, een beeldspraak. Je geeft de werkelijkheid (in dit geval de voor jou betekenisvolle situatie) niet letterlijk weer, maar figuurlijk: door een beeld op te roepen dat voor jou de werkelijkheid het dichtst benadert. Meestal gebeurt dit in de vorm van een vergelijking. Een voorbeeld: 'De afdeling waar ik werk heeft wel wat weg van een bowlingbaan. Wij als werknemers staan allemaal schrap en langzaam komt de reorganisatiebal aanrollen waardoor we geraakt gaan worden.'

Een ander voorbeeld: 'Ik voelde me net die stalen bal in de flipperkast. Ik werd alle kanten op gestuurd en ik had niet het idee dat ik zelf de richting kon bepalen.'

Metafoor

Een metafoor gebruiken om aan te geven wat je hebt gevoeld, of hoe je de situatie hebt ervaren, is een intuïtieve manier om hierover na te denken. Deze vorm schept een zekere afstand tot de eigen ervaring. Die afstand geeft je de ruimte om de situatie te verkennen, te onderzoeken, zoals bij de helikopterview (zie subparagraaf 5.3.1). Als je jezelf vergelijkt met de bal in de flipperkast, wie zijn dan de flippers die jou heen en weer doen rollen? En wie is degene die aan het flipperen is? Welk beeld krijg je over jezelf als je alle kanten op gestuurd wordt? Hoe lang blijft de bal in het spel? Wat spreekt je aan in de metafoor en wat staat je tegen? Wat zou je anders willen? De metafoor kan nieuwe vragen

De kleurige sta-in-de-wegs van kunstenaar Krijn de Koning
Gedwongen contacten

De bouwsels van Krijn de Koning lijken onbruikbaar, onbewoonbaar. Maar hij bevordert er wel degelijk sociale contacten mee. Er is verwantschap met de midgetgolfbaan.
Door Rutger Pontzen

Afgelopen weekeinde ontving De Koning (1963) voor zijn inmiddels behoorlijk uitgegroeide oeuvre de Sikkensprijs 2007 (geen geld; wel veel eer: prijswinnaars als Gerrit Rietveld, Le Corbusier en Theo van Doesburg zijn hem voorgegaan).

Hoe eenvoudig en helder zijn architectuur er ook uitziet, de vraag blijft toch wat De Koning precies voor ogen heeft. Wil hij alleen maar een ruimtelijke constructie à la Rietveld aan bestaande interieurs en gebouwen toevoegen, maar dan in een net iets smeuïgere, minder rigide kleurstelling? Een doolhof aan muren, trappen en vensters die de helderheid van een ruimte doorbreken? Een gestructureerde chaos van kleurvlakken die alleen maar een andere ruimte-ervaring opleveren?

Het werk vertoont in eerste instantie grote overeenkomsten met de minimalistische sculpturen en architectuur van Donald Judd (ook Sikkens-winnaar), de anarchistische ontwerpen van Joep van Lieshout en de ruimtelijke bouwwerken van Jan de Cock. Kunstenaars die het meetlint hanteren, hamer, cirkelzaag, troffel en speciekuip – of dat aan anderen over laten.

De ontwerpen van De Koning zijn binnen dit gezelschap de meest rudimentaire, en daardoor ook de meest onbewoonbare en onbruikbare. Toch hebben de bouwsels van De Koning ook een sociale component – niet iets waar je een-twee-drie bij stilstaat.

In 1998 lanceerde de Franse criticus, tentoonstellingmaker en (toenmalige) directeur van Palais de Tokyo in Parijs, Nicolas Bourriaud, zijn theorie van de Esthétique Relationnelle, de relationele esthetiek. Bourriaud introduceerde daarmee een typisch staaltje jarennegentigengagement: esthetiek bestond niet zozeer in de schoonheid van vormen, verhoudingen en kleuren – eigenlijk alles wat De Konings werk zo kenmerkend maakt – maar in de schoonheid van menselijk contact.

Hij vatte daarmee een heel arsenaal van projecten samen die destijds in Nederland werden uitgedragen door diverse kunstenaars. Hun werk bestond uit een mengeling van hoogst sociale activiteiten, variërend van samen eten, voeten masseren, koffie drinken, wandelen en slapen.

De Koning lijkt daar in eerste instantie verre van te staan. Zijn werk oogt steriel, afstandelijk en koud. Geen plaats om te koken, te eten en een intensief gesprek te houden. Maar schijn bedriegt. Hoewel Bourriauds theorie alleen van toepassing was op 'onderling menselijk contact', heeft De Koning de woorden van de Fransman doorgetrokken naar de bouwkunst: zijn architectuur is feitelijk een grote esthetiek van relaties. Door de manier waarop hij muren inpast in een bestaande omgeving, deuren op elkaar afstemt en vormen op elkaar laat aansluiten (of juist niet). De Koning bouwt niet zomaar wat, maar altijd indachtig hetgeen er al is.

De constructies persen bezoekers door de ruimte heen, bieden openingen voor onverwachte ontmoetingen. Daarbij is zijn architectuur ook dwingend voor wie er doorheen of langs moet lopen. Zijn constructies staan doorgaans daar waar veel mensen bijeenkomen: in gangen, op trappen en binnenplaatsen. Ze persen als het ware de bezoekers door de ruimte heen, bieden banken om op uit te rusten en vreemde openingen voor onverwachte ontmoetingen.

Die sociale interesse blijkt ook uit de ontwerpen van zoiets onbenulligs en burgerlijks als de midgetgolfbaan. De Koning moet er oog voor hebben gehad hoe zulke parcoursen zijn aangelegd. Wat de aantrekkelijkheid is van de fel rode en groene banen, en hoe je daar met de hele familie over gebogen staat, kijkend naar het balletje dat maar niet in het putje wil rollen. En hoe iedereen zich op zo'n relatief simpele manier vermaakt. En plots valt het muntje dat De Koning in zijn 'obsessie voor kleur en ruimte' dat zelf ook nastreeft.

Frank van Alphen

Bron: *de Volkskrant*, 6 december 2007

Wat zijn de beweegredenen van de kunstenaar?

en inzichten bij je oproepen die je helpen bij je reflectie. Je gebruikt je creativiteit. Je komt soms op vergelijkingen of je doet ontdekkingen die je nooit had vermoed.

Net als voor brainstormen geldt ook voor het werken met metaforen dat je dit zowel individueel als in een groep kunt doen. Dit laatste werkt echt heel erg inspirerend! De deelnemers leveren niet alleen prachtige metaforen aan op een ingebrachte casus, ze associëren ook door op een opgeroepen beeld. Hierdoor ga je invalshoeken en verbanden zien waar je in je eentje waarschijnlijk nooit opgekomen was.

Associëren

Het werken met metaforen als reflectiemiddel kan op verschillende manieren. Je kunt met medestudenten een geselecteerde situatie uit de praktijk met metaforen proberen te beschrijven. Vervolgens bevraag je elkaar op het beeld dat ieder heeft geschetst.

Een andere vorm van metafoorreflectie volgt net als de brainstormsessie een aantal fasen. De inbreng door de reflectant en probleemverheldering verlopen op dezelfde wijze. Aansluitend gaan de overige deelnemers van de groep (of enkele subgroepjes; dat hangt van de groepsgrootte af) een metafoor bedenken die de ingebrachte situatie weergeeft of de persoon in die situatie. Hier is de reflectant niet bij aanwezig. Deze metafoor wordt op een vel papier getekend. Vervolgens kom je weer bij elkaar en kan de reflectant zijn reactie geven op de gegeven metafoor. Aan de hand van de metafoor kan de groep verder discussiëren over de rol van de reflectant in de betekenisvolle situatie en factoren die daarop van invloed zijn. De afronding van de procedure is vergelijkbaar met die van de brainstormsessie (Kenniskring Reflectie op het handelen, 2005/www.reflectietools.nl).

5.2.5 Spelvormen

Om reflectie op gang te brengen of om verdieping aan te brengen in het denken over de situatie kun je gebruikmaken van een spel. Een goed voorbeeld is het kwaliteitenspel van Gerrickens (2000) dat aanzet tot denken over de eigen kwaliteiten en die van anderen. Je denkt na over je eigen kwaliteiten, maar ook de andere deelnemers houden je een spiegel voor over de kwaliteiten die ze je al dan niet toekennen. Voor reflecteren op het eigen handelen is het waardevol om te weten hoe anderen jou zien en wat ze denken over je gedrag. Met deze feedback kun je je voordeel doen. Je kunt een koppeling maken met de betekenisvolle situatie en kijken hoe je wel of geen gebruik hebt gemaakt van je kwaliteiten. Het vormt de aanzet om je bewust te worden van die kwaliteiten, andere kwaliteiten te verbeteren en te gaan werken aan de kwaliteiten waar het je aan ontbreekt.

Feedback

5.2.6 Beeldend werken

Reflecteren doe je vooral met woorden. Over het belang van taal en het kunnen verwoorden van de situatie lees je meer in hoofdstuk 6. Het is een onderdeel van je bekwaamheid als professional om dit te kunnen. Toch kan het soms voorkomen dat je even geen woorden voorhanden hebt. Je bent je wel bewust van een gevoelsreactie, maar onder woorden brengen welke factoren aanleiding zijn voor dit gevoel, dat lukt nog niet. In dit geval kan het helpen om beeldende werkvormen te gebruiken, zoals boetseren en schilderen.

Agogisch werk

In het agogisch werk worden deze middelen al langer ingezet bij cliënten om tot reflectie te komen. Tegenwoordig wordt in het trainings- en cursusaanbod voor bijvoorbeeld management steeds meer gebruikgemaakt van creatieve opdrachten om tot reflectie en bezinning te komen. Beeldend werken is, net als het metafoorgebruik, een meer intuïtieve vorm van reflecteren. Het gecreëerde beeld (geschilderd, geboetseerd of anders) vormt het uitgangspunt voor de reflectie in woorden. Een goede ondersteuning door een ervaren begeleider is van belang.

'Ik had zelf moeten opstappen'

Interview
Olivier Provily
De ontslagen regisseur Olivier Provily twijfelde over doorgaan, maar komt met een nieuwe voorstelling. Hierin staat het islamdebat centraal.
Door onze medewerker
Vincent Kouters

AMSTERDAM — 'Alsof je een auto-ongeluk hebt gehad en daarna weer moet leren rijden.' Het afgelopen jaar zag regisseur Olivier Provily (Tunesië, 1970) zijn succesvolle carrière vrij abrupt tot stilstand komen. Na een dramatisch uit de hand gelopen repetitieproces werd hij ontslagen bij het Zuidelijk Toneel. Provily heeft lang getwijfeld of hij nog wel door wilde als regisseur.
Toch is hij weer begonnen. Samen met theatermaker Sabri Saad el Hamus werkt hij aan een voorstelling bij Productiehuis Frascati. Saad el Hamus vroeg Provily voor de regie van *Zekket* – deel drie uit de vijfdelige Pax Islamica reeks – juist vanwege zijn omstreden verstilde en poëtische regiestijl.
Provily over *Zekket*: 'Het wordt een soort spiegel van het hele islamdebat dat nu plaatsvindt. Sabri speelt in deze monoloog een Arabische acteur die een houding zoekt binnen dat debat. Hij weet niet wat voor toneelstuk hij moet maken. Hij doet zich voor als verschillende personages: een terrorist, een oude Arabische man, een jonge Arabische acteur, een homo. *Zekket* gaat over de vraag wat de podiumkunsten aan moeten met dit debat.'

Ko van den Bosch schreef de tekst. Dat de keus op de frontman van Nederlands ruwste en meest ongecontroleerde theatergroep Alex d'Electrique viel, is opmerkelijk te noemen. Provily: 'Een gewaagde samenwerking. Maar het klikt. Tijdens de repetities merk ik dat Sabri en ik gelijk met elkaar opgaan. Nu pas ontdek ik eigenlijk hoe belangrijk dat is bij het maken van theater.'
In maart dit jaar werd Provily de laan uit gestuurd door het Zuidelijk Toneel, waar hij in 2005 in dienst kwam als jonge, experimentele regisseur naast artistiek leider Matthijs Rümke. Provily viel al sinds zijn afstudeervoorstelling *Oorlogje* op met eigenzinnig werk. Hij regisseerde onder meer bij Orkater (La Voix Humaine) en bij Toneelgroep Amsterdam (*Oom Wanja*). Zijn voorstellingen *Fragmenten* en *Lichaam* bij het Zuidelijk Toneel werden geen publiekssuccessen, maar de reden voor zijn ontslag lag volgens directeur Gerard Toonen destijds volledig in de 'persoonlijke en personele sfeer'.
Provily kan nu redelijk goed over die tijd praten. 'Ik ben niet de enige schuldige, maar ik heb wel fouten gemaakt.' Het ging fout tijdens de repetities van *Lichaam*. Met zes acteurs ging hij al improviserend op zoek naar manieren om het menselijk lichaam in al zijn naakte eenzaamheid te kunnen tonen. Het proces ging bijzonder moeizaam en mondde uit in slaande ruzies.
Provily: 'Die voorstelling was grappig genoeg genomineerd voor de VSCD Mimeprijs. In het juryrapport stond toen dat er heel mooi gebruik werd gemaakt van de ruimte die diende als metafoor voor de onoverbrugbare afstand tussen mensen. Dat is ook precies wat er gebeurde bij het maken van die voorstelling.
Er is een onoverbrugbare afstand ontstaan tussen mij en de acteurs. Dat heb ik grotendeels aan mezelf te danken. Ik ben als regisseur zo gefocust op het eindresultaat, dat ik niet meer goed communiceer met de acteurs. Hoewel ik achteraf ook denk dat er een of twee acteurs bij zaten, die vanaf het begin al geen fiducie hadden in het project.
Die onoverbrugbare afstand, daar wilde ik het ook echt over hebben met *Lichaam* en daarom heb ik het me ook gepermitteerd om die afstand tijdens de repetities te laten ontstaan. Ik wilde het zo extreem mogelijk. Er mocht van mij op het podium geen wezenlijke communicatie bestaan tussen de acteurs. Ik ging daarin te ver. Juist op een moment dat de acteurs behoefte hadden aan bevestiging, liefde en aandacht.'
Wat de zaak nog meer onder druk zette, was het belang van het Zuidelijk Toneel, dat eerder dat seizoen de mislukte voorstelling *Breekbaar* van het repertoire moest halen en nu snakte naar succes. 'Toen bleek dat er intern ook mensen rondliepen die niet begrepen waar ik mee bezig was, had ik misschien zelf moeten weggaan.'
Provily's nabije toekomst blijft ongewis. 'Ik heb niet het idee dat mensen erg op mij zitten te wachten. Wat dat betreft is mijn positie wel veranderd. Maar toch, over een jaar of tien zie ik mezelf wel weer een eigen clubje leiden. Dat is nu mislukt, maar ik wil dat nog steeds.' ■

Bron: *De Volkskrant*, 3 januari 2008

Wat zijn de beweegredenen van de regisseur?

5.3 Hulpmiddelen bij (individuele) reflectie

In deze paragraaf krijg je enkele methoden aangereikt om je individuele reflectie te ondersteunen. Overigens staat je niets in de weg om de gehanteerde vormen met anderen te bespreken en jouw inzichten te delen. Dit kan immers nieuwe input zijn voor je denkproces; denk aan de verschillende referentiekaders van eenieder en de diverse invalshoeken van waaruit elke persoon naar een situatie kijkt!

5.3.1 Helikopterview

Wanneer je je bewust bent van een betekenisvolle situatie heb je soms het gevoel dat je in het middelpunt ervan staat, dat er heel veel om je heen gebeurt (of is gebeurd) dat invloed heeft op jouw handelen, denken, voelen en willen. Misschien ervaar je het als een kluwen van invloeden die jouw gedrag bepalen. Je ziet door die bomen het bos niet meer en je vindt het lastig om je aandacht te richten. Dan helpt het om figuurlijk even afstand te nemen, zoals in figuur 3.3. In feite doe je dat altijd wanneer je reflecteert op eigen handelen, maar het is goed om dit nog eens expliciet te benoemen. Je beschouwt het eigen handelen met een soort helikopterview. Denk eens aan de realityprogramma's van de politie, waarin zij vanuit een helikopter een totaalbeeld krijgt van een verkeerssituatie, of van de acties die leiden tot aanhouding van een voortvluchtige. Ze heeft overzicht.

Door 'boven de situatie te gaan hangen', krijg je ook overzicht en kun je jouw rol in het geheel met wat meer afstand beschouwen. Misschien wordt het daardoor minder beladen en kun je duidelijker zicht krijgen op de interacties die hebben plaatsgevonden. Wanneer je op deze manier naar je eigen handelen kijkt, kun je het misschien makkelijker beschouwen als een casus waarvan je een heleboel kunt leren.

Zicht op processen
Patronen

Door je handelen van een afstand te beschouwen, krijg je mogelijk een beter zicht op de processen die zich binnenin en rondom jou afspelen. Wanneer door deze afstand bijvoorbeeld bepaalde patronen in je handelen helder worden, kun je je vervolgens richten op de persoonlijke beweegredenen daarvoor of op de emoties die daarbij een rol spelen. Je staat zelf centraal.

5.3.2 Feedback vragen

Feedback betekent eigenlijk 'terugkoppeling'. Het is een term uit de communicatietheorie, maar in het dagelijks verkeer gebruikt men de term feedback om aan te geven wat het gedrag van de ander (feedbackontvanger) met jou, de feedbackgever, doet. Met de feedback kan de ontvanger ervan besluiten zijn gedrag te veranderen.

Feedback geven

Feedback geven is aan regels gebonden. De opmerking 'Jij laat ook altijd je stinksokken slingeren! Ruim je rotzooi toch eens op!' is geen goede vorm van feedback geven. Het klinkt al heel anders als je zegt: 'Ik merk dat ik me erger als ik jouw sokken overal tegenkom. Ik zou het prettig vinden als je ze direct in de wasmand gooit.' Drie tegen één dat degene die jij aanspreekt zich coöperatiever opstelt na de tweede uitspraak, dan na de eerste. Hij zal meer openstaan voor jouw opmerking.

Feedback ontvangen

Bij feedback geven hoort dus ook feedback ontvangen. Dat wil zeggen dat je openstaat voor de opmerkingen van de feedbackgever. Je vraagt om verheldering als dat nodig is, of om een concreet voorbeeld. In de verdediging schieten of figuurlijk om je heen gaan slaan werkt niet. Laat de feedback op je inwerken, vraag je af of het gedrag waar je op aangesproken bent vaker of in andere situaties ook voorkomt, of er wellicht sprake is van een gedragspatroon en misschien wil je zelfs nagaan hoe dat zo komt. Je analyseert je eigen gedrag en komt tot de conclusie of je dat wilt handhaven of veranderen (Groen e.a., 2006).

Referentiekader
Bij feedback geven en ontvangen is het volgende van belang. De feedbackgever reageert vanuit zijn eigen referentiekader, vanuit zijn eigen waarden en normen en daardoor zal zijn feedback gekleurd of subjectief zijn. Als de feedbackgever en -ontvanger een goede verstandhouding met elkaar hebben (als de relatie goed is; zie ook hoofdstuk 4) is de ontvanger waarschijnlijk eerder geneigd om zich iets van de gegeven feedback aan te trekken (Remmerswaal, 2003).

Voor de reflectie op je gedrag is het heel waardevol om op aspecten van dat gedrag feedback te vragen van mensen uit je omgeving met wie je een goede relatie hebt. Denk aan familieleden, collega's en medestudenten. Stel hen een gerichte vraag over door jou getoond gedrag in een specifieke situatie. Vraag hen om heel eerlijk te zijn tegenover jou, omdat de vraag die je hen stelt voor jou deel uitmaakt van je leerproces. Met de feedback die je ontvangt, vergaar je nieuw materiaal om verder te reflecteren op je gedrag, op je persoonlijk handelen, denken, voelen en willen. Je maakt dus gebruik van de reacties van anderen om je individuele reflectie te verdiepen.

5.3.3 Johari-venster

Het Johari-venster is een model om te verhelderen hoe iemand zichzelf ziet en hoe anderen hem zien. De naam Johari is afgeleid van de twee psychologen die het model hebben ontwikkeld, Joe Luft en Harry Ingham. Het venster bestaat uit vier ramen die ten opzichte van elkaar kunnen 'schuiven' (zie figuur 5.1 en 5.2).

Figuur 5.1 **Het Johari-venster**

	Bekend bij mezelf	Onbekend bij mezelf
Bekend bij anderen	Vrije ruimte I	Blinde vlek III
Onbekend bij anderen	Privépersoon II	Onbekend gebied IV

Bron: Remmerswaal, 2006

Elk raam vertegenwoordigt een gedragsdomein, een gebied van jouw persoonlijk gedrag. De vier domeinen zijn: de vrije ruimte, de privépersoon, de blinde vlek en het onbekende of onbewuste gebied.

I Vrije ruimte
De vrije ruimte is het gebied waarin je laat zien hoe je je dagelijks gedraagt. Je laat zien wie je bent, wat je doet, wat je beweegredenen zijn. Anderen zien en herkennen jou, in verschillende situaties. Je bent je bewust van je gedrag.
Voorbeeld: onder je collega's ben jij de gangmaker, degene die een leidersrol vervult. Je weet dat je anderen goed kunt motiveren en je zet dat bewust in. Je wilt die eigenschap ook graag tonen.

II Privépersoon
De privépersoon is het deel van je gedrag waarvan je jezelf bewust bent, maar dat je niet aan anderen laat zien. Het gaat hier om je denken en voelen en om je persoonlijke waarden en normen.
Voorbeeld: in je werk kom je op anderen over als een consciëntieus type dat zeker is van zijn zaak. In je hart weet je wel beter; je werkt keihard omdat je je eigenlijk erg onzeker voelt over je capaciteiten.

III Blinde vlek
De blinde vlek is het deel van je gedrag dat anderen duidelijk zien, maar waarvan je jezelf vaak niet bewust bent. Op dit deel van je gedrag kan feedback voor jou erg waardevol zijn, mits je daarvoor openstaat!
Voorbeeld: in de projectgroep waarvan je deel uitmaakt heb je meestal het hoogste woord en ben je bepalend voor het werkproces. Je doet dit vanuit gedrevenheid, je wilt de klus samen klaren en daar ga je voor. Ondertussen zie je niet wat jouw gedrag met anderen doet; ze ergeren zich omdat je vaak haantje de voorste bent, waardoor zij amper de gelegenheid hebben om hun visie op het project te geven.

IV Onbekende gebied
Het onbekende gebied is het gebied van je gedrag dat noch aan jou, noch aan anderen bekend is. Het gaat om het onbewuste gedrag of de onbewuste gedragspatronen. Aanleiding om dit gebied te onderzoeken is vaak onverklaarbaar gedrag dat je belemmert in je (sociaal) functioneren.
Voorbeeld: je hebt bij vijf verschillende werkgevers gewerkt en iedere keer vertrek je omdat je in conflict komt met je leidinggevende. Er is steeds een inhoudelijke kwestie aan de orde die jij principieel benadert. Dit gedragspatroon zou voor jou een signaal kunnen zijn om te gaan onderzoeken hoe het komt dat je in elke nieuwe arbeidssituatie uitkomt op een conflict met je leidinggevende.

De voorbeelden geven je een idee hoe groot elke ruimte kan zijn en hoe je daarmee kunt schuiven wanneer je jezelf beschouwt in relatie tot de ander of tot je werk. Wanneer je een venster maakt over de relatie met je beste vriend of vriendin, dan zal die er anders uitzien dan een venster over de relatie met je werkgever. Wat laat je zien in de relatie en wat houd je voor jezelf? En hoe ziet de ander jou denk je? Je kunt ook de ander vragen een venster over de relatie met jou te tekenen en daar samen over praten.

Figuur 5.2 **Tweemaal een ingevuld Johari-venster**

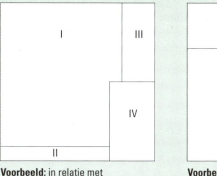

Voorbeeld: in relatie met levenspartner

Voorbeeld: in relatie met nieuwe werkgever

Het Johari-venster geeft je inzicht hoe je in relatie tot de ander staat en dus materiaal om op te reflecteren: Hoe kijk ik naar deze relatie? Hoe heb ik de relatie altijd bekeken en hoe zou ik de relatie graag zien? Wat zou ik er aan kunnen bijdragen om die te veranderen?

5.3.4 Kernkwadrant

Je bent je bewust van een betekenisvolle situatie en je richt je aandacht tijdens je reflectie op de interactie tussen jezelf en de ander in die situatie. Hoe gedraag jij je in die interactie? En hoe kom je bij de ander over? Het is goed om hier zicht op te krijgen, omdat je ook op dit vlak je professioneel handelen kunt verbeteren. En goed hulpmiddel hierbij is het kernkwadrant (figuur 5.3), gebaseerd op de theorie van Ofman over kernkwaliteiten.

Kernkwaliteit

Een kernkwaliteit is een persoonlijke eigenschap die een uitdrukking vormt van jouw persoonlijkheid. Deze eigenschap hoort bij jou en lijkt als het ware aangeboren. Voorbeelden van een kernkwaliteit zijn: vastberadenheid, eerlijkheid, belangstellend zijn, optimisme. Je kunt als persoon gebruikmaken van deze kwaliteiten, maar je kunt er ook in doorschieten. Dan wordt deze eigenschap een beetje te veel van het goede. Je omgeving zal zich waarschijnlijk aan je gaan ergeren als je te eerlijk, te belangstellend of te vastberaden bent! Deze doorgeschoten kwaliteit noem je een vervormde kernkwaliteit of valkuil.

Vervormde kernkwaliteit of valkuil

Uitdaging

Zo kan vastberadenheid verworden tot nietsontziendheid en belangstellend zijn tot bemoeizucht. Van deze valkuil kun je echter leren. Je kunt hem omzetten in iets positiefs: de uitdaging. Als je erg bemoeizuchtig bent moet je bijvoorbeeld leren meer afstand te nemen. Dat is het positief tegenovergestelde van bemoeizucht. Ook bij deze uitdaging kun je weer te veel van het goede hebben; afstand nemen kan bijvoorbeeld uitmonden in onbetrokkenheid. Deze laatste stap in het kernkwadrant

Allergie

noem je de allergie. Vaak kom je op het spoor van je eigen allergie doordat je je ergert aan die eigenschap in een ander persoon. Je reactie kan dan bestaan uit het tonen van je valkuil: je overreageert tegenover de

Figuur 5.3 **Kernkwadrant**

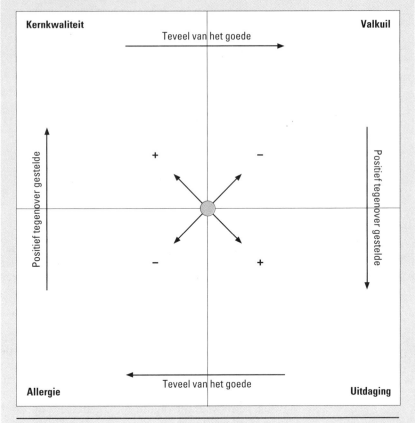

Bron: Ofman, 2004

persoon die jouw allergie toont. Je reageert bijvoorbeeld bemoeizuchtig op iemand die onbetrokkenheid toont.
Het leuke van het kernkwadrant is dat je jouw allergie voor die eigenschap die je in een ander herkent, kunt herleiden tot een kernkwaliteit van jezelf. Onbetrokkenheid is namelijk het negatief tegenovergestelde van belangstellend zijn (zie figuur 5.4).

Met het kernkwadrant leer je jezelf dus beter kennen. Maar ook anderen! Neem bijvoorbeeld de valkuil 'nietsontziend' die we hiervoor hebben genoemd. Stel dat je je vreselijk ergert aan je baas; je vindt hem een nietsontziende manager. In die valkuil zit een kernkwaliteit verstopt. Je moet terugredeneren om die te ontdekken (minder van het slechte). Dan kom je weer uit bij vastberadenheid. En dat klinkt een stuk positiever!
Je kunt het kernkwadrant dus met de klok mee en tegen de klok in hanteren.

Figuur 5.4 **Kernkwadrant ingevuld met kernkwaliteit: belangstellend zijn**

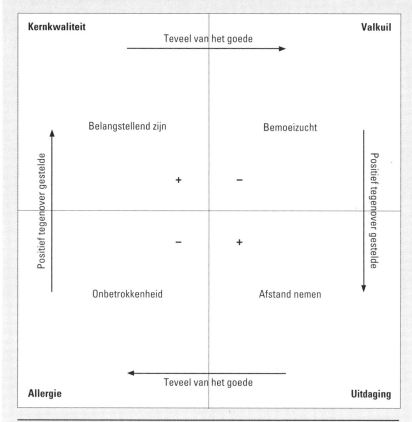

Bron: Ofman, 2004

Door gebruik te maken van het kernkwadrant kom je erachter waarom je op bepaalde personen reageert zoals je reageert. En misschien kom je er ook wel achter waarom mensen op een bepaalde manier op jou reageren. Als je dan het kernkwadrant volgt, weet je ook wat jouw reactie eigenlijk over jezelf zegt. Je leert over jezelf. Je krijgt meer zicht op je eigenschappen en op jouw manier van reageren en functioneren in relatie tot anderen. Als je jezelf beter leert kennen, kun je ook keuzes maken voor het voortzetten of wijzigen van bepaald gedrag. Het is de kunst om een evenwicht te bereiken tussen je kernkwaliteit en je uitdaging.

Bron: *de Volkskrant*/Sigmund door Peter de Wit

Samenvatting

Reflectie op het handelen is in de eerste plaats een persoonlijke aangelegenheid. Je stelt je eigen gedrag centraal in de betekenisvolle situatie. De factoren die daarop van invloed zijn betrek je in je onderzoek. Dit gaat niet allemaal vanzelf, het kan behoorlijk moeite kosten. In dit hoofdstuk zijn verschillende hulpmiddelen bij reflectie op een rijtje gezet, zowel voor een individuele als voor een groepsgewijze uitvoering. Het is geen uitputtende opsomming, er zijn talloze mogelijkheden. Voor een beginnend beroepsbeoefenaar bieden de genoemde middelen ondersteuning bij het verbreden van de kijk op de betekenisvolle situatie, op het eigen gedrag en de invloed daarvan op de ander. Het zijn uitstekende manieren om de bekwaamheid in het reflecteren te vergroten.

Opdrachten

5.1 **Helikopterview**
   Stap 1 Selecteer uit je dagelijks leven of werk een betekenisvolle situatie.
   Stap 2 Beeld je in dat je vanuit een helikopter naar de situatie kijkt zoals die zich heeft voorgedaan.
   Stap 3 Breng op papier de interacties in kaart die zich hebben voorgedaan. Doe dit met initialen en pijlen.
   Stap 4 Geef met een plus- of minteken aan welke interacties je als positief en welke je als negatief hebt ervaren.
   Stap 5 Welke patronen ontdek je? Wat zegt dat over jou?
   Stap 6 Welke interacties wil je in de toekomst anders doen?
   Stap 7 Hoe ga je dat aanpakken?

5.2 **Metafoor**
   Stap 1 Selecteer uit je dagelijks leven of werk een betekenisvolle situatie.
   Stap 2 Bedenk voor deze situatie een metafoor en schrijf deze op.
   Stap 3 Ga na welke factoren bij de metafoor een rol spelen. Bijvoorbeeld:
   - Wie speelt een hoofdrol? (Of, als het een voorwerp betreft: wat is het voorwerp?)
   - Wie speelt een bijrol?
   - Welke eigenschappen/kwaliteiten moet de hoofdrolspeler bezitten?
   - Welke voorwaarden moeten aanwezig zijn voor succes?
   - Wat zijn onduidelijke factoren in het geheel?
   - Wat zijn de bedreigingen?
   - Wat zijn de kansen?

   Stap 4 Trek vervolgens de vergelijking met de betekenisvolle situatie waarvoor jij deze metafoor bedacht. Zie je parallellen?
   Stap 5 Welke nieuwe inzichten levert de metafoor jou op?
   Stap 6 Wat zou je anders willen?
   Stap 7 Hoe ga je dat aanpakken?

   NB Het vaststellen van diermetaforen voor eigen gedrag kan ook heel verhelderend werken!

5.3 Vragen stellen aan elkaar

Stap 1 Maak tweetallen in je studiegroep. Ieder selecteert voor zichzelf een betekenisvolle situatie.

Stap 2 Student A bevraagt student B over zijn betekenisvolle situatie. Hij maakt onder andere gebruik van de vraagwoorden en van tabel 3.1 (richtvragen).

Stap 3 Student B formuleert mondeling én schriftelijk welke vragen hem echt aan het denken hebben gezet en welke nieuwe inzichten hij door de vragen van A heeft gekregen.

Stap 4 Herhaal stap 2 en 3, maar nu stelt student B de vragen aan A.

5.4 Kernkwadrant

Stap 1 Noem drie kernkwaliteiten van jezelf.

Stap 2 Selecteer een kernkwaliteit en geef daarvan een concreet voorbeeld uit het dagelijks leven.

Stap 3 Doorloop het kernkwadrant.

Stap 4 Benoem wat je valkuil, je uitdaging en je allergie zijn. Herken je deze eigenschappen in jezelf?

Stap 5 Geef bij deze drie aspecten uit het kernkwadrant ook een concreet voorbeeld uit je dagelijks leven, waaruit blijkt dat ze inderdaad je valkuil, je uitdaging en je allergie zijn.

Stap 6 Wat leer je hiervan over jezelf?

Stap 7 Welke conclusie trek je hieruit voor je toekomstig handelen?

Voorwaarden, vaardigheden en attitudes voor reflectie

6.1 Voorwaarden voor reflectie
6.2 Vaardigheden voor reflectie
6.3 Attitudes voor reflectie

De voorgaande hoofdstukken hebben al veel informatie gegeven over reflecteren en de systematiek en je bent door de casussen misschien al op een meer reflectieve manier gaan nadenken over je persoonlijk handelen. Het doorwerken van de opdrachten draagt daar ook aan bij. Wat je nog meer nodig hebt om tot reflectie over te kunnen gaan, staat in dit hoofdstuk beschreven: een aantal belangrijke voorwaarden, vaardigheden en attitudes.

OPENINGSCASUS

Effectief werken

Nilgün is marketingmedewerker bij *Zuiver!*, een producent en distributeur van biologische voedingsproducten voor reformzaken en supermarkten. Ze werkt prettig samen in een team van vijf mensen. Elk van hen heeft de verantwoording voor de marketing van een aantal producten. Met elkaar hebben ze een aansprekende marketingstrategie ontwikkeld voor het *Zuiver!*-merk waardoor de omzet het afgelopen jaar beduidend is verhoogd.

Onlangs heeft zich een kleine producent van cosmetica bij het bedrijf gemeld met de vraag of *Zuiver!* hun producten in de markt wil zetten. De directie voelt wel voor expansie op andere terreinen, maar wil met cosmetica klein beginnen om te zien of het aanslaat. Ze besluit dat *Zuiver!* met de cosmeticadistributie begint en Nilgün krijgt het project toegewezen. Zij mag de marketing verzorgen en een plan maken voor de introductie. Haar collega's gunnen haar deze opdracht graag.

Nilgün vindt dit een eer en ziet het als een uitdaging. Aan de ene kant wil ze het cosmeticamerk goed op de kaart zetten, aan de andere kant heeft ze ook een persoonlijk belang: ze wil haar baas tonen wat ze in haar mars heeft nu ze verantwoordelijk is voor deze klus. Dat maakt haar tegelijkertijd nerveus en onzeker. Nilgün gaat eens nadenken over de vraag wat deze opdracht voor haar betekent.

Reflectie door Nilgün (bad practice)
'De directie geeft deze opdracht maar weet eigenlijk niet wat het betekent voor de marketing. Ze wil wel graag het bedrijf uitbreiden, maar het vraagt nogal wat! Het is een gigaklus en daar sta je dan alleen voor! Wel een kans, maar ook lastig. De kar alleen trekken valt niet mee, straks gaat het de verkeerde kant op. En wie rekenen ze er dan op af? Als het goed gaat lift straks iedereen mee op mijn succes.'

Analyse bad practice
- Geen ik-vorm
- Over de ander praten in plaats van over zichzelf
- Eigen gedrag niet centraal
- Niet concreet
- Niet expliciet
- Stellen in plaats van zoeken

Reflectie door Nilgün (good practice)
'De directie geeft deze opdracht, maar heeft zij eigenlijk goed door wat dit voor ons als marketing en voor mij in het bijzonder betekent? Het gaat hier om een heel ander product dan voeding, dat betekent ook dat we een andere focus moeten leggen in onze merkstrategie.

Dat ik de marketing mag verzorgen vind ik een eer, kennelijk heeft de directie vertrouwen in mij. Ik vind het ook een uitdaging, want ik moet iets gaan presteren wat ik nog niet eerder heb gedaan, zeker niet in mijn eentje. Dát maakt me nerveus, dat ik het alleen moet gaan doen. Ik ervaar het als een grote verantwoordelijkheid die ik alleen moet dragen. Ik moet mezelf bewijzen, ook tegenover mijn directe collega's. Ik heb het gevoel er alleen voor te staan; stel dat ik zaken over het hoofd zie? Ik word er onzeker van, merk ik. Terwijl ik aan de andere kant mezelf wel graag wíl bewijzen, ik wil wel groeien in deze functie... lastig hoor.

Nu ik er zo over nadenk, is het eigenlijk wel zo dat ik het in mijn eentje moet doen? Ik werk in een team, we werken prima samen; waarom zou ik geen beroep op mijn collega's kunnen doen? Ze willen me vast ondersteunen! De verhoudingen zijn goed en ze gunnen me deze klus. Ik voel me bij hen vertrouwd. Overleg zal het werk ten goede komen. Ja, het is belangrijk voor mij dat ik mijn vragen en mijn onzekerheid met hen ga delen. Ik ga hen mijn gedachten en mijn dilemma voorleggen in ons werkoverleg.'

6.1 Voorwaarden voor reflectie

Rust

Reflectie op je handelen vereist rust. Je moet de rust hebben om je gedachten de vrije loop te laten en vrij te kunnen associëren over de betekenisvolle situatie. Wanneer je rustig bent, geef je jezelf de ruimte

Jezelf ruimte geven

om de situatie vanuit diverse invalshoeken te bekijken. Je zult er dus echt voor moeten gaan zitten! Zorg dat je niet gestoord of afgeleid wordt door mensen of geluiden (audioapparatuur, pc, telefoon). Door

Bezinning

rust kun je tot bezinning komen.

Tijd

Tijd is onlosmakelijk verbonden met rust. Wanneer je gehaast bent en geen tijd hebt, voel je je niet rustig. Je moet eigenlijk zo meteen nog iets anders doen, je tijd is kort. Je neemt letterlijk niet de tijd om na te denken. Zorg er dus voor dat je tijd uittrekt voor je reflectie en dat je niet direct een andere afspraak in je agenda hebt staan.

Concentratie

Concentratie past ook in deze rij. Als je de tijd hebt en rust neemt, kun je je beter concentreren op jouw handelen in de betekenisvolle situatie. Je richt al je aandacht daarop.

Heb je te veel zaken aan je hoofd, dan zul je merken dat ook het reflecteren niet echt lekker loopt. Je denkt misschien tegelijkertijd aan heel andere dingen dan de situatie waarop jij je aandacht moet richten. Concentratie komt de reflectie ten goede!

Abstractievermogen

Reflecteren vereist het vermogen tot abstractie. Je moet als het ware boven je eigen handelen gaan staan, zodat je het van een afstandje kunt beschouwen. Je 'stapt uit de situatie'. Je bent in staat de situatie in gedachten voor te stellen. Dat vermogen heb je nodig om alle aspecten van de situatie te kunnen belichten. Je kunt naar je eigen handelen kijken als naar een casus waarvan je kunt leren. Bij de helikopterview als hulpmiddel staat beschreven hoe je afstand kunt nemen.

Het abstractievermogen en factoren die dit vermogen beïnvloeden, zijn beschreven in hoofdstuk 3. Wanneer het abstractievermogen tekortschiet zal dat het reflecteren belemmeren of zelfs doen stagneren.

Bron: *de Volkskrant*/Sigmund door Peter de Wit

Analytisch vermogen

Reflecteren vereist dat je kunt analyseren. Dat wil zeggen dat je de situatie kunt ontleden, ofwel 'kunt ontbinden in samenstellende delen'. Je kunt aangeven welke elementen (en aspecten van gedrag) in de situatie van belang zijn, welke met elkaar verband houden en hoe al deze elementen leiden tot een bepaalde uitkomst (= de situatie). In paragraaf 7.5 kun je daar meer over lezen.

Je analyseert dus jouw aandeel in de situatie, jouw rol en het effect dat jouw handelen heeft op de ander. Deze aspecten betrek je in je analyse, om vervolgens een conclusie te trekken over jouw handelen in die situatie. Een analyse maken vormt een fase in het doorlopen van de reflectiespiraal.

Lerende houding

Zoals gezegd is reflecteren zowel een vaardigheid als een manier van leren. Je moet de vaardigheid ontwikkelen om er steeds meer van te kunnen leren. Vaststaat dat reflectie een lerende houding vereist. Je bent immers aan het reflecteren om daarvan iets te leren over je eigen handelen. Dat wil je verbeteren. Je wilt leren een nog betere professional te worden. Dat betekent dat je je eigen kennis en gedrag ter discussie durft te stellen. Je bent bereid nieuw verworven inzichten daarvoor in de plaats te stellen.

Moed en durf

Kwetsbaar opstellen

Reflecteren (en daarmee jouw lerende houding) vereist moed. Moed om je eigen gedrag onder de loep te nemen, om je eigen sterktes en zwaktes onder ogen te zien. Je stelt je kwetsbaar op en durft toe te geven aan jezelf (en anderen) dat je gedrag vertoont dat je wilt veranderen en verbeteren. Je laat je gevoelens zien. Je geeft toe dat je nog niet bekwaam bent, dat je nog iets te leren hebt. Wanneer je dit durft, breng je je lerende houding in de praktijk. Je bent in staat om een leemte te constateren en deze als positief te waarderen: ik kan dat veranderen, ik kan hiervan iets leren. Je durft open te staan voor verandering.

Confronteren

Wanneer je een lerende houding hebt en je in staat bent je eigen leemtes onder ogen te zien, dan ben je al een eind op weg in het confronteren van jezelf. Je durft jezelf al te confronteren met je onvolkomenheden, je onbekwaamheid. Confronteren kost moeite. Het is niet altijd even gemakkelijk om te onderkennen dat bepaald gedrag dat je gewend was, te moeten bestempelen als inadequaat. Maar daar leer je wel van!

Interview Madeline Dessing
'Met de billen bloot is in China een deugd'

AMSTERDAM — Chinese managers staan veel meer open voor kritiek dan hun westerse collega's, blijkt uit onderzoek van het adviesbureau Hay. 'In China is het een deugd om met je billen bloot te gaan', zegt consultant Madeline Dessing.

Hoe zijn jullie daarachter gekomen?
'We hebben diepte-interviews gehouden met bestuursvoorzitters van 37 grote ondernemingen uit alle belangrijke sectoren. We hebben ze gevraagd hoe ze hun tijd hebben besteed bij belangrijke veranderingen. Wat ze dachten en wat ze voelden. Daaruit blijkt dat ze zich voortdurend afvragen hoe ze het nog beter kunnen doen en die vraag ook voorleggen aan mensen in hun omgeving. In het Westen is dat anders. Hoe hoger iemand in een organisatie komt, hoe minder feedback hij vraagt en krijgt. Er zijn wel uitzonderingen, maar in China doet elke manager het.'

Hoe verklaren jullie dat?
'China heeft een enorme drang om zich te ontwikkelen en de managers dus ook.'

Zijn de Chinese managers daarmee ook beter?
'De 37 geïnterviewden zijn heel succesvol. Het is ook voor westerse bestuursvoorzitters belangrijk dat ze blijven openstaan voor kritiek, zeker bij ondernemingen waarmee het niet zo goed gaat. Nu is het vaak andersom. Neem Enron. Toen het met het bedrijf bergafwaarts ging, mocht er steeds minder tegengas worden gegeven, terwijl het op zo'n moment juist hard nodig is. Het helpt tot afgewogen besluiten te komen.'

Waarin onderscheiden Chinese managers zich nog meer?
'Ze zijn bij onderhandelingen heel goed in staat de harmonie te bewaren. Dat komt doordat ze de onderhandelingspartner in hun waarde laten en niet altijd het onderste uit de kan proberen te halen. Als de onderhandelingen zijn afgerond, blijven ze nauw samenwerken.'

De afgelopen decennia waren Amerikaanse managers een belangrijke inspiratiebron voor Europa. Komt binnenkort de Chinese managementstijl overwaaien?
'Je ziet steeds meer mixen van managementstijlen. De zakelijkheid van de Amerikanen met de evenwichtskunst van de Chinezen.'

Pieter Klok

Bron: *de Volkskrant*, 1 augustus 2007

Hoe kun je je werk nog beter doen?

Wilskracht

Reflecteren met alles wat daarbij komt, vereist wilskracht. Je moet het willen. Wanneer je een weerstand voelt tegen reflecteren, dan zal het je niet (goed) lukken. Als je daarentegen wilskrachtig bent, dan zul je er alles aan doen om te slagen, om erachter te komen waarom je handelt zoals je handelt en wat je zou kunnen veranderen om nog beter/professioneler te handelen. Ook als het moeilijk wordt. Júíst als het moeilijk wordt!

Nieuwsgierigheid

Zoektocht

Wat je vooral in huis moet hebben om te reflecteren is een gezonde nieuwsgierigheid. Je wilt weten waarom je doet zoals je doet, waarom je bent wie je bent en hoe dat jouw gedrag en de interactie met anderen beïnvloedt. Reflecteren is vooral ook een zoektocht. Een zoektocht naar beweegredenen en verbanden tussen jouw gedrag en dat van de ander. Bij zoeken komt de wilskracht weer om de hoek kijken: je moet verder willen om achter het antwoord te komen.

6.2 Vaardigheden voor reflectie

Vragen stellen
Uitproberen
Diepgang

Met de nieuwsgierigheid en het zoeken hangt de diepgang samen. Neem geen genoegen met het eerste het beste antwoord dat je jezelf geeft. Blijf jezelf vragen stellen en zoeken naar andere invalshoeken. Blijf uitproberen en daarop reflecteren zodat je diepgang bereikt, enerzijds in het denken over je eigen gedrag, anderzijds in de verfijning van je handelen.

Concretiseren

Concretiseren is een belangrijke vaardigheid om jezelf en anderen duidelijk te maken waar het in de situatie nu precies om gaat. Je omlijnt als het ware de essentie van je verhaal. Het geven van een voorbeeld dat tekenend is voor de situatie werkt meestal zeer verhelderend. Wanneer je concretiseert, ben je in staat om verschillende aspecten uit de betekenisvolle situatie helder te benoemen en daardoor, te onderzoeken. Laat je het concretiseren achterwege, dan wordt het terugkijken (fase 2) een vaag verhaal. Dat gaat ten koste van de volgende fasen. Je zult begrijpen dat je daarmee een verbetering van je handelen in een specifieke situatie niet bereikt. Zie ook hoofdstuk 8 voor een nadere omschrijving van het begrip.

Expliciteren

Ook expliciteren is een voorwaarde voor reflecteren (zie ook hoofdstuk 8). Samen met concretiseren zorgt expliciteren voor duidelijkheid, voor een helder, uitgesproken en uitgelegd verhaal, dat niets te raden overlaat. Wanneer je expliciet benoemt, dan spreek je uit en leg je uit wat je precies bedoelt. Dan kun jij zelf en dan kunnen anderen jouw gedachtegang volgen. Ter onderscheid: als zaken impliciet blijven, moet de ander de betekenis van jouw boodschap begrijpen, zonder dat die duidelijk uitgesproken of uitgelegd is. Hij moet 'tussen de regels door lezen'. Je begrijpt dat hierdoor misverstanden en verkeerde interpretaties kunnen ontstaan. Wees dus helder en duidelijk, benoem nadrukkelijk wat je bedoelt!

Nuanceren

Behalve concretiseren en expliciteren is nuanceren ook een vaardigheid die je in huis moet hebben om goed te kunnen reflecteren. Nuanceren wil zeggen dat je een fijn onderscheid weet aan te brengen in de informatie. Je ontdekt en benoemt kleine, nauwelijks afwijkende verschillen. Simpel gesteld: de informatie die je geeft of ontvangt is niet zwart-wit. Er zit nog een heel scala van grijstinten tussen. Wanneer je achter je pc zit en je kijkt naar de mogelijkheden voor tekstkleur, dan ontdek je een palet aan kleuren, waaronder vele nuances blauw. Je kunt eenvoudig stellen dat je de tekst in de kleur blauw afdrukt. Je kunt ook nuanceren: ik gebruik azuurblauw, ultramarijn of lavendelblauw. Je brengt dus een verfijning aan. Je informatie wordt concreter naarmate je meer nuanceert. Voor meer uitleg zie hoofdstuk 8.

Taal

Verwoorden

Om te reflecteren heb je taal nodig. Dat klinkt vanzelfsprekend, maar toch benoemen we deze voorwaarde expliciet. Om te kunnen uitdrukken wat je voelt, wat je denkt, hoe je handelt en wat je wilt, heb je een rijke woordenschat nodig. Gevoelens kun je uitdrukken in talloze woorden, maar als je wilt aangeven hoe je je exact voelt, is verfijning nodig. Hoe vaak komt het voor dat je niet precies kunt uitleggen wat je bedoelt, of wat je voelt? Het is raadzaam om veel te lezen, zodat je woordenschat zich uitbreidt. Hiervan zul je profijt hebben tijdens je studie en tijdens je werk, wanneer je bijvoorbeeld de situatie rond jouw opdrachtgever/klant/cliënt moet uitleggen.

Spreektaal verdient extra aandacht. Tijdens het reflecteren denk je en verwoord je je in spreektaal. Dit zie je ook in de openingscasussen. Hier lees je de gedachten van de ik-persoon. Wanneer je echter een schriftelijk verslag maakt, kun je geen gebruikmaken van spreektaal. Je zult helder (expliciet) en volgens de regels van de Nederlandse taal moeten verwoorden. Een rijke woordenschat is onontbeerlijk.

Simpeler taal niet altijd effectief

DEN HAAG — De versimpeling van het taalgebruik van de overheid en bedrijven dreigt door te schieten. Tot die conclusie komen enkele vooraanstaande wetenschappers in het januarinummer van *Onze Taal*, dat dit weekeinde verschijnt.

Zo laat tekstwetenschapper Jan Renkema zien dat de onlangs verschenen Grondwet in begrijpelijk Nederlands tot allerlei misverstanden aanleiding geeft. 'De eis van "juridische precisie" blijft altijd op gespannen voet staan met de eis "begrijpelijk voor iedereen"', zegt Renkema. Wie teksten wil vereenvoudigen, maakt zinnen meestal korter en kiest gemakkelijke woorden. Minstens zo belangrijk is echter dat een tekst op de voorkennis van de lezer aansluit, betogen de taalwetenschappers Carel Jansen en Leo Lentz. Ze ontdekten dat volgens een recente meetmethode slechts 15 procent van de volwassen Nederlanders het kinderboek *Pinkeltje* van Dick Laan zou begrijpen.

Jan de Jong, deskundige op het gebied van toespraken, stelt dat 'Nijntje-taal' in een formele tekst als de Troonrede niet op zijn plaats is. Een zinnetje als 'Dat is mooi', dat in een vereenvoudigde tekst van de Troonrede stond, klinkt uit de mond van koningin Beatrix al snel 'enigszins belachelijk', aldus De Jong. ANP ∎

Bron: *de Volkskrant*, 5 januari 2008

Het belang van helder taalgebruik

6.3 Attitudes voor reflectie

Vertrouwen en veiligheid

In hoofdstuk 5 is al aandacht besteed aan de voorwaarden vertrouwen en veiligheid voor reflectie. Het maken van een verslag is vaak een individuele aangelegenheid, maar zoals je in hoofdstuk 5 kunt lezen, zijn er ook verschillende vormen mogelijk van reflecteren in tweetallen of in groepsverband.

Attitude

Wanneer je als reflectant in een groep een betekenisvolle situatie inbrengt waarin je prijsgeeft hoe je je hebt gedragen of hoe je in de toekomst wilt handelen, dan stel je je kwetsbaar op. Dat is heel moedig. Het vraagt van de andere leden van de reflectiegroep een professionele attitude, die onder meer bestaat uit acceptatie, een respectvolle benadering en inlevingsvermogen in de belevingswereld van degene die de betekenisvolle situatie bespreekbaar maakt. Betrokkenheid en laten merken dat je de reflectant begrijpt, horen hier ook bij. Dit noem je een

Empathie

empathische houding. Voorgaande aspecten dragen bij aan het onderling vertrouwen en de veiligheid binnen de reflectiegroep.
Het bevordert de professionele attitude van álle deelnemers om een kwestie in te brengen, vragen te durven stellen en feedback te geven en te ontvangen.

Gedragscode

Wanneer je een individueel product maakt, bijvoorbeeld een reflectieverslag, is dat vaak voor de docent bestemd die jou begeleidt in het reflectieproces. Van hem of haar krijg je feedback. Je mag verwachten dat jouw docent de stukken die je in het kader van reflectie schrijft, vertrouwelijk behandelt. Dat wil zeggen dat de informatie niet wordt doorgespeeld naar derden. Deze gedragscode geldt ook voor alle leden van de eventuele reflectiegroep. De informatie die wordt besproken is persoonlijk en vertrouwelijk en derhalve niet bedoeld om door te brieven alsof het een nieuwtje betreft. Ook zorg je ervoor dat je verslagen goed opbergt, zodat ze bijvoorbeeld niet door derden gelezen kunnen worden bij de printer of het kopieerapparaat.

Een kanttekening bij vertrouwelijkheid van informatie moet wel gemaakt worden. Wanneer de reflectant vertrouwelijke informatie overbrengt naar de docent of de leden van zijn reflectiegroep, waaruit de anderen kunnen opmaken dat er een gevaar of dreiging bestaat voor de persoon in kwestie of derden, dan moet er met deze informatie wel iets gebeuren. Gebruikelijk is dat in de eerste plaats met de reflectant zelf overleg plaatsvindt over de kwestie om te bezien hoe er eventueel gehandeld moet gaan worden. Is het niet mogelijk om direct met de reflectant te overleggen en bestaat er acute zorg over de situatie, dan moet overleg plaatsvinden met de betreffende docent of (praktijk)begeleider. Uiteraard ook op vertrouwelijke basis. Van daaruit wordt de verdere strategie bepaald.

Gevaar of dreiging

Samenvatting

Om tot reflectie te kunnen komen, moet aan verschillende voorwaarden worden voldaan. Deze liggen in de eerste plaats in de reflecterende persoon zelf, in de tweede plaats in de omstandigheden en in de derde plaats in de attitude van de reflectant en van de ander met wie de reflectie wordt gedeeld. Een belemmering in een van de genoemde voorwaarden zal leiden tot een belemmering in het reflecteren.

Opdrachten

6.1 Concretiseren
- **Stap 1** (individueel) Selecteer een betekenisvolle situatie.
- **Stap 2** (individueel) Geef deze situatie zeer concreet, schriftelijk weer.
- **Stap 3** (tweetallen) Lees van elkaar kritisch deze weergave.
- **Stap 4** Stel verhelderende vragen over zaken die (nog) niet concreet (genoeg) zijn.
- **Stap 5** Geef elkaar feedback op dit onderdeel.

6.2 Expliciteren
Doorloop in tweetallen dezelfde stappen als in opdracht 6.1, maar richt je nu in het verslag op het expliciteren van de betekenisvolle situatie.

6.3 Ruimte voor reflectie
- **Stap 1** Zoek een rustige plaats op om na te denken en neem de tijd.
- **Stap 2** Concentreer je op de dagelijkse gang van zaken binnen het werk dat je doet of de opleiding die je volgt.
- **Stap 3** Haal daar een recente betekenisvolle situatie uit. (Vind je dit lastig, oefen dan met opdracht 2.1.)
- **Stap 4** Schrijf op papier wat je in die situatie voelde en dacht, wat je wilde en hoe je handelde.
- **Stap 5** Stel jezelf nu vijf open vragen over die situatie.
- **Stap 6** Probeer een antwoord te vinden op je vragen.
- **Stap 7** Schrijf op hoe je de volgende keer in een vergelijkbare of in een nieuwe situatie wilt handelen.
- **Stap 8** Schrijf op welke vaardigheid/vaardigheden je daarvoor nodig hebt.

De verslaglegging

7.1 Manieren van verslaglegging
7.2 Uitgangspunt voor reflectie
7.3 Beknopt reflectieverslag/ABC-model
7.4 Logboekverslag
7.5 Sterkte-zwakteanalyse
7.6 Uitgebreid reflectieverslag
7.7 Persoonlijk ontwikkelplan

Reflecteren op het eigen handelen kan, als manier van leren, een zeer individueel proces zijn, maar het kan ook goed in gezamenlijkheid plaatsvinden. De opleiding die je volgt, of de werkgever voor wie je aan de slag bent, vraagt in het kader van je ontwikkelingsproces in de meeste gevallen echter om een schriftelijke weergave van je individuele reflectie. Dat kan bijvoorbeeld een sterkte-zwakteanalyse zijn of een reflectieverslag. De eisen waaraan het verslag moet voldoen, zal de opleiding zelf stellen.
In de werksetting gaat het meestal om het verslag binnen een coachingstraject of een persoonlijk ontwikkelplan (POP).
Met alle verslagvormen toon je de ontwikkeling aan in reflectievaardigheid en de ontwikkeling in je gedrag. In dit hoofdstuk staat een aantal praktische voorbeelden van zulke verslagen. De meeste voorbeelden zullen vooral sprekend zijn voor studenten, die in het kader van hun opleiding de reflectie dienen aan te tonen. Beroepsbeoefenaren kunnen met deze voorbeelden hun voordeel doen voor hun coachingsverslag of hun POP.

> **OPENINGSCASUS**

Constructies

Tim is een half jaar geleden afgestudeerd aan het hbo, richting bouwkunde en hij werkt inmiddels zes maanden voor constructiebureau Sunset, waar hij ook zijn stagejaar heeft doorgebracht. Bij de start kreeg hij voor een jaar zijn voormalig stagebegeleider Ahmed als mentor toegewezen. Deze coachte Tim bij de opdrachten die hij kreeg. Samen namen ze bouwtekeningen door, ontwierpen constructies en maakten materiaalkeuzes en berekeningen voor de draagkracht en de maximale belasting van draagconstructies voor opslagloodsen. Vervolgens maakte Tim de plattegrond, de doorsneden en de zijaanzichten van de constructie. Ahmed is echter door een auto-ongeval voor langere tijd uitgeschakeld en er is niemand binnen het bureau die de begeleiding van Tim kan overnemen. Zijn leidinggevende Dolores ziet hij weinig, maar aan haar legt hij wel zijn uiteindelijke werk voor.

Tim werkt nu een paar weken zelfstandig en zijn collega's hebben het druk met hun eigen opdrachten. Ze zeggen volledig vertrouwen in Tim te hebben en vinden dat hij al ontzettend goed meedraait binnen het bureau. Hij is er trots op dit van hen te horen en het streelt zijn ijdelheid dat hij na zo korte tijd kennelijk al als een volwaardig collega wordt gezien.

Tim is inmiddels een paar weken bezig aan een nieuwe opdracht. Binnen een opslagloods met ondergrondse ruimte moet een constructie worden gebouwd waarin een liftschacht plus goederenlift wordt geplaatst. Dit is een nieuwe materie voor hem. Nadat de bouwkundige tekening door de architect is aangeleverd en hij de benodigde documentatie en de bouwwijzen heeft verzameld, maakt hij een constructietekening met de bijbehorende aanwijzingen voor te gebruiken materialen. Ook maakt hij alle berekeningen. Hij is gewend zijn resultaten te overleggen met Ahmed, maar nu deze afwezig is doet hij geen beroep op een andere collega. De constructietekening moet volgens hem kloppen, hij zou niet weten wat hij anders had kunnen of moeten doen.

Toch is Tim niet zeker van zijn zaak. Hij merkt dat hij aarzelt over het resultaat, hij kan niet verklaren waarom.

's Avonds, op weg naar huis, laat hij zijn werkdag en de opdracht de revue passeren.

Reflectie door Tim (bad practice)

'Die zaak gaat morgen in het bakje van Dolores, dan komt er wel bericht of het akkoord is of niet. Ze keurt het vast wel goed, er zit ook spoed op de zaak. Mijn collega's zeggen tegen me dat ze vertrouwen in me hebben, dus het zal wel loslopen. Wat moet je er dan nog aan veranderen? Mijn vorige opdracht was ook goed uitgewerkt en die loods wordt nu gebouwd. Het is wel een uitdaging, zo'n liftschacht construeren. Daarmee zet je je naam binnen het bureau wel gelijk op de kaart!'

Analyse bad practice
- Verantwoordelijkheid buiten zichzelf leggen (Dolores, collega's)
- Niet ingaan op/voorbijgaan aan eigen gevoel/eigen gedrag
- Alleen ingaan op de taak (vergelijk met evalueren)
- Boodschap impliciet houden
- Geen vragen stellen aan zichzelf
- Geen ik-vorm

Reflectie door Tim (good practice)
'Hoe kan het dat ik aarzel om deze opdracht in te leveren bij Dolores? Ik weet dat ik alles heb gedaan wat in mijn vermogen ligt om een goede tekening af te leveren. Ik heb eisen, materialen, diktes, belasting, álles meegenomen in de constructie, ik zou niet weten wat eraan ontbreekt...
Maar misschien is dat het wel; ik weet niet wat eraan ontbreekt, omdat ik de enige ben die de hele opdracht zelf in de hand heeft. Er heeft nog niemand anders naar gekeken. Ik heb ook niemand anders gevraagd ernaar te kijken, of met me mee te denken. Misschien dat een ander met heel andere ogen kijkt, andere zaken ziet... Hoe komt het eigenlijk dat ik niemand heb gevraagd? Als ik heel eerlijk ben... aan de ene kant heb ik geen nieuwe begeleider gekregen op het moment dat Ahmed vanwege zijn revalidatie niet voor het werk beschikbaar was... aan de andere kant is het ook een beetje mijn eer te na om aan de anderen te vragen. Ze hebben het al superdruk, en dan kom ik ook nog eens om de hoek... nee. Ik wil het ook wel alleen kunnen, dat geeft me een gevoel iets te presteren, het maakt me trots. Toch is het gek, want dat is tegelijkertijd ook wat me onzeker maakt, dat ik alleen aan die opdracht heb gewerkt en dat ik dus alleen verantwoordelijk ben. Stel dat er iets fout gaat, dat ik toch iets verkeerd berekend heb of verkeerd materiaal in de tekening heb gezet. Ik moet er niet aan denken. Ik kan nu wel mijn kop in het zand steken en hopen dat alles vanzelf goed gaat, of dat een ander het wel ontdekt als er iets mis is, maar daarmee loop ik eigenlijk voor de feiten weg. Dan ga ik eraan voorbij dat het me niet helemaal lekker zit. Het lijkt me toch maar beter om zelf actie te ondernemen. Morgen ga ik de zaak voorleggen aan de senior van de afdeling.'

7.1 Manieren van verslaglegging

Reflecteren vindt binnen het werk of de opleiding op verschillende manieren plaats.
In de werksetting zijn intervisiegroepen actief of er vindt reflectie plaats binnen bijvoorbeeld een coachingstraject of tijdens teambuildingsdagen. Uiteraard vindt individuele reflectie dagelijks plaats, tijdens of na de beroepsuitoefening.
Binnen een opleiding vindt reflecteren op het handelen plaats tijdens of na de gevolgde vaardigheidsvakken of -onderdelen, of op de studiehouding en de beroepscompetenties tijdens de studieloopbaanbegeleiding. Ook reflecteer je in sommige gevallen op de ervaringen tijdens een korte stage of een periode van vrijwilligerswerk, terwijl je in het volledige stagejaar reflecteert op je professioneel handelen in de praktijk. De werkvorm voor die reflecties verschilt per opleiding en per vak en kan variëren van individueel tot groepsgewijs (zie ook hoofd-

stuk 5). De vorm waarin je jouw reflectievaardigheid binnen de studie aantoont, is meestal een individueel schriftelijk verslag. Het is jouw individuele verantwoording naar de opleiding. De meest voorkomende vormen zijn:
- een beknopt reflectieverslag/ABC-model;
- een logboekverslag;
- een sterkte-zwakteanalyse;
- een uitgebreid reflectieverslag;
- een persoonlijk ontwikkelplan (POP) met SMART-geformuleerde leerdoelen (zie paragraaf 7.7).

Binnen de werksituatie is, in relatie met de leidinggevende, meestal het POP het instrument waarin de reflectie schriftelijk tot uitdrukking wordt gebracht. Ook kan er sprake zijn van een coachingstraject waarvoor de werknemer reflectieverslagen schrijft. Deze zijn bedoeld voor de coach en dienen het coachingsproces. Ze zijn niet bedoeld voor de leidinggevende. In de meeste gevallen worden hierover afspraken gemaakt voordat het coachingstraject begint.

7.2 Uitgangspunt voor reflectie

Bij het reflecteren ga je in de eerste plaats uit van de handeling, de ervaring. Je kunt zeggen dat je daarop in het algemeen zal gaan reflecteren. Het betreft dan reflectie op eigen gedrag in situaties die voor jezelf betekenisvol zijn. Binnen de werksetting gaat het om beroepsvraagstukken en jouw persoonlijke verhouding hiertoe, de beroepspraktijk vormt het kader. De opleiding vraagt veelal een heel gerichte reflectie. Deze vindt ook altijd plaats in een kader. Dat kader wordt bepaald door het beroep waarvoor je studeert en de lessen die, of het studieonderdeel dat je daarover hebt gevolgd. Deze gerichte en gekaderde reflectie bepaalt mede hoe jouw schriftelijke reflectie eruitziet. Je kunt niet in het wilde weg overal op gaan reflecteren.

Gerichte reflectie
Kader

Wanneer een reflectie gevraagd wordt op basis van vrijwilligerswerk, praktijkdagen of stage, dan vormen jouw ervaringen daarin het kader of de basis voor de reflectie. Die ervaringen (fase 1 van de reflectiespiraal) zijn jouw uitgangspunt voor het verslag. Naarmate je ervarener wordt in het reflecteren, zul je deze ervaringen vaker gaan koppelen aan behandelde theorie (zie beheersingsniveaus van reflecteren in bijlagen 3a en 3b).

Praktijkervaring basis voor reflectie

Wanneer reflectie gevraagd wordt op basis van gevolgde vaardigheidsvakken en/of behandelde theorie, dan zijn jouw reflecties specifiek gericht op die behandelde leerstof (praktijk en theorie) en jouw ervaringen daarmee. Dat je daarbij vergelijkingen maakt met jouw handelen, jouw gedrag in het dagelijks leven en/of de beroepsuitoefening is prima, soms zelfs voorwaarde. Maar het vertrekpunt in het reflectieverslag is dan in de eerste plaats de leerstof.

Behandelde leerstof basis voor reflectie

Voor iemand die begint met reflecteren zal er meestal sprake zijn van deze laatste vorm, waarbij een vergelijking met het handelen in het dagelijks (privé)leven een opdracht kan zijn. De reflectie is in het begin met name gericht op bewustwording van de betekenisvolle situatie en

Recente ervaring

het eigen gedrag daarin, tezamen met het aanleren van de vaardigheid om deze aspecten te verwoorden.

Ten slotte nog dit. Reflecteren op het handelen vindt vooral plaats zo kort mogelijk na de betekenisvolle gebeurtenis. Dan is de ervaring nog recent en haal je daarbij behorende gevoelens, gedachten en handelingen gemakkelijk terug. Wanneer er te veel tijd verstrijkt tussen de betekenisvolle situatie en de reflectie daarop, dan wordt dat moeilijker. Waardevolle informatie gaat verloren en je reflectie zal aan diepgang inboeten. Ervaren reflectanten zijn in staat al tijdens de situatie te reflecteren (Schön, 1983), maar ook kunnen zij gemakkelijker een situatie terughalen die zich wat langer geleden heeft voorgedaan. Dat heeft mogelijk te maken met de mate waarin zij zich op dat moment al bewust waren van hun eigen voelen, denken, willen en handelen. Iemand die begint met reflecteren richt zich om voornoemde redenen vooral op recente gebeurtenissen.

7.3   Beknopt reflectieverslag/ABC-model

Een beknopt reflectieverslag kun je maken aan de hand van het ABC-model (zie hoofdstuk 3). Je gebruikt het om kort weer te geven hoe je hebt gereflecteerd en wat je hebt geleerd aan de hand van een ervaring, een betekenisvolle situatie. Dat kan een ervaring zijn in een privé-, werk- of stagesituatie, maar het kan ook een ervaring zijn met de behandelde leerstof (praktijk en/of theorie) in een les of intervisiebijeenkomst. Aandachtspunt bij het ABC-model: ga in de reflectie verder dan beschrijven; onderzoek je handelen echt. Dit onderzoek bevorder je door onder B jezelf vragen te stellen over het eigen denken, voelen, willen en handelen. (Zie ook subparagraaf 3.2.2 over betekenisgeving in hoofdstuk 3.)

Wees vooral concreet en expliciet.

■ Voorbeeld 7.1 Beknopt verslag/ABC-model

A *Wat was er voor jou **A**an de orde?*
(Geef hier kort de betekenisvolle situatie weer.)

Tijdens de studieloopbaanbegeleiding (slb) stond het onderwerp 'timemanagement' op de agenda en op een gegeven moment kregen we het over het aantal uren dat iedereen daadwerkelijk aan zijn studie besteedt. Dat verschilde behoorlijk per student en ik ging voor mijzelf na hoe ik mijn tijd verdeel en hoeveel uur ik steek in het bestuderen van de theorie.

B *Wat is daar **B**elangrijk aan?*
(Benoem het gevoelssignaal. Onderzoek en analyseer hier kort jouw denken, voelen, willen en handelen; het gaat om het eigen gedrag!)

Dit moment in de slb was voor mij belangrijk omdat het mij deze keer echt aan het denken zette over mijn studiegedrag. Dat was eerder nooit zo. Ik werd nu geconfronteerd met medestudenten die elke dag minimaal vier uur bezig waren met het bestuderen van de theorie en ik schrok daarvan. Het gaf me een gevoel van schaamte. Zij behalen goede resultaten en ik heb inmiddels een paar onvoldoendes op mijn cijferlijst staan, dat speelt natuurlijk mee. Het maakte me wat nerveus, alsof ik ineens een figuurlijke schop onder mijn kont kreeg. Ik dacht: 'Als je het jaar wilt halen, dan moet je je studie nu anders aanpakken!' Het was echt confronterend, ik werd met mijn neus op de feiten gedrukt. Ik wil het jaar heel graag halen en het is tot nu toe mijn eigen schuld geweest dat ik onvoldoendes heb gehaald. Ik heb namelijk meer tijd besteed aan de studentenvereniging dan aan mijn theorieboeken. Hoe dat komt? Dat is vrij voor de hand liggend: ik houd van gezelligheid en sociale contacten en als ik moet studeren, zit ik alleen op mijn kamer of in de bieb; dan ga ik gauw op pad om gezelschap te zoeken.

C Welke **C**onclusies (voornemens) trek je daaruit?
(Hier trek je de conclusie ten aanzien van het onder B beschreven, eigen gedrag.)

Ik wil echt dit studiejaar halen en door deze confrontatie zie ik in dat ik het studeren niet langer kan uitstellen. Ik moet mijn verantwoordelijkheid nemen en vanaf nu serieus de theorie gaan bestuderen, wil ik mijn tentamens halen. Mijn sociale contacten wil ik niet verliezen, daar moet ik dan ook een paar momenten in de week voor inplannen. Vanaf volgende week ga ik elke dag van 15 tot 17 uur en van 20 tot 22 uur studeren. Op donderdagavond en zaterdagavond plan ik mijn avondjes uit.

Drukke baasjes

Actief zijn in de studievereniging STAR is investeren in je toekomst als manager.
Jacqueline Kuijpers

Ze zijn alledrie strak in pak, met groene stropdas waarop het logo prijkt van STAR, de studievereniging van RSM Erasmus Universiteit in Rotterdam. Maar alleen Bart van Muijen (23) scoort als het gaat om visitekaartjes: Chairman Board 2007-2008 staat erop. Bestuurslid Ivo Berg (21) vertelt dat hij verantwoordelijk is voor Public Affairs en Arnout Dijkhuizen (22) is lid van de commissie Star Management Week. Dat laatste is de aanleiding voor het gesprek. In de Management Week (van 29 oktober tot 8 november) zijn er uiteenlopende activiteiten die studenten in contact brengen met het bedrijfsleven en vice versa. Met als hoogtepunt het Academisch Congres. Alles georganiseerd door studenten.
STAR is met 5 500 leden de grootste studievereniging van Europa. Een studievereniging ook met een lang verleden, want dit jaar bestaat STAR (voorheen bekend als SVIIP) dertig jaar. De vereniging heeft 250 actieve leden. 'Het verschil met een studentenvereniging is dat een studievereniging de studie promoot en verrijkt', vertelt Ivo Berg. 'We willen de sociale cohesie vergroten, maar ook iets extra's bieden naast de studie: management in de praktijk brengen.'
De vereniging heeft dertig commissies, elk met een eigen activiteit. De commissie International Business Study organiseert al 25 jaar grote onderzoeksreizen naar het buitenland. De commissie Community Development organiseert onder meer een 'buddy'project, waarbij studenten (vorig jaar deden er 50 mee) een deel van het schooljaar een kind op een basisschool in een achterstandswijk in Rotterdam begeleiden.
Bedrijfskunde is een internationale studie. Een kleine 15 procent van de studenten is niet Nederlandstalig. Ook zij zijn vertegenwoordigd in STAR, dat om die reden Engels als voertaal heeft. Studenten die in een commissie zitting willen nemen, moeten solliciteren bij het bestuur. Ter voorbereiding daarop hebben de bestuursleden onder meer een cursus interviewtraining gevolgd. Bart van Muijen: 'Je zoekt een balans in de ervaring die studenten meebrengen. Waar je bijvoorbeeld ook op let is dat er niet te veel "haantjes" in één commissie zitten.'
De Star Management Week wordt dit jaar voor de 21ste keer georganiseerd. Het thema is 'maatschappelijk verantwoord ondernemen' en op de lijst van sprekers staan onder meer Wouter Bos en Alexander Rinnooy Kan.
Aardig is dat tijdens het congres de allereerste Max Havelaar-lezing wordt gehouden, door prof. Jeffrey Sachs verbonden aan Columbia University en destijds betrokken bij het opstellen van de Millennium Doelen. Hij zal via videoconferentie deelnemen. Dat de techniek het laat afweten is dan ook één van de grootste angsten van Arnout Dijkhuizen.
De organisatie van de Management Week leek hem gewoon 'leuk' vertelt hij in een vergaderzaal in de RSM-toren. Leuk? 'Nou, inspirerend dan. Het is inderdaad bellen, bellen, bellen om goede sprekers te krijgen. Maar het is prachtig als dat dan lukt.' 'En

als het weer een tree hoger is dan wat je voorgangers hebben gedaan', vult Bart aan. 'Dat is ten slotte je ambitie.' Ambitie, dus. Is dat de reden om actief lid te worden van STAR? Cv-bouwen? 'Daar heb ik geen moment over gedacht', zegt Arnout. 'Nou', zegt Bart, 'als je het puur doet om aan je cv te bouwen red je het niet. Kijk, ik spendeer hier wel 70 uur per week aan, dat snappen zelfs mijn ouders niet. Je geeft er dus veel voor op: tijd, sociaal leven, geld. Want je kunt ook geen bijbaantje hebben. Maar het betaalt zich dubbel en dwars terug in ervaring, voldoening, sociale contacten en het samen iets presteren en daar trots op zijn.'
Bart beschikt over de competentie die studenten van vandaag moeten verwerven: hij kan goed reflecteren.

'Je ziet jezelf groeien, door de beslissingen die je neemt. Wat je hier meemaakt, zul je in je eerste baan niet meemaken. Bijvoorbeeld beslissen of je een nieuw softwarepakket van 10.000 euro gaat aanschaffen of niet. Of het voeren van slechtnieuwsgesprekken met studenten die je afwijst voor een commissie. Ik lig er niet wakker van, maar ik ben er wel door veranderd.'
Alle negen bestuursleden van STAR zetten hun studie een jaar lang in de ijskast. Dat jaar blijven ze wel ingeschreven als student en betalen dus collegegeld, maar ze krijgen geen studiebeurs. Ter compensatie springt de Erasmus Universiteit bij met het equivalent daarvan. De vereniging betaalt op haar beurt compensatiegelden aan commissieleden die studievertra-

ging oplopen. STAR wordt namelijk gesponsord door het bedrijfsleven. Bedrijven als Shell, Unilever, Deloitte, PriceWaterhouse Coopers, Yer, allemaal zijn ze geïnteresseerd in de studenten bedrijfskunde en verbinden ze graag hun naam aan evenementen als de Management Week, waar ze bijvoorbeeld workshops en gastcolleges verzorgen. In ruil kunnen ze op mogelijke nieuwe werknemers jagen, bijvoorbeeld bij het 'company diner' waarvoor bedrijven een aantal studenten op basis van cv uitnodigen. Netwerken dus. Zo voorziet STAR voor beide partijen in een win-winsituatie om in bedrijfskundig jargon te blijven. ∎

www.rsmstar.nl
www.managementweek.nl

Bron: *NRC Handelsblad*, 27 oktober 2007

Wat zijn de beweegredenen van Bart, Ivo en Arnout?

7.4 Logboekverslag

Logboek

Je hebt gedurende je vooropleiding wellicht tijdens een project al eens met een logboek gewerkt. Daarin vermeldde je de vorderingen tijdens het project, de moeilijkheden die je met je projectgroep tegenkwam en de successen die je met elkaar boekte. Volgens Van Dale's Handwoordenboek is een logboek een scheepsjournaal of een journaal van waarnemingen, werkzaamheden of belevenissen. De eerste betekenis kun je als mooie metafoor beschouwen voor het logboek dat je tijdens je opleiding gevraagd wordt te maken (geldt niet voor alle opleidingen): wat beleef je allemaal tijdens deze reis waarvan het eindpunt voorlopig is om een gediplomeerd, dus vakbekwaam, beroepsbeoefenaar te zijn? Het gevaar van deze betekenis is dat de weergave in het logboek vooral beschrijvend blijft met de vraag 'Wat maak ik mee?' als centraal gegeven. Zoals je in hoofdstuk 3 hebt kunnen lezen, gaat reflecteren verder dan 'meemaken'. Het gaat om 'geraakt worden'. Het is de bedoeling dat je ook de beleving en de persoonlijke betekenis van de gebeurtenissen in je logboek verwoordt.

De tweede betekenis van het woord logboek geeft meer praktisch weer wat je er allemaal in kunt schrijven. Het gaat over jouw werkzaamheden (vaardigheidsles, stage, vrijwilligerswerk) en over belevenissen. Deze laatste term geeft al aan dat je een selectie hebt gemaakt in de gebeurtenissen: een belevenis is vanwege zijn bijzondere karakter het vermelden waard.

Veelal zul je als beginner deze belevenis of betekenisvolle situatie selecteren naar aanleiding van het theoretische kader dat de opleiding jou biedt en het gevoelssignaal waardoor jij je van die situatie bewust wordt.

Het woord 'waarnemingen' geeft de tweede omschrijving uit Van Dale's Handwoordenboek meer diepgang. Met waarnemen begint namelijk jouw reflectie. Het neemt een zeer belangrijke plaats in in het proces van bewustwording van de betekenisvolle situatie. Het gaat zowel om het waarnemen van eigen gevoelens (het zich bewust worden van een gevoelssignaal), gedachten en handelingen, als om het waarnemen van de omgeving en het gedrag van anderen. Daarmee stap je in de reflectiespiraal en krijgt je logboek meer betekenis dan wanneer je het houdt bij het oppervlakkig beschrijven van jouw activiteiten op een bepaalde dag. Het logboek dat je schrijft in het kader van reflectie, is altijd persoonlijk en gericht op de eigen beleving.

Leermiddel

Het logboek is voor jou een persoonlijk leermiddel: je wordt je bewust van betekenisvolle situaties en momenten en je leert deze te verwoorden. Bovendien kun je, als je langere tijd een logboek bijhoudt, heel mooi je persoonlijke (en professionele) ontwikkeling waarnemen. Het wordt daarmee ook een persoonlijk document. Je gebruikt het logboek als geheugensteun, immers, de reflectie vindt plaats zo kort mogelijk na de betekenisvolle gebeurtenis. Wanneer je jouw ervaringen en gedachten erover direct verwoordt in het logboek, kun je je later (bij het maken van een sterkte-zwakteanalyse of een reflectieverslag) beter de betekenisvolle gebeurtenis herinneren, en de gevoelens en gedachten die je daarbij had. Je gebruikt het logboek dus ook als opstap voor het maken van een sterkte-zwakteanalyse of reflectieverslag. Dan is het een hulpmiddel dat een verder gelegen doel dient. Het logboek van iemand die begint met reflecteren (voor niveaus: zie bijlage 3 achter in dit boek) kun je op de reflectiespiraal plaatsen in de fasen 1 en 2.

Binnen de opleidingen wordt er verschillend omgegaan met het logboek als leermiddel. Het wordt bij de ene opleiding aangeraden als hulpmiddel en bij de andere verplicht gesteld. Je begrijpt dat daarmee ook jouw verantwoordelijkheid voor het maken van het logboek anders ligt. Uit het oogpunt van professionalisering is het raadzaam er zeker gebruik van te maken, ook beroepsbeoefenaren! Om je een idee te geven hoe je je kunt verwoorden in een logboek, volgt hier een fragment van een student Bedrijfskunde.

■ Voorbeeld 7.2 Fragment logboek

Theorie
Tijdens de les hebben we het gehad over beleidsnota's en we hebben hiervoor ook stukken theorie bestudeerd. Essentieel voor mij daarin is de kennis dat beleidsmedewerkers in hun beleidsnota's de plank volledig mis kunnen slaan als ze uitgaan van een aanname, de Grote Verborgen Aanname wordt dit genoemd. Dat houdt in dat beleidsmedewerkers eigenlijk niet weten wat hun doelgroep beweegt, wat deze denkt en wat de mensen in die doelgroep motiveert. De beleidsmakers gaan dan uit van een aanname (bijvoorbeeld de aanname van 'de calculerende burger die altijd uitgaat van economisch belang' terwijl dat niet zo hoeft te zijn) en op basis daarvan ontwikkelen zij beleid dat niet aansluit of aanslaat. Het is de bedoeling dat zij door middel van interactie en communicatie eerst goed onderzoek doen naar bijvoorbeeld de beweegredenen van de doelgroep.
(Bron: Hoppe e.a., 2001)

Praktijk
In mijn stage op de afdeling beleid van een groot ingenieursbureau werd vanuit het management gefocust op de productie van rapportages over bodemmonsters in het kader van onderzoek naar bodemvervuiling bij de aankoop van een woning. Die productie was te laag en ik kreeg de vraag voorgeschoteld te onderzoeken welke actie zou helpen de productie omhoog te brengen. Bij het doornemen van de cijfers zat ik gelijk al aan oplossingen te denken, terwijl ik, nu ik bovenstaande theorie heb doorgenomen, me realiseer dat ook ik uitga van een aanname! Ik dacht namelijk: die ingenieurs zijn natuurlijk niet geïnteresseerd in die kleine klusjes voor particulieren, dat levert geen aanzien op, dus investeren ze daar niet in. Maar deze aanname hoeft helemaal niet te kloppen! Die moet ik eerst toetsen én het is voor mij belangrijk inzicht te krijgen in de oorzaken of redenen voor de lage productie.

Privé
Eerlijk gezegd betrap ik mezelf de laatste tijd (nu ik er door die theorie bewust van geworden ben) in privésituaties ook op aannames die ik niet kan onderbouwen. Zo ging ik, zonder dat ik me dat bewust was, ervan uit dat mijn vriendin minder verstand heeft van techniek, omdat ze een vrouw is. Daar hadden we onenigheid over en nu zie ik in dat dat ook een aanname is, eigenlijk is het ook nog een vooroordeel.

Boetes wegens dodelijke explosie

GRONINGEN — De Nederlandse Aardolie Maatschappij (NAM) en installatiebedrijf GTI uit Nieuwe Pekela moeten van de Groningse rechtbank elk een boete van 45 duizend euro betalen. De bedrijven stonden terecht wegens een explosie waarbij in mei 2005 twee medewerkers van GTI de dood vonden op de NAM-locatie in het Groningse Warffum. Een derde raakte zwaargewond.
Twee weken geleden had het Openbaar Ministerie boetes van 150 duizend euro geëist tegen de NAM en een ton tegen GTI. Het OM was tot dat bedrag gekomen door de maximale boete te vermenigvuldigen met het aantal slachtoffers. Dat kan volgens de rechtbank niet.
De mannen voerden laswerkzaamheden uit aan een tank. GTI dacht dat die leeg was. De NAM wist dat dat niet zo was, maar wist niet dat er gelast zou worden.
Volgens de rechter hebben de bedrijven de veiligheidsregels met voeten getreden. Toezichthouders en leidinggevenden waren niet deskundig en gekwalificeerd, het systeem van werkvergunningen rammelde. De vergunning voor het laswerk had niet mogen worden afgegeven. ∎

Bron: *de Volkskrant*, 26 oktober 2007

Werken vanuit een aanname

7.5 Sterkte-zwakteanalyse

Analyseren

In de sterkte-zwakteanalyse, het woord zegt het al, analyseer je jouw sterke en zwakke kanten van de vaardigheden die je tot dan toe hebt getraind of geleerd binnen de opleiding. Analyseren wil zeggen: ontbinden in samenstellende delen, ofwel: ontleden. Je kent dit woord ongetwijfeld uit de lessen Nederlands die je hebt gehad. Je kunt een zin bijvoorbeeld taalkundig ontleden; elk woord behoort tot een bepaalde soort en die benoem je: werkwoord, zelfstandig naamwoord, lidwoord, telwoord. Tezamen vormen al deze onderdelen een geheel, een zin. Zo is het ook met situaties die je meemaakt. Een situatie bestaat uit heel veel verschillende 'onderdelen' of factoren die elk op zich de situatie beïnvloeden. Hetzelfde kun je zeggen over je eigen gedrag; welke afzonderlijke factoren beïnvloeden allemaal jouw gedrag of jouw vaardigheden in een bepaalde situatie? Het is aan jou om uit te zoeken welke factoren dat zijn. Je maakt hierbij gebruik van je ervaring, maar ook van de theorie. Deze verbreedt jouw kijk op de situatie. Vervolgens leg je weer verbanden tussen de verschillende factoren. Zo krijg je zicht op actie en reactie, de onderlinge interacties, hoe verschillende factoren met elkaar samenhangen en hoe jij je binnen een situatie beweegt.

De sterkte-zwakteanalyse maak je in de meeste gevallen als schriftelijk tentamen of toets voor een vaardighedenvak. Je maakt duidelijk aan je docent en/of medestudenten welke vaardigheden of onderdelen daarvan je al beheerst, of waarin je je nog wilt en moet bekwamen. Dit toon je aan met gebruikmaking van eigen voorbeelden (meegemaakte situaties uit de les en uit je dagelijks leven) en de behandelde theorie. Het is zaak om dit op systematische wijze te doen en in heldere bewoordingen, concreet en expliciet!

Het vertrekpunt voor de sterkte-zwakteanalyse is de behandelde lesstof. Dat is het kader van waaruit jij je analyse schrijft.

Opzet sterkte-zwakteanalyse

Een globale opzet van een sterkte-zwakteanalyse bestaat uit de volgende stappen:

1 Benoem de essentiële aspecten van de behandelde theorie/vaardigheden/deelvaardigheden.
2 Analyseer je eigen gedrag (in opleiding en privé) met betrekking tot deze theorie en vaardigheden.
   Benoem wat je wel/niet beheerst van de vaardigheden. Je geeft hier opgedane ervaringen weer met door jou vertoond gedrag (vaardigheid). Toon daadwerkelijk aan of je de vaardigheid wel/niet beheerst met concrete voorbeelden en betrek hierbij de theorie.
3 Beargumenteer, met het oog op je toekomstig beroep, waarom het belangrijk is dat je deze vaardigheid beheerst/ moet gaan beheersen.
4 Sluit af met het benoemen van je leerdoelen/ nog te verwerven competenties.

Bewustwording

De sterkte-zwakteanalyse is gericht op bewustwording. Maak gebruik van het logboek dat je hebt bijgehouden. Het gaat erom dat je ervan doordrongen raakt welke vaardigheden van belang zijn voor de uitoefening van je beroep en hoever jij daar al mee bent. De sterkte-zwakteanalyse van iemand die begint met reflecteren (voor niveaus: zie bijlage 3 achterin dit boek) kun je op de reflectiespiraal plaatsen bij de fasen 1 tot en met 3. Ook voor deze verslagen geldt dat het heel leuk is om ze te bewaren en na een aantal jaren terug te lezen. Je ontdekt een lijn in je vorderingen!

In het volgende voorbeeld van een sterkte-zwakteanalyse zijn de hiervoor genoemde stappen duidelijk te herkennen.

■ **Voorbeeld 7.3 Sterkte-zwakteanalyse**
Context: werkomgeving leidinggevende

Theorie
In de interne training 'Communiceren met de werkvloer' kregen we informatie over het voeren van een 'slechtnieuwsgesprek'. In dat gesprek doorloop je vijf fasen, namelijk de inleiding, de confrontatie of het slechte nieuws, ruimte voor verwerking, zoeken naar een oplossing en de afronding met vervolgafspraken. In het gesprek spelen twee aspecten een rol, namelijk de inhoud van de boodschap en de verstandhouding die je hebt met de werknemer. Het gaat erom dat je het slechte nieuws brengt zonder dat de relatie met de werknemer ernstig verstoord raakt, en om dit te bereiken zijn er in elke fase aandachtspunten voor de leidinggevende waar hij op kan letten. Zo is in de tweede fase (confrontatie) belangrijk om zakelijk en kort, zonder twijfelende houding de boodschap over te brengen. Ik moest in een rollenspel een zeer loyale werknemer, die intern had gesolliciteerd naar een hogere functie, afwijzen voor die functie.

Eigen gedrag
In het gesprek dat ik voerde met die werknemer (het werd opgenomen op video) ging de inleiding goed, maar het lukt me niet het slechte nieuws zakelijk over te brengen. Ik merkte dat ik al medelijden had met de werknemer terwijl ik de boodschap nog moest brengen. Dat maakte het voor mij erg lastig om de goede woorden te vinden. Ik draaide eromheen. Ik vond dat zij toch erg haar best had gedaan en ik uitte dat ook door te zeggen: 'Ja, je hebt wel erg je best gedaan.' Hierdoor was ik niet in staat de zakelijke argumenten goed naar voren te brengen voor de werknemer en bleef het voor haar vaag waarom zij die functie niet kreeg. Ze vroeg ook waarom ze het dan niet geworden was als ik vond dat zij zo goed haar best had gedaan en daarop had ik geen duidelijk antwoord. Op de video zie je aan mijn gezicht dat ik erg meeleef en dat ik de confronterende boodschap niet goed onderbouw. Omdat de tweede fase voor mijn gevoel niet goed verliep, kwamen ook de andere fasen van het gesprek niet van de grond, we bleven steken. Ik voelde me er niet prettig bij, ik vind dat ik een dergelijk gesprek professioneel moet kunnen voeren.
Ik vraag me af hoe het komt dat ik er zo'n moeite mee had. Als ik heel goed terugdenk geloof ik dat ik onbewust dacht of voelde: ik moet het nieuws brengen, maar ik wil de werknemer zo min mogelijk 'pijn' doen, want ik vind het rot voor haar. Het voelde voor mij ook rot om die boodschap te brengen. Ik wilde dat zij mij als betrokken en fijne leidinggevende zou zien en ik zat niet te wachten op een conflict. Ik was kennelijk ook bang voor mijn positie (ik had dus ook een belang!).
Wat ik als positief uit het gesprek kan halen is dat ik kennelijk wel heel meelevend kan zijn en dat zou ik goed kunnen inzetten in de fase van de verwerking door de werknemer.

Belang voor het beroep/de functie
In mijn werk als leidinggevende is het van belang dat ik de zakelijke belangen van de organisatie vertegenwoordig, maar ook de relatie met mijn werknemers goed en werkbaar houd. Dat botst soms, zoals in deze situatie waarin ik een minder populaire uitspraak moet doen. De inhoud en de verstandhouding met de werknemer liepen bij mij door elkaar.

Het betekent voor de uitoefening van mijn functie dat ik inhoud en relatie goed moet scheiden, dat ik moet kunnen omgaan met belangentegenstellingen en dat ik helder voor ogen houd welk doel (wat wil ik bereiken met dit gesprek?) ik op dat moment voor ogen heb. De werknemer is gebaat bij helderheid en mag van mij verlangen dat ik een beslissing goed onderbouw.

Leerdoelen
- Ik wil me goed voorbereiden op een slechtnieuwsgesprek: het doel en de argumenten voor een besluit helder voor ogen hebben.
- Ik wil onderzoeken hoe ik kan omgaan met de behoefte vooral 'aardig' gevonden te worden.
- Ik wil onderzoeken hoe ik eigenlijk omga met (dreigende) conflicten.

7.6 Uitgebreid reflectieverslag

Een reflectieverslag is een verslag van jouw leerproces. Het reflectieverslag omvat alle fasen van de reflectiespiraal.
Het is dus uitgebreider dan de hiervoor beschreven schriftelijke producten. Om een idee te krijgen hoe je deze reflectiespiraal doorloopt, kijk je terug naar hoofdstuk 3, waar je Christine volgt tijdens haar reflectie. Zij doorloopt de vijf fasen van de reflectiespiraal. Je kunt deze fasen gebruiken als basisstructuur voor je reflectiegedrag. Hierna krijg je nog een mogelijke indeling voor een reflectieverslag.

Opzet van een reflectieverslag

Een globale opzet van een reflectieverslag bestaat uit de volgende stappen:
1. Benoem de essentiële aspecten van de behandelde theorie/vaardigheden/deelvaardigheden.
2. Kijk terug op je handelen, op de ervaringen die je hebt opgedaan met die specifieke theorie/vaardigheden. Verwoord de betekenisvolle situatie.
3. Analyseer je eigen gedrag (in werk, opleiding en privé) met betrekking tot deze vaardigheden. Leg verbanden tussen jouw gedrag en het effect ervan op de ander. Leg verband met de theorie.
4. Benoem de belangrijkste conclusies die je trekt over jouw handelen in de betekenisvolle situatie.
5. Geef weer waarom het van belang is dat je dit handelen handhaaft of verandert, met het oog op je (toekomstig) beroep.
6. Ontwikkel handelingsalternatieven. Formuleer waar, wanneer en hoe je die gaat uitproberen.

Deze stappen zijn uitgewerkt in het volgende voorbeeld van een uitgebreid reflectieverslag.

■ **Voorbeeld 7.4 Uitgebreid reflectieverslag**

Theorie
Tijdens het werkcollege over jeugdstrafrecht voerden we met vijf medestudenten een discussie aan de hand van de theorie die we vooraf hadden bestudeerd: richtlijnen voor het jeugdstrafrecht en de theorieën uit de ontwikkelingspsychologie. Het gaat om de volgende theorieën:

Jeugdstrafrecht
Het jeugdstrafrecht geldt voor kinderen en jongeren in de leeftijd tot 18 jaar. Vanaf die leeftijd geldt het volwassenenstrafrecht. Kinderen tot twaalf jaar kunnen niet strafrechtelijk worden vervolgd, maar als ze keer op keer met politie of justitie in aanraking komen kan de rechter wel een maatregel treffen, zoals het benoemen van een voogd die toezicht houdt.
Is het kind ouder dan twaalf dan kan het wel strafrechtelijk worden vervolgd, maar jongeren tussen twaalf en zestien jaar kunnen maximaal een vrijheidsstraf van een jaar krijgen. Jongeren van zestien en zeventien jaar kunnen maximaal twee jaar vrijheidsstraf krijgen.
Als er sprake is van een heel ernstig delict dan kan de jongere als een volwassene berecht worden.
(Bron: Wetboek van strafrecht, vrij naar Besluit tenuitvoerlegging jeugdstrafrecht 1994)

Ontwikkelingspsychologie
Uit modern hersenonderzoek blijkt dat de hersenen zich heel lang blijven ontwikkelen en dat zij met name in de puberteit heel snel groeien. Jongeren kunnen in deze levensfase met eigen inzet heel snel leren. Door de snelle hersenontwikkeling, de veranderingen die in het brein plaatsvinden, loopt het daarboven echter nog niet allemaal even soepel. Jongeren in deze leeftijd doen voor allerlei vaardigheden (zoals het beheersen van emoties, het hanteren van agressie en het maken van keuzes) een beroep op dat hersendeel en het lijkt logisch dat dat soms wat veel gevraagd is voor 'iets' dat nog in ontwikkeling is. Daarom kan een jongere soms heel evenwichtig en het andere moment heel onevenwichtig overkomen.
(Bron: Kohnstamm, 2002)

De vraag waarover wij discussieerden was: hoe sta je tegenover de regel dat 12- tot 16-jarigen maximaal een jaar vrijheidsstraf opgelegd kunnen krijgen?

Betekenisvolle situatie/ervaring
Ik had mijn standpunt al snel bepaald. Ik was van mening dat een jongere tot 16 jaar meer dan een jaar vrijheidsstraf opgelegd mag krijgen. Als de jongere zich misdraagt en een ander schade of letsel toebrengt, dan moet hij zich daarvoor verantwoorden vind ik en dat mag best met een fikse gevangenisstraf. Tenslotte gedraagt hij zich in de maatschappij ook alsof hij het allemaal zo goed weet, dan moet hij de consequenties ook maar aanvaarden. Brand je je gat, dan moet je op de blaren zitten. De mogelijke straffen zijn in mijn ogen eigenlijk te zacht, wat leert een jongere er nou van als hij voor een delict bijvoorbeeld maar een paar maanden krijgt?

De *betekenisvolle situatie* voor mij was dat mijn groepsgenoten compleet over mij heen vielen! En dat terwijl ik in de veronderstelling verkeerde dat wij allemaal wel op dezelfde lijn (die van mij) zouden zitten. Het deed me wel wat, ik voelde me eigenlijk aangevallen en heel alleen staan. Ik vond mijn standpunt heel vanzelfsprekend, ik dacht dat ik het gelijk en het recht aan mijn kant had; dat zouden zij toch moeten inzien. Ik wilde hen ook overtuigen van mijn gelijk en begon dus tegen hen in te gaan. Maar hoe meer ik dat deed, hoe meer ik alleen kwam te staan. Dat voelde niet fijn! Ik wilde eigenlijk hun erkenning, maar die kreeg ik niet. Daar zat ik dan met mijn standpunt en een groep die het niet met mij eens was.

Analyse eigen gedrag
Wat gebeurde er dus eigenlijk met mij tijdens die discussie? Ik was vrij zelfverzekerd over mijn standpunt en ik merkte dat het me tegenviel dat de anderen er niet hetzelfde over dachten. Ik dacht: 'Wat een watjes, hard optreden durven ze niet.' Ik dacht dat als ik ze maar voldoende zou overtuigen, dat ze dan wel 'om' zouden gaan, maar nee, dat deden ze niet. Ze zeiden dat ik mijn standpunt moest bijstellen op basis van de gegevens uit de ontwikkelingspsychologie. En dat raakte bij mij, nu ik erover nadenk, een teer punt. Ik heb die theorie doorgenomen en weet dat jongeren nog niet volledig ontwikkeld zijn in hun denken en doen. Maar in mijn standpunt reken ik ze er wel op af alsof ze volledig ontwikkeld zijn. Ik heb de ontwikkelingspsychologische kant niet in mijn oordeel betrokken. Voor mij is nu de vraag hoe dat komt en daar werd ik me naar aanleiding van de discussie en mijn reflectie op die ervaring pijnlijk bewust van. Ik denk dat ik die kant niet wílde zien. Rekening houden met die psychologische kant komt voor mij haast soft over en ik sta bekend als iemand die rechtlijnig is: fout is fout en goed is goed. En niet: fout is fout, maar... Kennelijk heb ik daar moeite mee. Het zou te maken kunnen hebben met het feit dat ik vrijwel altijd in dezelfde kringen verkeer, met mensen die op dezelfde lijn zitten, eigenlijk al van huis uit. De harde lijn. Dan versterken we elkaar juist en dat geeft een goed gevoel. Ik hoef dan ook niet genuanceerder te kijken, mijn mening wordt toch wel gedeeld. Ja, daar heeft het mee te maken, genuanceerder kijken. Mijn discussiegroep vroeg mij eigenlijk om genuanceerder naar de casus te kijken en niet alleen te reageren op basis van mijn persoonlijke oordeel (sommigen zeiden zelfs: vooroordeel) dat ik volgens hen waarschijnlijk al had voordat ik de theorie gelezen had. Als ik over deze opmerking goed nadenk, moet ik erkennen dat dat zo is. Ik heb gereageerd vanuit mijn persoonlijke waarden en normen.

Conclusie
Dit was voor mij een heel leerzame ervaring! De conclusie die ik hieruit trek is dat ik, wanneer ik een mening vorm, of een oordeel vel, me breed moet oriënteren. Het is belangrijk om de zaak vanuit diverse invalshoeken (verschillende theorieën) te bekijken en niet vast te houden aan een vooraf vastgesteld oordeel. Een bredere oriëntatie kan leiden tot een genuanceerder oordeel. Een andere conclusie is dat er een verschil kan zijn tussen mijn persoonlijke waarden en normen en de manier waarop die gehanteerd worden in de beroepsuitoefening. Hiervan moet ik me voortdurend bewust zijn.
De vraag die ik nog heb over mijn persoonlijke ontwikkeling is, hoe het nou komt dat ik ervan uitga dat anderen wel hetzelfde zullen denken als ik en dat ik haast van slag was toen ik de groep tegen me kreeg.

Koppeling beroep
Wanneer ik later in de rechtspraak terecht zou komen is het belangrijk om een zaak vanuit zo veel mogelijk invalshoeken te bekijken en zonder vooroordeel! Pas dan kan ik een afgewogen oordeel geven. Ook is het van belang om de eigen emoties te onderkennen, want die kunnen het oordeel beïnvloeden.

Handelingsalternatieven
Deze ervaring is voor mij de aanzet om in het vervolg van mijn studie alert te zijn op mijn oordeelsvorming. Ik wil nuancering aanbrengen in mijn denken en dat ga ik proberen door casussen van diverse invalshoeken te belichten, zodat ik mijn conclusie goed kan onderbouwen. Hier begin ik volgende week al mee, als we een werkcollege hebben over voetbalvandalisme, waarvoor we ook theorie over groepsvorming en groepsprocessen hebben gekregen.

7.7 Persoonlijk ontwikkelplan

Tot slot van dit hoofdstuk een paar opmerkingen over reflectie en verslaglegging in het kader van een persoonlijk ontwikkelplan (of persoonlijk ontwikkelingsplan, beide termen worden gehanteerd), het zogenoemde POP. Binnen arbeidsorganisaties hanteert het management de POP's als **instrument** om de werknemer aan het denken te zetten over het eigen actuele en toekomstige functioneren en om hem in beweging te krijgen. Een POP is gericht op de persoonlijke en professionele ontwikkeling van de werknemer en staat in het teken van verdere groei, zowel binnen als buiten de organisatie. Uitgangspunt in het werken met een POP is de lerende houding van zowel werknemer als organisatie.

In een POP geeft de werknemer weer wat zijn kwaliteiten zijn, wat zijn leerpunten, ontwikkelkanten en wensen (cursus, stage, studie, coaching enzovoort) daarin zijn en hoe hij denkt hieraan te gaan werken. Dit alles in relatie tot de functie of het beroep dat hij op dat moment uitoefent en de daarvoor vastgestelde beroepscompetenties. Dit hoeft echter niet te betekenen dat de ontwikkelingen alleen in dat kader mogen plaatsvinden. Zo kan het mogelijk zijn dat een chemisch laborant binnen het chemieconcern zijn onderzoekstechnieken wil leren verbeteren, maar het kan ook goed zijn dat hij zich buiten het bedrijf wil gaan ontwikkelen richting management of zelfstandig ondernemer.

Humor werkt

Een lolletje op het werk bevordert niet alleen de sfeer in positieve zin, maar ook het resultaat. Vooral grappen die betrekking hebben op het werk, doen het goed. Tot deze conclusie komen Chris Robert en Wan Yan van de University of Missouri-Columbia.

Robert, docent psychologie en management, deed samen met Yan een uitgebreide literatuurstudie. Humor heeft een belangrijke invloed in een organisatie, stelt Robert. Door samen grappen te kunnen maken en te kunnen lachen, raken mensen meer verbonden met elkaar. ∎

Bron: *de Volkskrant*, 3 november 2007

Het POP is bij veel bedrijven onderwerp van gesprek tijdens **functionerings- en/of beoordelingsgesprekken**. Op die momenten wordt immers stilgestaan bij het functioneren van de werknemer en bij zijn **ontwikkelmogelijkheden** en zijn wensen daarin. Het mes snijdt aan twee kanten. De organisatie heeft baat bij een bekwaam werknemer in wie het beste naar boven gebracht wordt en de werknemer heeft baat bij aandacht en erkenning van zijn werkgever voor zijn kwaliteiten of te ontwikkelen punten.

De invulling van een POP is in feite de uitkomst van evaluatie en reflectie tezamen, maar wel altijd gekoppeld aan te ondernemen acties. Evaluatie van de *taken* die de werknemer/beroepsbeoefenaar binnen het bedrijf of zijn organisatie uitvoert en reflectie op het eigen *gedrag* (handelen, denken, voelen, willen) daarbinnen. Wat gaat goed? Waar voel ik me erg op mijn plaats? Waar heb ik meer/minder affiniteit mee? Waarin wil ik me bekwamen? Welk gedrag/welke vaardigheden wil ik graag ontwikkelen?

Zo kan iemand die binnen de juridische faculteit voor het eerst een project heeft geleid, ervaren dat dit soort werk hem enorm veel energie geeft. Hij evalueert de taken die hij heeft uitgevoerd en komt tot de conclusie dat hij met het team succesvol aan de opdracht heeft voldaan door alle deeltaken naar behoren uit te voeren. Ook reflecteert hij op het eigen gedrag. Het leiden van dit project gaf hem het gevoel hier met zijn persoonlijke eigenschappen op de goede plaats te zitten. Hij was in staat mensen te motiveren en het beste in hen naar boven te halen. Hij had een goed totaaloverzicht, wist waar hij met de groep naartoe wilde en in zijn denken ontwikkelde hij een enorme creativiteit, omdat hij daar gevoelsmatig ook ruimte voor had. Op basis van deze ervaring, evaluatie en reflectie besluit hij in zijn POP op te nemen dat hij zich in de richting van projectmanager wil ontwikkelen. Als actie stelt hij zijn leidinggevende voor een cursus projectmanagement te gaan volgen met ingang van het volgende kwartaal.

De systematiek van de reflectiespiraal is bij dit ervaren en terugkijken goed in te zetten. Op basis van ervaringen in het werk doorloop je de hele cirkel en kom je tot de formulering van handelingsalternatieven of leerdoelen. Die vertaal je in concrete acties door de doelen SMART te formuleren De afkorting SMART staat voor:

SMART formuleren

1 Specifiek
2 Meetbaar
3 Acceptabel
4 Realistisch
5 Tijdgebonden.

Het SMART formuleren van doelen voorkomt dat ze vaag blijven, waardoor je nooit weet of en wanneer het doel nu behaald is.
Een voorbeeld van een vaag doel is: 'Het autoverkeer moet worden teruggedrongen.'
Een vaag doel roept vragen op: welk autoverkeer? Waar? Hoeveel verkeer is er dan? Aantallen? Hoeveel moet er worden teruggedrongen? Binnen welke termijn? Kan dat wel?
Dit soort vragen kun je voorkomen, door je doelen SMART te stellen; je geeft daarmee namelijk exact antwoord op die vragen. Je formuleert welk doel je met welk resultaat binnen welke tijd je wilt bereiken.
De SMART-onderdelen worden nu nader uitgewerkt.

Ad 1 Specifiek
Onder het kopje specifiek geef je het te behalen doel helder en concreet weer. Het gaat in het kader van reflectie om gedrag dat je zelf wilt vertonen en dat voor jezelf en anderen waarneembaar is.
Bijvoorbeeld: 'Ik wil graag een eenjarige opleiding projectmanagement in deeltijd volgen in deze regio (Zuid-Limburg) en mijn diploma behalen.'
Een specifiek doel geldt voor jou speciaal. Dit in tegenstelling tot een algemeen doel, dat anderen ook dienen te behalen of dat, gezien de rol

of positie, als algemeen geldend doel (gedrag) voor iedereen geldt. Bijvoorbeeld een eerstejaarsstudent stelt als doel: 'Ik wil mijn propedeuse behalen.' Dit doel geldt echter ook voor andere studenten. Een specifiek doel voor een eerstejaars student zou kunnen zijn: 'Ik wil de komende drie maanden mijn schriftelijk Nederlandse taalgebruik verbeteren door dagelijks een half uur (van 17.00 uur tot 17.30 uur) te oefenen met spelling, grammatica en zinsbouw.'

Ad 2 Meetbaar
Je maakt je doel meetbaar door kleine meetbare stappen te formuleren. De meetbaarheid is van belang om achteraf te kunnen evalueren. Heb ik datgene bereikt wat ik wilde bereiken? Heb ik die informatie gekregen die ik wilde verzamelen? Je maakt je leerdoel concreet en kunt achteraf aan de hand van de concreet meetbare gegevens waarnemen én aantonen of je hebt behaald/bereikt wat je wilde behalen of bereiken.
Bijvoorbeeld:
- In maart van dit lopende jaar (jaartal weergeven) ga ik me oriënteren op het opleidingsaanbod voor projectmanagement in de regio Zuid-Limburg en verzamel ik hierover informatie op papier (= aan te tonen).
- In april (jaartal) maak ik een keuze voor een opleiding en schrijf ik me in als cursist (= aan te tonen).
- In augustus (jaartal) start ik met de opleiding (= aan te tonen).
- In december (jaartal) evalueer ik de tot dan toe behaalde resultaten binnen de studie (resultaten zijn aan te tonen).
- In juni het jaar daaropvolgend (jaartal) zal ik mijn diploma behalen (= aan te tonen).

Ad 3 Acceptabel
Wanneer je een doel stelt in het kader van een POP binnen de organisatie waar je werkt, dan zal voor die organisatie jouw doel ook acceptabel moeten zijn. Het doel van de werknemer bij de juridische faculteit om een cursus projectmanagement te gaan doen, is voor hen acceptabel en zij faciliteren hem daarin. Maar wanneer zijn doel bij wijze van spreken zóu zijn: de opleiding tot vinoloog volgen, dan is de relatie met de organisatie niet aanwezig en is het doel dus niet acceptabel. Overigens kan het doel voor de persoon zelf heel acceptabel zijn, maar dan niet in het kader van de relatie met de werkgever en dus ook niet opgenomen in een POP.

Ad 4 Realistisch
Onder het kopje realistisch geef je weer of het door jou gestelde doel wel uitvoerbaar en haalbaar is.
Is er bijvoorbeeld wel een eenjarige opleiding projectmanagement? Misschien kom je er na je onderzoek (zie meetbaar) achter dat die niet bestaat, of niet in jouw regio. Dan moet je je doel misschien bijstellen. Een andere vraag die toetst of het voor jou een realistisch doel is: *welke mogelijkheden heb je om je doel te bereiken?*
Denk hierbij aan: financiën (dure opleiding? draagt werkgever bij of moet je de kosten alleen dragen?), tijdsbesteding (hoeveel uur werk je? is het te combineren met werk, privé?), intelligentie (is het niveau van de opleiding passend bij jouw mogelijkheden?).

Als je doelen stelt waarvan je weet dat ze nauwelijks of niet haalbaar zijn, dan zul je jezelf teleurstellen. Als je een doel stelt dat heel eenvoudig te behalen is, dat wellicht beneden je niveau ligt, dan haal je er te weinig voldoening uit. Het is dus belangrijk hier een evenwicht in te vinden. Tussentijdse evaluaties helpen je te bepalen of je nog op de goede weg bent.

Ad 5 Tijdgebonden
Een SMART-geformuleerd doel zet je uit in tijd. Je bepaalt een begin- en een einddatum. Wanneer je kijkt naar de meetbare stappen (zie hiervoor bij 'meetbaar') die de werknemer uitzet om een opleiding te gaan volgen, dan zie je dat hij daarin ook een duidelijk tijdpad aangeeft. Hiermee stelt hij tevens de evaluatiemomenten vast.
Het tijdsaspect kadert het doel en geeft een duidelijke grens aan wanneer het doel behaald kan of dient te zijn. Het doel behalen geeft een succeservaring en je maakt ruimte voor nieuwe doelen. Het tijdkader dwingt je een pas op de plaats te maken bij de einddatum: is het doel behaald, moet ik het doel bijstellen, handhaven of afvoeren? Het voorkomt dat je ellenlang blijft doorgaan met een doel dat je, om diverse redenen, niet kan of wilt behalen. Je rondt het proces af en maakt ruimte voor een nieuw begin.

Samenvatting

Reflecteren begint met bewustwording. Het gevoel ergens door geraakt te zijn is een belangrijke aanwijzing voor reflectie op die betekenisvolle situatie. Stel jezelf vragen hierover. Met de bereidheid om vragen te stellen aan jezelf, staat of valt jouw vermogen te leren reflecteren.
Ten behoeve van de opleiding die je volgt of de baan waarin je actief bent, plaats je je reflecties binnen de opleidings- en/of beroepscontext. Het weergeven van je reflecties voor de opleiding gebeurt meestal in een schriftelijk verslag en de meest voorkomende vormen zijn het logboek, de sterkte-zwakteanalyse en het reflectieverslag. Hiervoor moet je je goed kunnen verwoorden. Binnen de werksetting werk je vaak met een persoonlijk ontwikkelplan (POP).
Het vertrekpunt voor de reflectie in het verslag kan per opdracht verschillen. Een reflectie naar aanleiding van stage of een andere vorm van praktijkervaring heeft de ervaring als vertrekpunt. Een reflectie naar aanleiding van vaardigheidslessen en/of behandelde theoretische concepten, heeft de behandelde leerstof als vertrekpunt.
Centraal in alle vormen van reflectie, tijdens de studie of het werk, staat het eigen gedrag binnen de eigen ervaring (betekenisvolle situatie) in relatie tot de opleidings- en beroepscontext. De conclusie leidt tot het formuleren van handelingsalternatieven of leerdoelen. Formuleer deze SMART.

Opdrachten

7.1 Reflectie op behandelde vaardigheid
  Stap 1 Kies uit de lesstof die je de afgelopen week hebt behandeld een vaardigheid, of selecteer een beroepsvaardigheid die je inzet tijdens je werkuitvoering.
  Stap 2 Benoem de belangrijkste aspecten van die vaardigheid.
  Stap 3 Formuleer aan de hand van die aspecten hoe jij de vaardigheid hanteert.
  Stap 4 Toon aan met behulp van stap 3, in welke mate je de vaardigheid beheerst.
  Wat gaat goed? Wat kan beter? Wat is het effect van jouw handelen op de ander?
  Geef hierbij twee voorbeelden uit de les- of werksituatie en vind twee voorbeelden uit je privésituatie die ook met deze vaardigheid te maken hebben.

7.2 Reflectie op behandelde theorie
  Stap 1 Kies uit de lesstof die je de afgelopen week hebt behandeld een theorie.
  Stap 2 Benoem de belangrijkste aspecten van die theorie.
  Stap 3 Formuleer aan de hand van die aspecten, hoe jij deze theorie tegenkomt in je dagelijks leven. Geef hiervan twee voorbeelden.
  Stap 4 Formuleer aan de hand van de aspecten uit de theorie, hoe je de theorie zal tegenkomen of gebruiken in je toekomstige beroep.
  Stap 5 Formuleer welke professionele bagage je nodig denkt te hebben om later met deze theorie te kunnen werken.

7.3 Verband leggen tussen leerstof en dagelijkse ervaring
  Stap 1 Selecteer uit de behandelde lesstof twee vaardigheden en twee theorieën.
  Stap 2 Benoem de belangrijkste aspecten van die vaardigheden en theorieën.
  Stap 3 Geef aansluitend op elke vaardigheid en theorie drie toepasselijke voorbeelden van eigen gedrag in het dagelijks leven.

7.4 ABC-model

Stap 1 Selecteer een betekenisvolle situatie.
Stap 2 Reflecteer op deze betekenisvolle situatie aan de hand van het ABC-model.
Stap 3 Wissel het verslag uit met een medestudent en geef elkaar feedback op de wijze waarop het verslag is gemaakt:
- Is de betekenisvolle situatie beknopt en concreet beschreven?
- Geeft de schrijver zijn gevoelssignaal expliciet weer?
- Geeft de schrijver concreet, expliciet en genuanceerd weer wat hem precies raakte in die betekenisvolle situatie?
- Geeft de schrijver denken, voelen, willen en handelen weer onder B?
- Laat de schrijver 'zoekgedrag' zien?
- Trekt de schrijver expliciet zijn conclusie ten aanzien van het eigen gedrag?

Checklist voor eigen reflectie of reflectieverslag

8.1 Aandachtspunten voor het verslag, gericht op de persoon en de situatie
8.2 Algemene aandachtspunten gericht op de weergave in het verslag

Aan het begin van alle voorgaande hoofdstukken in dit boek las je een openingscasus. Deze voorbeelden van reflectief denken geven je een indruk hoe je kunt (beginnen met) reflecteren op het eigen gedrag en hoe je het beter niet kunt doen. Díe reflecties, de bad practices, zijn voorzien van een beknopte analyse. Daarin staan de punten genoemd uit die casus die de hoofdpersoon beter anders kan doen in zijn reflectie op de situatie. In de good practices verbetert hij of zij zichzelf. Met deze voorbeelden en aandachtspunten kun je ook je eigen (schriftelijke) reflecties kritisch doornemen en verbeteren. In dit hoofdstuk zetten we de vereisten voor een goede reflectie (en daarmee de valkuilen) nog eens voor je op een rij. Beschouw het als een checklist waarmee je je voordeel kunt doen, bijvoorbeeld als je het reflectieverslag nog eens doorleest voordat je het ter beoordeling inlevert.
De openingscasus van dit laatste hoofdstuk betreft een praktijksituatie die haarfijn een aantal dilemma's uit de beroepscontext van politie en justitie toont. Wat zijn de beweegredenen voor het handelen van alle deelnemers in deze werkprocessen? Met deze casus in gedachten kun je wellicht een vertaling maken naar je eigen beroepspraktijk. Welke professionele en persoonlijke dilemma's kun jij tegenkomen en hoe ga je daarmee om?

OPENINGSCASUS

Scenariodenken tegen de tunnel

**Politie en justitie focussen soms te vroeg op één verdachte.
Leren denken in scenario's kan dat voorkomen.**
Door Malou van Hintum

Dat tunnelvisie bestaat, ontkennen zelfs politie en justitie niet meer.
Maar het zal nog heel lang duren voordat rechercheurs, Openbaar Ministerie en rechters daadwerkelijk hun fouten durven toegeven, voorspelt Harrie Timmerman. Timmerman is de politiepsycholoog die de Schiedammer parkmoord in de publiciteit bracht, de zaak waarin Cees B. onterecht veroordeeld werd voor de moord op de 11-jarige Nienke Kleiss. Terwijl een NFI-medewerker tijdens lezingen in het land meldde dat Cees B. onmogelijk de dader kon zijn en ook het OM daarvan op de hoogte was, draaide B. toch voor de moord op.
Hoe kan dat? En waarom was Timmerman de eerste die alarm sloeg, terwijl tientallen personen ervan wisten?
'Zowel bij justitie als bij politie is de cultuur heel erg gesloten', zegt Timmerman. 'De buitenwereld is de vijand. Het feit dat het werk grotendeels geheim moet blijven en dat ook teams onderling niet met elkaar over hun zaak spreken, bevordert die wij-cultuur nog eens extra: wij moeten het oplossen en alleen wij weten hoe het in elkaar zit. De politie kent bovendien een heel hiërarchische cultuur. De wil van de leidinggevende is wet, de dingen gebeuren zoals hij het wil. Ben je het daar niet mee eens, dan kun je je biezen pakken.'
Voeg daarbij de druk van publiek en pers om bij grote, publiciteitsgevoelige zaken snel een dader te vinden, en het lijkt bijna onontkoombaar: informatie die past bij de verdachte(n) wordt gebruikt, informatie die er niet bij past, weggegooid. Want ontlastend materiaal ondermijnt een snelle oplossing. Timmerman: 'Het is heel menselijk om te denken: dit is de verdachte, leg alles erbij wat dat ondersteunt.'
Hans Pieters, die in de jaren negentig als officier van justitie landelijke bekendheid kreeg vanwege de xtc-zaken die hij voor de rechter bracht, stelt dat binnen het OM kwaliteitsverbetering en een veranderde cultuur en houding nodig zijn om in de toekomst tunnelvisie te kunnen voorkomen. Pieters is programmamanager strafrecht bij het Nederlands Studiecentrum Criminaliteit en Rechtshandhaving (NSCR), het opleidingsinstituut voor de rechterlijke macht. Hij is daar medeverantwoordelijk voor de cursussen op het gebied van strafrecht en strafprocesrecht die ontwikkeld worden voor het OM en de zittende magistratuur (ZM).
'Bij het OM zijn we bezig met de invoering van een licentiesysteem, wat betekent dat op termijn een officier van justitie een bepaalde functie binnen het OM alleen maar mag uitoefenen als hij aan harde criteria op het gebied van opleiding en ervaring voldoet. Bovendien moet in grote, complexe zaken sprake zijn van intervisie en tegenspraak.'
Dat zijn twee dingen die niet vanzelfsprekend zijn bij justitie, weet hij. Pieters: 'OM-mensen en rechters vinden het lastig zichzelf te laten toetsen, dat zit in de cultuur ingebakken. Het is dezelfde houding die je ook bij medici ziet: wij maken geen fouten en doen we dat wel, dan ligt dat niet aan ons.
Bij rechters speelt bovendien de onafhankelijkheid een rol. Zij moeten onafhankelijk beslissingen nemen, en het is moeilijk om daar buiten de raadkamer over te discussiëren. Maar ook zij moeten zich blijven scholen.'

Om en ZM staan te veel op een voetstuk, vindt Pieters. 'We proberen met onze cursussen te laten zien welke beperkingen menselijke waarneming en besluitvorming met zich meebrengen.'
Het is een boodschap die weinig vreugdevol wordt ontvangen, zegt hij. 'Het is geen fijn moment voor officieren van justitie en rechters als hun bijna goddelijke profetie tot menselijke proporties wordt teruggebracht. Maar ze moeten zich er wel van bewust zijn dat ze net zo beperkt waarnemen als anderen. Want als je je dat realiseert, kun je middelen inzetten om dat te verbeteren.
Wat we bijvoorbeeld weten, is dat informatie die het eerst binnenkomt, het langst blijft hangen. Die stuurt alle andere beslissingen aan. Daardoor kan een *confirmation bias* ontstaan, en het is heel moeilijk daar uit te stappen.'
Intervisie - ook eens bij een ander te rade gaan - is belangrijk om alle informatie goed te blijven wegen. En tegenspraak organiseren: jezelf toetsbaar opstellen binnen je eigen organisatie, ook tegenover hiërarchisch ondergeschikten. Bovendien moet een officier van justitie kritische vragen blijven stellen aan de politie, ontlastend materiaal niet terzijde schuiven, en dossiers met pro's en contra's opstellen.
Al die dingen samen moeten ervoor zorgen dat hij blijft doen waarvoor hij is aangesteld: de juridische waarheid achterhalen. 'Het OM moet een open mind houden. OM'ers zijn geen verlengstuk van de opsporingsdienst, ze horen geen pure crimefighters te zijn', benadrukt Pieters.
Ook bij de politie wordt aan het voorkómen van tunnelvisie gewerkt, zegt Theo Derksen, programmamanager van het lectoraat Criminaliteitsbeheersing en Recherche aan de Politieacademie. En ook bij de politie is het organiseren van tegenspraak cruciaal. Derksen: 'Daar is een aparte training voor ontwikkeld. Je moet het rechercheproces goed kennen om de argumentatie achter beslissingen te kunnen doorgronden en de dilemma's te herkennen. Tegensprekers zijn daarom altijd ervaren rechercheurs.'
Om tunnnelvisie te voorkomen, zijn daarnaast nog twee andere dingen belangrijk, zegt Derksen. 'Ten eerste de psychologische en groepsdynamische processen in het politiewerk. Tunnelvisie dreigt wanneer de teamleiding opmerkingen negeert en wanneer bij de besluitvorming het investment principle een rol speelt: we hebben al zo veel geïnvesteerd in dit onderzoek, dat willen we doorzetten, koste wat het kost.'
Daarnaast moet er consequent aan hypothesevorming en scenariodenken worden gedaan, zegt Derksen. 'Je moet niet focussen op één mogelijke verdachte, maar alle mogelijkheden in kaart brengen.' Zelf heeft hij, met een analist, deze methode voor de eerste keer toegepast bij de moord op Louis Sévèke.

Afslag op rotonde
Scenario's bedenk je als er nog geen bewijsmateriaal is, geen verdachte en geen motief, zegt Derksen. Vervolgens wordt alle informatie die door onderzoek beschikbaar komt, in de verschillende scenario's gepast. Sommige worden sterker, andere vallen af. Derksen: 'Op een bepaald moment kun je besluiten je op één scenario te richten. Je neemt als het ware een afslag op de rotonde en gaat een bepaalde weg in. Als je goed vastlegt wanneer en waarom je dat doet, kun je later altijd weer op die afslag terugkomen als de weg doodlopend blijkt te zijn.'
Politiemensen willen verschrikkelijk graag een zaak oplossen, zegt Derksen. 'Soms wordt het zelfs een persoonlijke vendetta. Die drive werkt verkeerde besluiten in de hand, kijk maar naar de zaak-Lucia de B. Daar was de focus met-

een op De B., er is kennelijk nooit iemand anders in beeld geweest en er zijn ook nooit alternatieve scenario's bedacht.'
Het verhaast hem dan ook niets dat de Commissie Evaluatie Afgesloten Strafzaken adviseert in de zaak De B. zulke scenario's te ontwikkelen.
Het OM werkt aan 'verbeterprogramma's' sinds 2005. Toen verscheen het rapport van de Commissie Posthumus over de Schiedammer parkmoord, met daarin aanbevelingen om herhaling te voorkomen.
De Politieacademie besteedt sinds 2004 aandacht aan het voorkómen van tunnelvisie. 'We hebben tot 2012 de tijd gekregen om het licentiesysteem volledig binnen het OM door te voeren. Nu geldt al de regel dat alleen specifiek gekwalificeerde en opgeleide officieren van justitie een TGO, een team grootschalig onderzoek, mogen leiden', zegt Pieters.
Harrie Timmerman moet het allemaal nog zien. In zijn boek *Tegendraads*, dat begin december verschijnt, beschrijft hij enkele zaken waarbij hij zelf betrokken was. Hij laat zien hoe door gerechtelijke dwalingen en tunnelvisie de verkeerde achter de tralies kwam, of een zaak te snel werd opgegeven. Daarbij valt op dat met name leidinggevenden slecht tegen kritiek kunnen.
Timmerman: 'Gezichtsverlies lijden is ongeveer het ergste wat er is. Er verandert nu wel iets, mensen zijn zich ervan bewust dat er constant zaken misgaan. Maar wanneer je ziet dat iemand als ik ontslagen wordt als hij iets aan de kaak stelt, denk je wel drie keer na voordat je kritiek levert.'

Bron: *de Volkskrant*, 10 november 2007

Wat zijn de beweegredenen van de professionals die voorkomen in dit artikel?

In de volgende paragrafen vind je de termen (met uitleg) terug die je eerder bij de analyses van de bad practices bent tegengekomen. Er is omwille van de overzichtelijkheid een indeling gemaakt in aandachtspunten gericht op de persoon en de situatie en op de weergave in het verslag. De punten zijn echter niet zo gemakkelijk te scheiden; in de praktijk zullen ze door elkaar heen lopen en van invloed zijn op elkaar. Een reden des te meer om daar rekening mee te houden in je verslaggeving.
Je kunt met deze informatie bij de hand de openingscasussen nog eens doornemen, waardoor je in de verhalen van de hoofdpersonen gaat herkennen wat er goed en fout gaat in hun reflecties. Tevens is dit overzicht gemaakt om als checklist te gebruiken bij het schrijven van je reflecties. Lees je eigen verslagen kritisch door en toets ze aan deze criteria.

8.1 Aandachtspunten voor het verslag, gericht op de persoon en de situatie

In deze paragraaf concentreren de aandachtspunten zich vooral rond jezelf. Jij laat zien dat het jouw reflectieverslag is, jouw persoonlijke leerervaring. Daarvoor gebruik je een aantal middelen, die hierna zijn weergegeven.

8.1.1 Aandacht voor gevoelssignaal

Bewustwording van een betekenisvolle situatie

Betekenis van gevoelssignaal

Het gevoelssignaal is een belangrijk moment voor de bewustwording van een betekenisvolle situatie. Besteed daarom aandacht aan dit gevoelssignaal. Probeer te verwoorden wat je voelt of voelde en wat dat met jou deed. Door dit te benoemen sta je stil bij wat dit signaal kennelijk voor jou betekent.
Tevens leer je alert te zijn op een volgende keer dat dit signaal zich bij jou voordoet.
Wat er in reflecties regelmatig gebeurt, is dat dit signaal helemaal niet meer benoemd wordt, terwijl reflecteren op het eigen gedrag ook inhoudt dat je het aspect 'voelen' daarin betrekt. Vaak gaat het over het denken en het handelen (wat dacht ik en wat deed ik?). Het voelen wordt weggeredeneerd. Misschien heeft het ermee te maken dat de vraag 'Wat voel(de) je daarbij?', gemengde reacties oproept. Er wordt soms wat lacherig over gedaan en het etiket 'soft' is gauw geplakt (zie ook hoofdstuk 2). Het is ook een vraag waar geen exact antwoord op gegeven kan worden, het antwoord is altijd subjectief. In de Westerse cultuur heeft het denken, de ratio, meer aanzien. Wegredeneren is een heel gebruikelijke manier van omgaan met gevoelens. Zorg ervoor dat je in je reflecties alle aspecten uit tabel 3.1 (denken, voelen, willen en handelen) betrekt.

8.1.2 De ik-boodschap

Ik-vorm

Je-vorm

Personaliseren

Reflecteren doe je zelf en het gaat over jezelf. Spreek en schrijf daarom ook in de eerste persoon enkelvoud, de ik-vorm.
Je kent allemaal de interviews op televisie waarin aan de politicus of aan de sportman iets persoonlijks wordt gevraagd. Let eens goed op de reactie van de geïnterviewde persoon. Heel vaak geeft deze het antwoord in de tweede persoon enkelvoud, de je-vorm. Bijvoorbeeld:
Interviewer: 'Wat betekent dat voor u, dat u zoveel commentaar krijgt op uw beleid?'
Antwoord: 'Ja, het is natuurlijk zo dat je soms impopulaire maatregelen moet nemen, maar daar moet je als politicus tegen kunnen. Je moet soms hard zijn en je moet je niet uit het veld laten slaan.'
Naast het feit dat dit geen concreet of duidelijk antwoord is (geeft de geïnterviewde echt antwoord op de vraag?), spreekt de geïnterviewde in de jij-vorm. Hij personaliseert niet.
Het effect van spreken of schrijven in de jij-vorm is dat het besprokene verder van de hoofdpersoon af komt te staan. Over 'jij' praten lijkt minder eng dan over 'ik' praten. Spreek je in de ik-vorm, dan komt het onderwerp waarover gesproken wordt heel dichtbij. Je kunt daardoor geraakt worden. Bovendien gaat het dan echt over jou en je gedrag. Dat kan soms zelfs bedreigend aanvoelen. Toch zul je de ik-boodschap moeten gebruiken. Met het spreken in de ik-vorm neem je de verantwoordelijkheid voor je eigen gedrag. En bij reflecteren gaat het daar tenslotte om.

Bad practice
Vraag aan voetballer: 'Hoe vind je het dat je zondag op de reservebank zit?'
Antwoord: 'Ja, eh..., de trainer beslist en dan moet je dat opvolgen hè, of je dat nou leuk vindt of niet.'

Good practice
Vraag aan voetballer: 'Hoe vind je het dat je zondag op de reservebank zit?'
Antwoord: 'Ik vind het niet leuk. Ik had graag in de basis gestaan. Maar de trainer heeft dit besloten en dat besluit volg ik op.'

Robben wil weer gewoon ouderwets genieten

Robben glimlacht en antwoordt op de hem typerende wijze, in tweede persoon enkelvoud: 'Grappig. Dat is dan misschien positief. Je hebt een goede naam, ze weten wat je kan.' En dan: 'Ik hoop alleen dat ik eens een heel jaar kan spelen, dat ik het kan laten zien. Wat ik nodig heb, zijn wedstrijden. Veel wedstrijden achter elkaar.' ∎

Bron: *de Volkskrant*, 17 oktober 2007

8.1.3 Bewust zijn van eigen interpretaties

In de analyses van de *bad practices* zie je regelmatig dat de reflectie stellend en niet zoekend is. Dat slaat op de vasthoudendheid waarmee de ik-persoon hecht aan een beeld dat hij zich heeft gevormd over de situatie of over de personen die daarin een rol spelen. Hij stelt vast dat 'het zo is', zoals hij denkt of zegt. Dat is zijn waarheid. Kortom, het is zijn interpretatie van de werkelijkheid zoals die zich heeft voorgedaan. Die werkelijkheid kan voor de andere personen uit die situatie heel anders zijn. Wanneer je beseft, je bewust bent van het feit dat je interpreteert, dan open je de mogelijkheid om ook andere interpretaties te onderzoeken.
Ga dus niet blindelings uit van de eigen interpretatie als de enige waarheid.

Interpretatie van de werkelijkheid

8.1.4 Bij jezelf blijven

Reflecteren doe je zelf en het gaat over jezelf. Blijf dus ook bij jezelf! Het is heel verleidelijk om bij een situatiebeschrijving uitvoerig in te gaan op de rollen en gedragingen van de ander. Uiteraard moet je daar wel een beeld van schetsen zodat de context van de situatie voor de lezer duidelijk is, maar houd het daar dan ook bij. Je schrijft over het gedrag of de reactie van de ander in relatie tot je eigen gedrag. Dit vormt ook een onderdeel van het reflectieproces. Wanneer echter het gedrag van de ander een hoofdrol gaat spelen in jouw reflecties, dan leg je de focus verkeerd. Het gevaar bestaat dat je de verantwoordelijkheid voor je eigen gedrag bij de ander gaat neerleggen. En dat is niet de bedoeling van reflecteren. Je bent zelf verantwoordelijk voor het eigen gedrag. Hoe dit door gedrag van anderen is beïnvloed, kun je in je reflecties onderzoeken. Een voorbeeld hiervan lees je in de openingscasus van hoofdstuk 4, waar Arend Jan in de bad practice zijn pijlen richt op zijn opdrachtgevers en dus niet bij zichzelf blijft. In de good practice is hij bereid naar zijn eigen gedrag te kijken.

Focus op eigen gedrag

8.1.5 Zoeken

In de openingscasussen bij elk hoofdstuk in dit boek zie je dat in de good practices de ik-persoon aan het zoeken is naar de beweegredenen voor zijn of haar gedrag. Hij of zij stelt zichzelf vragen en probeert op die manier een situatie van diverse kanten te bekijken. De ik-persoon krijgt zo meer zicht op die beweegredenen.

Zoeken

Zoeken impliceert dat je iets wilt vinden. Je bent nieuwsgierig: 'Hoe komt het dat ik altijd zo heftig reageer wanneer Annemarie haar mening verkondigt?' Je wilt het antwoord vinden op deze, of talloze andere vragen. Het zoeken geeft je de ruimte om de zaak vanuit verschillende invalshoeken (gedachten, theorieën, referentiekaders) te bekijken. Je

Buiten eigen kaders kijken

durft buiten de grenzen van je eigen interpretatiekader te kijken. Je beeld wordt daarmee rijker, completer. Je houdt meer mogelijkheden open dan iemand die zich hecht aan een vaststaand beeld en die stelt: 'Zo is het, en niet anders!' Deze starheid blokkeert het zoeken en daarmee het leren. Er ontstaan geen nieuwe inzichten. De voorbeelden van deze stellende houding vind je in de bad practices van de openingscasussen.

Overigens houdt de zoekende houding niet in dat je maar eindeloos door moet gaan en dat er nooit een einde komt aan je zoektocht. Uiteraard moet je nieuwsgierig blijven, maar met het pleidooi voor zoeken wordt benadrukt, dat je het niet bij één optie houdt, maar dat je open-

Open staan

staat voor andere visies.

8.1.6 Verantwoordelijkheid nemen

Reflecteren is verantwoordelijkheid nemen. Je onderzoekt eigen gedrag om daarvan iets te leren voor de toekomst. Dan wil je het beter gaan doen. Je neemt hiermee de verantwoordelijkheid voor je eigen gedrag. Je durft onder ogen te zien, ook al is dat soms moeilijk, dat bepaald gedrag niet adequaat is. Of dat je nog niet bekwaam bent in de uitoefening van je taken. Door naar jezelf te kijken toon je ook een profes-

Professionele bekwaamheid

sionele bekwaamheid: je neemt verantwoordelijkheid en je wilt leren

Leren van ervaringen

van je ervaringen. Wanneer je dit niet doet en je de verantwoordelijkheid voor je gedrag buiten jezelf legt (bij een ander, bij de situatie of de omstandigheden) dan zul je daar last van gaan ondervinden. Het blijft namelijk niet onopgemerkt. Het is niet prettig voor collega's, medestudenten, leidinggevenden en anderen dat ze de rekening gepresenteerd krijgen van het gedrag dat jij vertoont of hebt vertoond. Uiteindelijk komt het dubbel zo hard op je eigen bord terecht. Dat kun je maar beter voor zijn, dus neem je verantwoordelijkheid!

8.1.7 Niet oordelen (over jezelf of de ander)

Het reflectieproces vraagt een open houding, waarin het zoeken centraal staat. In deze zoektocht confronteer je jezelf met je eigen referentieka-

Referentiekader

der, met je eigen waarden en normen. Het effect van jouw gedrag op de ander onderzoek je ook. De neiging bestaat om jouw persoonlijk handelen of dat van de ander in een betekenisvolle situatie te be- of veroorde-

Persoonlijke norm

len volgens jouw persoonlijke norm en daar het etiket goed of fout op te plakken. Wanneer je dit doet, sta dan stil bij de volgende drie dingen:

Open staan

- In de eerste plaats kan het gedrag volgens jouw persoonlijke norm 'goed' zijn, maar dat hoeft nog niet te betekenen dat dat voor anderen ook geldt. Sta dus open voor de normen of het referentiekader van de ander. Uiteraard geldt dat ook voor gedrag dat jij als 'fout' bestempelt. Voor een ander hoeft dit niet verkeerd te zijn. Dit betekent dat je, wanneer je reflecteert op een betekenisvolle situatie, in ogenschouw moet nemen dat er niet zoiets bestaat als 'de waarheid'. Je zoekt naar beweegredenen en door open te staan voor verschillende invalshoeken creëer je een totaalbeeld voor jezelf. Daaruit selecteer je welke beweegredenen jij hebt om je op een bepaalde manier te gedragen en bepaal je of je dat gedrag wilt handhaven of wijzigen.

Gedrag is niet de hele persoon

- In de tweede plaats: wanneer je een oordeel hebt over het gedrag van jezelf of van de ander, ben je gauw geneigd om dat de persoon als geheel aan te rekenen. In plaats van het *gedrag* waarover je oordeelt, plaats je jezelf of de ander als geheel in het hokje van goed of fout. Je vindt jezelf super, omdat jíj iemand geholpen hebt en hij niet, of je vindt jezelf een grote nul: 'Ik kan ook helemaal niks, bij mij mislukt altijd alles.' Hiermee doe je geen recht aan de persoon die je zelf bent. Het ligt vaak veel genuanceerder dan je denkt. Jij bent meer dan je gedrag! En dat geldt ook voor de ander.

Leerproces

- In de derde plaats: wanneer je oordeelt over de persoon als geheel (jezelf of de ander), dan belemmer je jouw leerproces. Je stelt immers dat de persoon ís zoals hij is en dan kun je je afvragen of verandering in gedrag of persoonlijke groei nog wel mogelijk is. Zoals je eerder hebt kunnen lezen: stellen is geen zoeken.

Zelfreflectie goed voor burgemeester

Van onze verslaggever

DEN HAAG — Burgemeesters hebben een grotere kans een crisis te overleven als zij over persoonlijke kwaliteiten en vaardigheden beschikken als het vermogen om kritisch naar hun eigen functioneren te kijken. Dat blijkt uit een onderzoek naar bestuurlijke crises rond burgemeesters in opdracht van minister Remkes van Binnenlandse Zaken.

Het onderzoek richtte zich op het gedwongen vertrek van burgemeesters in Nederlandse gemeenten in de periode 2000 tot en met 2005. In die periode zijn 36 'gevallen' burgemeesters getraceerd. Op een totaal van rond 460 burgemeesters vinden de onderzoekers, de hoogleraren A. Korsten en H. Aardema, dat aantal niet groot.

De onderzoekers wijzen erop dat burgemeesters steeds afhankelijker zijn geworden van het vertrouwen dat de gemeenteraad in hen stelt. Die accepteert van hen minder dan vroeger. In het algemeen zijn gemeenteraden kritischer geworden over het college van B en W en dus ook over burgemeesters. Die blijken goed in staat de steun van de gemeenteraad te verkrijgen en vast te houden, mits ze zich als bruggenbouwer opstellen.

Het moeilijkst is het voor burgemeesters in gemeenten die worden gekenmerkt door een optelsom van negatieve zaken als een instabiel college, een raad die veel kleine fracties telt en een negatieve bestuurscultuur. De onderzoekers verwachten dat bij gelijkblijvende omstandigheden het aantal burgemeesters dat tot opstappen gedwongen wordt, zal toenemen. De onderzoekers raden burgemeesters aan mogelijke problemen te voorkomen door erop te staan dat ze regelmatig functioneringsgesprekken met de raad voeren.

Gemeenteraden zouden moeten overwegen de sollicitatieprocedure voor een nieuwe burgemeester te verbeteren en commissarissen van de Koningin moeten meer aandacht besteden aan de positie van burgemeesters in hun provincie. ∎

Bron: *Noordhollands Dagblad*, 4 juli 2006

8.1.8 Diverse invalshoeken kiezen

Uit de voorgaande paragrafen en hoofdstukken komt al naar voren dat, hoewel reflecteren een persoonlijke aangelegenheid is en je je eigen gedrag onderzoekt, je niet in je eigen gedachtekringetje moet blijven ronddraaien. Je eigen interpretaties stel je ter discussie. Het is zaak om de betekenisvolle situatie vanuit verschillende invalshoeken te bekijken. Eerst doe je dat vanuit je eigen **referentiekader** en dat onderzoek je door open vragen aan jezelf te stellen. Je kunt ook de referentiekaders van anderen erbij betrekken (leren met en door medestudenten bijvoorbeeld): hoe kijkt een ander tegen deze situatie aan? Belangrijk is ook om te onderzoeken wat de **vakliteratuur** (wetenschappen en theorieën) en de ervaringen op het werk of in de lessen jou te bieden hebben om een bredere kijk op de betekenisvolle situatie te krijgen. Analyseer een situatie bijvoorbeeld eens vanuit de psychologische of de sociologische kant. Betrek de ethiek erbij.

Iemand die pas begint met het reflecteren heeft deze kaders nog niet paraat en moet daarin nog groeien. Hij zal vooral reflecteren op het gedrag vanuit het eigen referentiekader en met de aangeboden leerstof als basis. Er is echter altijd een bredere kijk mogelijk. Jezelf kritisch bevragen op je standpunten, jezelf op de hoogte houden van actuele ontwikkelingen binnen het vakgebied, het bijhouden van vakliteratuur en deelnemen aan scholing en vorming, ondersteunen die brede kijk en zijn daarom onontbeerlijk. Wees niet alleen nieuwsgierig, maar ook leergierig. Ook dit vormt een aspect van je professionele bekwaamheid.

8.2 Algemene aandachtspunten gericht op de weergave in het verslag

In deze paragraaf richten de aandachtspunten zich vooral op de manier waarop je de informatie weergeeft in het verslag, hoe jij je verwoordt. Je gebruikt ze om je eigen verslag te toetsen aan de criteria van helderheid en volledigheid. Begrijpt de ander wat je precies bedoelt? Heb je de theorie expliciet benoemd en aan de hand daarvan je gedrag geanalyseerd? De aandachtspunten uit de volgende subparagrafen altijd checken!

8.2.1 Concretiseren

Over concretiseren hebben we al iets gezegd in hoofdstuk 6. Concretiseren is **verder preciseren** van de informatie die je geeft of ontvangt. Wat vaag of onduidelijk is maak je helder.

In een mondelinge of schriftelijke reflectie geef je de informatie over de betekenisvolle situatie weer. De ander, de lezer van jouw verslag of de deelnemer aan je reflectiegroep, moet zich een precies beeld kunnen vormen van de situatie die jij schetst en alle facetten die bij je reflectie horen. Het is best lastig om die informatie te selecteren die de ander nodig heeft, omdat verschillende aspecten van de situatie of van je gedrag voor jou heel vanzelfsprekend zijn. Onthoud, dat dat voor de ander niet zo is! Wat voor jou helder, duidelijk en vanzelfsprekend is, is voor de ander misschien vaag en heel algemeen, of zelfs onbekend. Er ontstaat onduidelijkheid in de communicatie. Dit moet je voorkomen en dat betekent dat je de informatie zo concreet, zo precies en gedetailleerd mogelijk moet weergeven, met alle aspecten die daarbij horen, vanuit verschillende invalshoeken. Je kunt dat ook doen door een concreet voorbeeld te geven. Voorbeelden werken heel verhelderend. De ander kan ook om concretisering vragen door dóór te vragen op het onderwerp dat jij aansnijdt. Maar het is natuurlijk beter om zelf al concreet te zijn in je formuleringen. Je kunt jezelf hierin trainen. Vermijd vage begrippen of uitspraken als: veel, vaak, soms, later, wel eens, sommigen (mensen) zeggen, het gebeurt vaak dat, het ging goed, het was leuk, interessant enzovoort.

Interpretatiefouten

Wanneer je niet concreet bent, zal de ander jouw informatie op zijn eigen manier gaan interpreteren. Daardoor kunnen interpretatiefouten ontstaan. Een verkeerd begrip van de situatie of van je gedrag leidt dan tot reacties die niet aansluiten op de betekenisvolle situatie of de vraag die jij eigenlijk bedoelt!

Bad practice
Informatie in een sterkte-zwakteanalyse:
'In week drie gingen we oefenen met vragen stellen. Het ging niet zo goed. Ik moet het dus anders gaan doen. Ik heb er veel van geleerd, wat je wel en wat je niet moet doen.'

Good practice
Informatie in een sterkte-zwakteanalyse:
'In lesweek drie gingen we oefenen met het stellen van vragen binnen een functioneringsgesprek. Ik moest in een gesprek met een medestudent veel open vragen stellen. Dat lukte niet erg goed. Ik stelde vooral veel gesloten vragen en het effect was dat ik steeds heel korte antwoorden kreeg. Ik kreeg dus weinig informatie. Bovendien zat ik steeds heel hard na te denken welke volgende vraag ik zou stellen. Ik kon me daardoor niet goed concentreren op het onderwerp. Eigenlijk luisterde ik daardoor ook niet goed naar mijn medestudent. Volgende keer wil ik het anders doen. Ik ga dan mijn vragen beginnen met een vraagwoord.'

8.2.2 Expliciteren

Uitdrukkelijk formuleren

Expliciteren wil zeggen uitdrukkelijk formuleren. Wat niet gezegd of geschreven wordt, wordt niet besproken. Als je dus iets aan de orde wilt stellen, dan zul je die situatie expliciet moeten maken. In het geval van reflecteren is dit een betekenisvolle situatie, of een vraag die je jezelf stelt. Je formuleert uitdrukkelijk (schriftelijk of mondeling) de betreffende situatie of vraag. Hiermee plaats je deze buiten jezelf. Vanuit je hoofd (denken) komt de situatie op papier. Daardoor kun je de situatie van een afstand gaan beschouwen, als een casus.

Impliciete boodschap

Wanneer zaken niet expliciet benoemd worden, kunnen ze toch tussen de regels door gelezen worden. Dit noem je een impliciete boodschap. De betekenisvolle situatie, de kwestie of de vraag is dan sluimerend in het verhaal of in de tekst aanwezig. Onder de oppervlakte dus. Als lezer of toehoorder voel je aan dat er meer aan de hand is. Wanneer

Verkeerde interpretatie

de ik-persoon de boodschap impliciet laat, kan de ander een verkeerde interpretatie geven aan de informatie. Expliciet formuleren voorkomt deze miscommunicatie.

Expliciteren en concretiseren hebben veel met elkaar te maken. Je expliciteert ook door te concretiseren. Wat is nu het verschil tussen deze twee termen? Je kunt zeggen dat concretiseren verduidelijkt en omlijnt wat vaag geformuleerd is en dat expliciteren met nadruk benoemt wat niet gezegd is.

Bad practice

Jeffrey: 'Zullen we gaan eten in het nieuwe wokrestaurant?'
Simon: 'Nou, eh, ik heb pas al gewokt en ik heb eigenlijk niet zoveel tijd, het duurt altijd zo lang...'
Jeffrey: 'Ach man, kom op, wokken kan snel!'
Simon: 'Eigenlijk heb ik ook niet zo'n trek in wokgerechten.'

Good practice

Jeffrey: 'Zullen we gaan eten in het nieuwe wokrestaurant?'
Simon: 'Liever niet. Ik houd wel van wokken, maar ik weet dat mijn afdelingsmanager daar vanavond met zijn collega's zit en ik heb geen zin hem tegen het lijf te lopen.'

8.2.3 Nuanceren

Nuanceren

Nuanceren is een vaardigheid die verbonden is met het interpreteren en analyseren van het gedrag en de communicatie van mensen of van de situaties waarin zij zich bevinden. Nuanceren wil zeggen dat je een fijn onderscheid weet aan te brengen in de informatie. Je ontdekt en benoemt kleine, nauwelijks afwijkende verschillen. Je kent de term 'nuances' misschien uit de schilderkunst, waar één kleur talloze verschillende nuances kan hebben. Nuances geven een subtiel onderscheid aan. In het voorbeeld gaat het om het verschil in tint van dezelfde kleur. In de communicatie gaat het om het verschil in uitleg of interpretatie van de informatie, zie figuur 8.1.

Figuur 8.1 **Nuanceren: verfijnen van de boodschap**

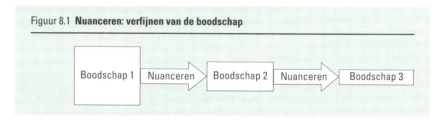

Van algemeen naar specifiek

In het model zie je dat een boodschap genuanceerder wordt. De eerste boodschap die je afgeeft is algemeen. Er zitten verschillende delen aan informatie in. De ontvanger van de boodschap kan deze op verschillende wijze interpreteren. Wanneer je de boodschap nuanceert, wordt de informatie specifieker ten opzichte van de eerste boodschap. Je kunt de informatie nog verder verfijnen, zodat de boodschap steeds preciezer wordt en steeds gedetailleerder. Uiteindelijk blijft een genuanceerde boodschap over.

Een simpel voorbeeld:
Boodschap 1: Ik houd erg van feesten.
Boodschap 2: Ik houd erg van dansfeesten.
Boodschap 3: Ik houd erg van salsa-dansfeesten.

Het nuanceren kun je uit jezelf doen maar heel vaak is het binnen de communicatie de ander die om verfijning vraagt, bijvoorbeeld bij de nuancering van een standpunt.
In de schriftelijke verslaglegging is het belangrijk dat je de boodschap die je wilt overbrengen ook genuanceerd overbrengt, zodat de lezer weet wat jij precies bedoelt. Breng je de boodschap te algemeen, dan gaat de lezer jouw informatie interpreteren en die interpretatie hoeft niet overeen te komen met jouw werkelijkheid. Daardoor kunnen misverstanden ontstaan.

Verfijnde kijk op de situatie
Verbanden leggen

Nuanceren leidt tot een meer verfijnde kijk op de situatie. Bovendien geeft de specifiekere informatie de mogelijkheid om verbanden te leggen die aanvankelijk niet zichtbaar waren omdat de informatie te globaal was. De analyse van een situatie zal doeltreffender zijn, naarmate de beschikbare informatie genuanceerder is (Groen e.a., 2006).

8.2.4 Structureren

Met alle informatie die je in de voorgaande subparagrafen gekregen hebt, vraag je je wellicht af hoe je dat allemaal in een verslag verwerkt. Houd voor ogen dat je geen ellenlang epistel schrijft zonder kop of staart. Daar heeft niemand iets aan. Een innerlijke zoektocht is uitstekend, maar niemand verwacht van je dat die op papier ook zo lang is als de Odyssee.
Je hebt in hoofdstuk 7 voorbeelden gekregen van fragmenten uit enkele verslagvormen (voorbeeld 7.1 tot en met 7.4). Wat daarin opvalt is de structuur, zowel de innerlijke (de rode draad in het verhaal) als de uiterlijke structuur (de indeling en kopjes). Zorg ervoor dat je verslag voor de lezer goed te volgen is. Wanneer je een bladzijde volschrijft met alle gedachten die je hebt over een bepaalde situatie, vrij associërend op papier gezet, dan zal de lezer zich afvragen waar de tekst heen leidt. Breng daarom voor jezelf en voor de lezer structuur in je verslag. Je dwingt jezelf de informatie te ordenen en dit helpt je om je gedachten te formuleren.

Innerlijke structuur
Uiterlijke structuur

Informatie ordenen

Richtlijnen voor structuur in je verslag zijn niet vaststaand, dat kan per opdracht verschillen. Een mogelijkheid is om de structuur te hanteren die in de voorbeeldverslagen is aangehouden en die gebaseerd is op fasen van de reflectiespiraal:
- theoretisch kader: vanuit bestudeerde literatuur of de lesstof;
- eigen ervaring (gedrag in betekenisvolle situatie) in (beroeps)context;
- eventueel: voorbeelden van vergelijkbaar gedrag in andere situaties;
- analyse;
- conclusie;
- handelingsalternatieven (eventueel te benoemen als leerdoelen/nog te verwerven kwalificaties).

Het is raadzaam om aan het eind van het verslag een kort overzicht te maken van beschreven leerdoelen en behaalde of nog te verwerven vakbekwaamheden. Een SMART-formulering (zie hoofdstuk 7) is daarbij raadzaam.

8.2.5 Koppeling maken tussen ervaring en beroepseisen en/of behandelde leerstof (uit lessen en/of theorie)

Expliciet verband benoemen

Het zou vanzelfsprekend voor je moeten zijn, maar toch benoemen we het expliciet als aandachtspunt: maak een koppeling tussen de behandelde leerstof (vaardigheid en theorie) en jouw ervaring (betekenisvolle situatie). Voor de beroepsbeoefenaar: maak een koppeling tussen de beroepseisen/theorie over het beroep en de ervaring in het werk. Een koppeling maken wil zeggen dat je expliciet benoemt welk verband er bestaat tussen jouw ervaring en de theorie en/of geoefende vaardigheden of beroepseisen. Dit verband onderzoek je en leg je binnen je analyse. Toch gebeurt het regelmatig dat degene die het verslag schrijft ervan uitgaat dat de lezer (meestal de docent) wel begrijpt wat de schrijver bedoelt. De theorie/leerstof is immers besproken en behandeld, dus beide partijen weten waarover het gaat. Maar dat is nu juist de valkuil! Jíj moet aantonen dat jij de leerstof begrijpt en dat je een verband kunt leggen met eigen gedrag en handelen. Wanneer je dit niet expliciteert en het verband tussen leerstof en jouw ervaring in een reflectie dus impliciet blijft, dan toon je onvoldoende aan dat je in staat bent te reflecteren. Je moet de verbanden dus expliciet aantonen.

8.2.6 Meer dan beschrijven alleen: jezelf centraal stellen

Diepgang

Met alle tips die je in de voorgaande subparagrafen leest, lukt het je vast om je eerste reflectieverslag met enige diepgang te schrijven. Het woord diepgang wordt benadrukt; reflecteren gaat gepaard met zoeken en verdieping in eigen handelen en theorie. Reflecteren is bij uitstek geen oppervlakkige aangelegenheid. Laat dit in je reflectieverslagen ook zien!

De valkuil die in veel eerste reflectieverslagen voorkomt, is dat de student alleen maar beschrijft wat er is gebeurd, bijvoorbeeld in de les. Op zich is een korte beschrijving goed, dan betreft het de context, maar als het daar alleen bij blijft, dan wordt het reflectieverslag oppervlakkig en zeker geen persoonlijk leerverslag. Dan ontbreek jij als hoofdpersoon. Je kunt dit beschrijven vergelijken met de term 'meemaken' van Siegers (zie subparagraaf 3.2.2 over betekenisgeving in hoofdstuk 3); je staat erbij en kijkt ernaar, maar je doorleeft het niet echt, je ervaart het niet. Je maakt het je niet eigen.

Door een goed reflectieverslag te maken, leer je jezelf kennen. Door een goed reflectieverslag te lezen, leert de docent (of de ander) jou als persoon en als (toekomstig) beroepsbeoefenaar kennen. Je toont werkelijk een leerproces aan. Stel jezelf met je gedrag dus centraal in je verslag.

8.2.7 Handelingsalternatieven of leerdoelen SMART formuleren

Over SMART formuleren lees je in hoofdstuk 7. Als je in je reflectieverslag de cirkel rond maakt door naar aanleiding van een betekenisvolle situatie de reflectiespiraal te doorlopen, zul je via het formuleren van handelingsalternatieven of het vaststellen van leerdoelen (dit zijn je voornemens) uitkomen bij het uitproberen of opnieuw ervaren (dit zijn je acties: fasen 5 en 1 van de reflectiespiraal). Formuleer deze acties SMART, zodat je naderhand ook goed de taak kunt evalueren én opnieuw kunt reflecteren op het gedrag dat je hebt vertoond of bij jezelf hebt waargenomen. Door gerichte acties vast te stellen breng je jezelf ook in ontwikkeling.

Samenvatting

Reflecteren is een persoonlijke aangelegenheid, die je tegelijkertijd door middel van mondelinge en schriftelijke weergave deelt met medestudenten, docenten en/of collega's. Je legt verantwoording af van je (professioneel) handelen. De weergave moet helder zijn en niets te raden overlaten. Het is méér dan een oppervlakkige beschrijving van wat je hebt meegemaakt. Je stelt jezelf met je gevoel centraal en je houdt de reflectie ook bij jezelf als je het over je eigen denken, handelen en willen hebt. Daarvoor gebruik je onder andere de ik-boodschap. Daarnaast geef je de betekenisvolle situatie en jouw gedrag daarin zo concreet en expliciet mogelijk weer en je probeert vanuit verschillende invalshoeken naar de situatie te kijken. Je bent in staat je eigen interpretaties te onderscheiden. Voor de weergave van je reflectie en de analyse van je eigen gedrag maak je gebruik van het aangereikte kader: de beroepscontext en/of de aangeboden leerstof, zowel vaardigheden als theorie. Deze kunnen tegelijkertijd als uitgangspunt dienen voor het structureren van je verslag. Tot slot geef je je leerdoelen of handelingsalternatieven op een SMARTe wijze weer.

Opdrachten

8.1 Gevoelssignaal, ik-boodschap en bij jezelf blijven
Stap 1 Schrijf een reflectieverslag volgens de richtlijnen van de opleiding, of neem een (logboek)verslag ter hand dat je recent geschreven hebt.
Stap 2 Check je verslag op de volgende onderdelen:
- Waar in de tekst heb je je gevoelssignaal/je gevoel weergegeven?
- Hoe vaak gebruik je de ik-boodschap en de jij-boodschap?
- Waar in de tekst heb je het vooral over het gedrag van de ander?

Stap 3 Pas je tekst eventueel op de andere onderdelen uit stap 2 aan, conform de richtlijnen uit hoofdstuk 8.

8.2 Interpretaties/aannames ontdekken
Stap 1 Neem een recent geschreven reflectieverslag ter hand.
Stap 2 Neem met een collega/medestudent jullie verslagen door en bevraag elkaar kritisch op mogelijke interpretaties en/of aannames in het verslag.

8.3 SMART formuleren
Stap 1 Selecteer de betekenisvolle situatie.
Stap 2 Doorloop aan de hand hiervan de reflectiespiraal.
Stap 3 Zet de handelingsalternatieven uit fase 4 om in concrete acties.
Stap 4 Zet de concrete acties uiteen in een SMART-formulering.
Stap 5 Bespreek met een medestudent of collega of de acties door jou voldoende SMART zijn geformuleerd. Motiveer waarom wel of waarom niet.

8.4 Tegenspraak organiseren
Stap 1 Lees het artikel uit de openingscasus aandachtig door.
Stap 2 Met welke dilemma's krijgen politie- en justitieambtenaren te maken in hun praktijk?
Stap 3 Verplaats jezelf in een van de politieambtenaren of justitiemedewerkers uit het artikel.
Stap 4 Welk dilemma is voor jou lastig om mee om te gaan?
Stap 5 Vertaal jouw keuze naar je eigen beroepspraktijk: hoe kom je dit dilemma tegen in je werkuitvoering?
Stap 6 Hoe ga je hiermee om?
Stap 7 Wat zou je in dit kader het liefst willen (bereiken)?

Literatuuropgave

Alblas, G., Wijsman, E. (2005). *Gedrag in organisaties.* Groningen/Houten: Wolters-Noordhoff.
Arets, J., Heijnen, V. & Ortmans, L. (2004). *Werkboek POP. Communicatie en reflectie.* Den Haag: Academic Service.
Banning, H. (2000). *Supervisie in postmodern perspectief. Kwaliteitsontwikkeling en reflectie.* Baarn: Nelissen.
Benammar, K. e.a. (2005). *Eindrapport kenniskring reflectie op het handelen.* Amsterdam: Hogeschool van Amsterdam. Website: www.reflectietools.nl.
Benammar, K. e.a. (2006). *Reflectietools.* Den Haag: Lemma.
Bersselaar, V. van den (2004). *De casus als basis. Theorie en methode bij leren van casuïstiek.* Soest: Nelissen.
Bie, D. de & Kleijn, J. de (2001). *Wat gaan we doen? Het construeren en beoordelen van opdrachten. Praktijkboek bij Onderwijs als opdracht.* Houten: Bohn Stafleu Van Loghum.
Block, P. (2001). *Feilloos adviseren.* Den Haag: Academic Service.
Bolhuis, S. (2004). *Leren en veranderen bij volwassenen. Een nieuwe benadering.* Bussum: Coutinho.
Bor, J. & Petersma, E. (2004). *De verbeelding van het denken.* Amsterdam: Contact.
Buit, G. & Moei, J. de (2000). *Professionele houding in de hulpverlening.* Baarn: Nelissen.
Donkers, G. (2003). *Zelfregulatie. Een contextueel sturingsconcept van sociale interventie.* Houten/Antwerpen: Bohn Stafleu Van Loghum.
Elshout-Mohr, M. & Bijtel, J. van den (1994). *Reflecteren, een nuttige ambachtelijke vaardigheid.* Amsterdam: SCO-Kohnstamm Instituut.
Fonderie-Tierie, L. & Hendriksen, J. (1998). *Begeleiden van docenten. Reflectie als basis voor professionele ontwikkeling in het onderwijs.* Baarn: H. Nelissen.
Geerligs, T. & Veen, T. van der (1996). *Lesgeven en zelfstandig leren.* Assen: Van Gorcum.
Gerrickens, P. (2000). *Kwaliteitenspel.* Den Bosch: Gerrickens Training en Advies.
Gramsbergen-Hoogland, Y.H. & Molen, H.T. van der (2003). *Gesprekken in organisaties.* Groningen/Houten: Wolters-Noordhoff.
Groen, M. (2006). *Reflecteren: de basis. Op weg naar bewust en bekwaam handelen.* Groningen/Houten: Wolters-Noordhoff.
Groen, M., Jongman, H. & Meggelen, A. van (2006). *Praktijkgerichte Sociale Vaardigheden.* Groningen/Houten: Wolters-Noordhoff.
Haasse, H. (1968). *Zelfportret als legkaart.* Amsterdam: De Bezige Bij.
Hendriksen, J. (2005). *Cirkelen rond Kolb. Begeleiden van leerprocessen.* Soest: Nelissen.
Heyman, Th. (1996). *Kwaliteit van het maatschappelijk werk.* Houten/Diegem: Bohn Stafleu Van Loghum.
Hogerhuis, M. & Oorschot, M. van (2007). *Alle gedrag is communicatie. Wat we doen is niet normaal.* Amsterdam: SWP.
Hoppe, R., Jeliazkova, M., Graaf, H. van de & Grin, J. (2001). *Beleidsnota's die (door)werken. Handleiding voor een geslaagde beleidsvoorbereiding.* Bussum: Coutinho.

Jagt, N., Leufkens, N. & Rombout, T. (2000). *Supervisie praktisch gezien, kritisch bekeken.* Houten/Diegem: Bohn Stafleu Van Loghum.
Jens, L.F. (1972). *Beroepsethiek en code van de maatschappelijk werker.* Deventer: Van Loghum Slaterus.
Kamphuis, M. (1953). *Helpen als ambacht.* Baarn: Bosch & Keuning.
Klaase, F. (2003). *Beroepsethiek voor Maatschappelijk Werk en Dienstverlening.* Baarn: HBuitgevers.
Kohnstamm, R. (2002). *Kleine ontwikkelingspsychologie, deel III. De Adolescentie.* Houten: Bohn Stafleu Van Loghum.
Korthagen, F., Koster, B., Melief, K. & Tigchelaar, A. (2003). *Docenten leren reflecteren. Systematische reflectie in de opleiding en begeleiding van leraren.* Soest: Nelissen.
Kotter, J.P. (2003). *Leiderschap bij verandering.* Schoonhoven: Academic Service.
Laan, G. van der (1995). *Leren van gevallen. Over het nut van de reconstructie van casuïstiek voor praktijk en wetenschap. Inaugurele rede Universiteit Utrecht.* Utrecht: SWP.
Lakerveld, A. van & Tijmes, I. (2004). *Visies op supervisie. Reflecties op de praktijk.* Soest: Nelissen.
Lang, G. & Molen, H.T. van der (2000). *Psychologische gespreksvoering. Een basis voor hulpverlening.* Baarn: Nelissen.
Lindeboom, M. & Peters, J.J. (1989). *Didactiek voor opleiders in organisaties.* Deventer: Van Loghum Slaterus.
Lingsma, M., Mackay, A. & Schelvis, G. (2003). *De docent competent.* Soest: Nelissen.
Meer, K. van, Neijenhof, J. van & Bouwens, M. (2004). *Elementaire sociale vaardigheden.* Houten/Diegem: Bohn Stafleu Van Loghum.
Meer, W. de & Rombout, T. (2005). *Intervisie. Een wegwijzer.* Houten: Bohn Stafleu Van Loghum.
Melief, K., Tigchelaar, A., Korthagen, F. & Koster, B. (2004). *Leren van lesgeven.* Soest: Nelissen.
Merkies, Q.L. (red.) (2000). *Reflecteren door professionele begeleiders.* Leuven, Apeldoorn: Garant.
Nederlandse Vereniging van Archeologen (2001). *Ethische principes en Gedragsregels voor Nederlandse Archeologen.*
Nijenhuis, H. (2002). *De lerende professie. Hoofdlijnen van het maatschappelijk werk.* Amsterdam: SWP.
Ofman, D. (2006). *Bezieling en kwaliteit in organisaties.* Utrecht: Servire.
Ofman, D. & Weck, van der-Capitein, R. (2007). *De kernkwaliteiten van het enneagram.* Scriptum Management.
Oudenhoven, J.P. van (2006). *Sociale vaardigheden voor leidinggevenden.* Bussum: Coutinho.
Oudenhoven, J.P. van & Giebels, E. (2004). *Groepen aan het werk.* Groningen: Wolters Noordhoff.
Raad voor de Journalistiek (2007). *Leidraad.*
Regouin, W. (2001). *Supervisie. Gids voor supervisanten.* Hbo-reeks 'Gezondheidszorg en Welzijn'. Assen: Koninklijke Van Gorcum.
Remmerswaal, J. (2003). *Handboek Groepsdynamica. Een nieuwe inleiding op theorie en praktijk.* Soest: Nelissen.
Reijen, M. van (1999). *Filosofie en hulpverlening. Wijsgerige kernbegrippen.* Baarn: Nelissen.
Rigter, J. (2003). *Het Palet van de Psychologie. Stromingen en hun toepassingen in de hulpverlening.* Bussum: Coutinho.

Schön, D.A. (1983). *The reflective practitioner: how professionals think in action.* New York: Basic Books.

Schulz von Thun, F. (2003). *Hoe bedoelt u?* Groningen/Houten: Wolters-Noordhoff.

Siegers, F. (2002). *Handboek supervisiekunde.* Houten/Mechelen: Bohn Stafleu Van Loghum.

Siegers, F. & Haan, D. (1988). *Handboek supervisie.* Alphen a/d Rijn: Samsom.

Sitskoorn, M. (2006). *Het maakbare brein Gebruik je hersenen en word wie je wilt zijn.* Amsterdam: Bert Bakker.

Snellen, A. (2000). *Basismodel voor methodisch hulpverlenen in het maatschappelijk werk.* Bussum: Coutinho.

Sterkenburg, P.G.J. van (1996). *Van Dale Handwoordenboek Hedendaags Nederlands.* Utrecht/Antwerpen: Van Dale Lexicografie bv.

Stoop, G. (2004). *Leren van casuïstiek. Methodiek beschrijven en methodisch reflecteren met het programma CASCADE voor HBO-studenten in het domein Social Work.* Soest: Nelissen.

Thuis, P. (2003). *Toegepaste organisatiekunde.* Groningen/Houten: Wolters-Noordhoff.

Tiggelaar, B. (2007). *Dromen, durven, doen. Het managen van de lastigste persoon op aarde: jezelf.* Utrecht: Spectrum.

Timmer, S. (red.) (1998). *Tijd voor ethiek. Handreikingen voor ethische vragen in de praktijk van maatschappelijk werkers.* Bussum: Coutinho.

TNO rapport (2006). Gijsbers, ir. F.B.J. e.a. *Parkeergarage Bos en Lommerplein Amsterdam.*

Unen, Ch. van (2003). *De Professionals. Hulpverleners tussen kwetsbaarheid en beheersing.* Delft: Eburon.

Vermunt, J. (1997). *Leerstijlen en sturen van leerprocessen in het hoger onderwijs.* Amsterdam: Swets en Zeitlinger.

Visser, W. (2002). *Leren organiseren. Samenwerken, managen en coachen.* Bussum: Coutinho.

Vonk, R. (red.) (2004). *Sociale psychologie.* Groningen/Houten: Wolters-Noordhoff.

Vries-Geervliet, L. de (2004). *Samen werken.* Soest: Nelissen.

Vries-Geervliet, L. de (2002). *Voorbereiden op supervisie.* Soest: Nelissen.

Vries-Geervliet, L. de (1998). *Weet wat je doet.* Baarn: Nelissen.

VROM inspectie (2006). *Vergunningverlening en Toezicht Bos en Lommerplein.*

Wit, J. de, Veer, G. van der & Slot, N.W. (2004). *Psychologie van de adolescentie Ontwikkeling en hulpverlening.* Baarn: HBuitgevers.

Wijnberg, J., Kratochvil, T. (2003). *Wat je denkt, dat ben je zelf. Introductie tot assertief denken en doen.* Soest: Nelissen.

Wijsman, E. (2005). *Psychologie & sociologie.* Groningen: Wolters-Noordhoff.

Zier, H. (1988). *Voor het eerst supervisie.* Groningen: Wolters-Noordhoff.

Websites

www.123test.nl
www.atriummc.nl
www.carrieretijger.nl
www.extent.nl
www.hbo-raad.nl
www.integriteitoverheid.nl
www.knmp.nl (pharmacie)
www.leren.nl
www.maatschappelijkverantwoordondernemen.nl
www.managementweek.nl
www.nbtg.nl (doofblindentolken)
www.nvva.info (archeologen)
www.overheid.nl
www.reflectietools.nl
www.revalidatieinkopersnederland.nl (inkopers)
www.rsmstar.nl
www.rvdj.nl (journalistiek)
www.vk.nl (de volkskrant)
www.vrom.nl

Bijlage 1 **Hbo-kwalificaties**

De generieke kernkwalificaties voor de hbo-bachelor:
- Brede professionalisering: wil zeggen dat de student aantoonbaar wordt toegerust met actuele kennis die aansluit bij recente (wetenschappelijke) kennis, inzichten, concepten en onderzoeksresultaten, alsmede aan de in het beroepsprofiel geschetste (internationale) ontwikkelingen in het beroepenveld, teneinde zich te kwalificeren voor:
  - het zelfstandig kunnen uitvoeren van de taken van een beginnend beroepsbeoefenaar;
  - het functioneren binnen een arbeidsorganisatie;
  - de verdere professionalisering van de eigen beroepsuitoefening c.q. het beroep.
- Multidisciplinaire integratie: de integratie van kennis, inzichten, houdingen en vaardigheden (van verschillende vakinhoudelijke disciplines), vanuit het perspectief van het beroepsmatig handelen.
- (Wetenschappelijke) toepassing: de toepassing van beschikbare relevante (wetenschappelijke) inzichten, theorieën, concepten en onderzoeksresultaten bij vraagstukken waar afgestudeerden in hun beroepsuitoefening mee geconfronteerd worden.
- Transfer en brede inzetbaarheid: de toepassing van kennis, inzichten en vaardigheden in uiteenlopende beroepssituaties.
- Creativiteit en complexiteit in handelen: vraagstukken in de beroepspraktijk, waarvan het probleem op voorhand niet duidelijk is omschreven en waarop de standaardprocedures niet van toepassing zijn.
- Probleemgericht werken: het zelfstandig definiëren en analyseren van complexe probleemsituaties in de beroepspraktijk op basis van relevante kennis en (theoretische) inzichten, het ontwikkelen en toepassen van zinvolle (nieuwe) oplossingsstrategieën en het beoordelen van de effectiviteit hiervan.
- Methodisch en reflectief denken en handelen: het stellen van realistische doelen, het plannen c.q. planmatig aanpakken van werkzaamheden en het reflecteren op het (beroepsmatig) handelen, op basis van het verzamelen en analyseren van relevante informatie.
- Sociaalcommunicatieve bekwaamheid: het communiceren en samenwerken met anderen in een multiculturele, internationale en/of multidisciplinaire omgeving en het voldoen aan de eisen die het participeren in een arbeidsorganisatie stelt.
- Basiskwalificering voor managementfuncties: het uitvoeren van eenvoudige leidinggevende en managementtaken.
- Besef van maatschappelijke verantwoordelijkheid: begrip en betrokkenheid zijn ontwikkeld met betrekking tot ethische, normatieve en maatschappelijke vragen samenhangend met de toepassing van kennis en de (toekomstige) beroepspraktijk.

Bijlage 2   **Leerstijlentest Kolb**

Werkwijze
Je kent een rangorde toe aan de woorden die hierna op een horizontale regel zijn geplaatst. Het woord dat het beste aansluit bij jouw wijze van leren geef je de hoogste score (een 4), het woord dat het minste aansluit geef je een 1. Die keuze zal niet altijd even makkelijk zijn omdat de begrippen soms sterk van elkaar verschillen. Denk niet te lang na, bepaal je keuze en maak de test in een vlot tempo.
Je keuze wordt steeds bepaald door je persoonlijke voorkeur.

Invulling
Geef hierna binnen elke set van vier woorden (horizontaal gezien) een rangorde aan, als volgt:
- Zet een 4 voor het woord dat het best je stijl karakteriseert.
- Zet een 3 voor het woord dat daarna het beste je stijl weergeeft.
- Zet een 2 voor het woord dat je daarna weer aanspreekt.
- Zet een 1 voor het woord dat het minst bij je past.

Geef een verschillende waardering voor ieder van de vier woorden in de set, maak geen dubbele keuzes.

	Kolom 1	Kolom 2	Kolom 3	Kolom 4
1	Onderscheidend	Zoekend	Betrokken	Praktisch
2	Receptief	Relevant	Analytisch	Onpartijdig
3	Gevoelsmatig	Toekijkend	Denkend	Al doende
4	Accepterend	Risiconemend	Evaluatief	Bewust
5	Intuïtief	Productief	Logisch	Bevragend
6	Abstract	Observerend	Concreet	Actief
7	Georiënteerd op het heden	Reflecterend	Toekomstgericht	Pragmatisch
8	Ervaring	Observatie	Conceptualiseren	Experimenteren
9	Intens	Gereserveerd	Rationeel	Verantwoordelijk

Score
Tel van de eerste kolom de cijfers op bij de woorden 2-3-4-5-7-8 en kruis dat getal aan op de dimensie concrete ervaringen.
Tel van de tweede kolom de cijfers op bij de woorden 1-3-6-7-8-9 en kruis dat getal aan op de dimensie reflectie en observatie.
Tel van de derde kolom de cijfers op bij de woorden 2-3-4-5-8-9 en kruis dat getal aan bij abstracte conceptualisering.
Tel van de vierde kolom de cijfers op bij de woorden 1-3-6-7-8-9 en kruis dat getal aan bij de dimensie actief experimenteren.
Trek lijnen tussen de vier punten. Het kwadrant dat de meeste ruimte inneemt staat voor je voorkeurstijl van leren.

Figuur 1 **Leerstijlprofiel volgens Kolb**

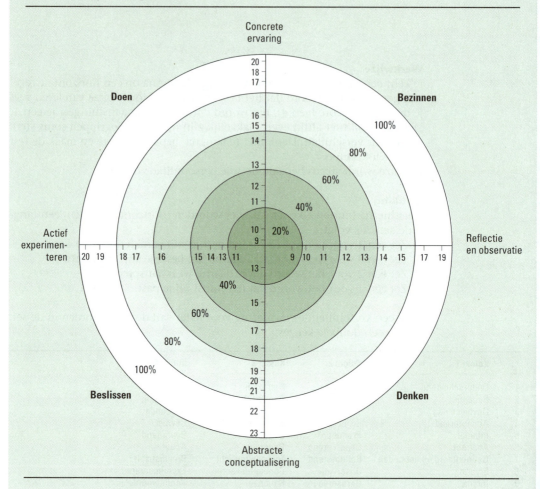

Overzicht van leerkenmerken

Iemand die in het kwadrant tussen concreet ervaren en reflexief observeren uitkomt met zijn hoogste score voor de test, heeft daar het zwaartepunt van zijn leerstijl. Zo iemand wordt een *bezinner* genoemd. De andere leerstijlen typeert Kolb met *denker*, *beslisser* en *doener*. Op basis van zijn onderzoek is hij tot de volgende eigenschappen per leerstijl gekomen.

De doener (tussen actief experimenteren en concreet ervaren)
Doener zijn *accommodators* omdat zij uitblinken in het zich onmiddellijk aanpassen aan nieuwe situaties. Zij hebben de volgende kenmerken:
- uitvoeren van plannen en experimenten;
- experimenteren met nieuwe dingen;
- risico's nemen;
- excelleren in nieuwe situaties;
- makkelijk omgaan met mensen;

- zijn soms ongeduldig en dwingerig;
- negeren plannen en feiten.

De bezinner (tussen concreet ervaren en reflexief observeren)
Kolb noemt deze leerstijl de stijl van de *divergers* omdat deze mensen uitblinken in het genereren van ideeën. Zij hebben de volgende kenmerken:
- bezitten verbeeldingskracht;
- ontwikkelen verscheidene perspectieven in concrete situaties;
- genereren ideeën bijvoorbeeld door middel van brainstorming;
- zijn geïnteresseerd in mensen;
- zijn emotioneel van aard;
- zijn cultureel geïnteresseerd.

De denker (tussen reflexief observeren en abstract conceptualiseren)
Denkers zijn *assimilators* omdat zij uitblinken in het integreren van uiteenlopende observaties. Zij hebben de volgende kenmerken:
- redeneren logisch;
- vinden het belangrijk dat theorie logisch is en nauwkeurig;
- verwerken verschillende observaties in een geïntegreerde uitleg;
- zijn gericht op abstracte begrippen en concepten;
- zijn minder gericht op praktisch gebruik van de theorie;
- zijn minder gericht op mensen.

De beslisser (tussen abstract conceptualiseren en actief experimenteren)
Dit zijn *convergers* omdat zij uitblinken in situaties waar één antwoord voor de oplossing nodig is om de kwestie op te lossen. Zij hebben de volgende kenmerken:
- vertalen ideeën praktisch;
- zijn gericht op eenduidige, enkelvoudige antwoorden;
- zijn gericht op één oplossing voor één probleem;
- richten door redeneren hun kennis op een specifiek probleem;
- zijn relatief weinig geëmotioneerd;
- regelen liever zaken zonder mensen dan met mensen.

Verwerking testuitslag
Als je de test gemaakt hebt, kun je hem op de volgende wijze lezen:
- Kijk naar de tekening die ontstaat als je de vier punten die je ingevuld hebt op de assen met elkaar verbindt. Er ontstaat een vliegerachtige figuur, of een soort zeil van een zeilboot. Als je met de becijfering buiten de cirkel terechtkomt, heb je waarschijnlijk verkeerd opgeteld.
- Daar waar je in een of meer kwadranten de meeste ruimte inneemt, ligt je voorkeurleerstijl. Dat kunnen er ook twee zijn, die dicht bij elkaar liggen. De tekening kan ook een vrijwel gelijkzijdige ruit zijn, met in ieder kwadrant een ongeveer even grote score. Je kunt dan met alle leerstijlen goed meekomen en heb je geen uitgesproken leerstijl. Deze laatste ruitvorm wordt ook wel eens onterecht geïnterpreteerd als de optimaal geïntegreerde leerstijl (de beste uitslag van de test). Daar is echter geen enkele aanwijzing voor.
- Vergelijk je voorkeurstijl ook met de eigenschappen die per stijl beschreven zijn (overzicht leerkenmerken).
- Hoe de figuur ook uitvalt: er is nooit sprake van goed of fout. Het is slechts een indicatie van jouw leerstijl. Niet meer en niet minder. Al denkend over je manier van leren kun je wel zeggen: hier zit mijn valkuil bij het leren, daar mijn uitdaging.

Figuur 2 De complete leercyclus van Kolb

Accommoderende leerstijl
- gericht op:
  - acties, doen
  - het nemen van risico's
  - stellen van (eigen) doelen
  - maken van eigen programma
- past zich goed aan aan nieuwe situaties
- vooral op mensen gericht
- brede praktische interesse
- is intuïtief en leert door te proberen
- krijgt veel gedaan

leervormen:
- ontwikkelingsleren door expirimenteren (toetsen)
- ervaringsleren

voorkeur voor:
- ongestructureerde trainingsvormen
- experimenteren
- simulaties
- praktijkopdrachten

Divergerende leerstijl
- gericht op:
  - mensen en menselijke processen
  - beschouwingen en verbeelding
  - hier-en-nu-ervaring
  - bekijkt problemen van alle kanten
- heeft vaak nieuwe ideeën
- verbeeldingskracht
- komt soms moeilijk tot beslissen
- sociaal en cultureel geïnteresseerd
- behoefte aan klimaat waarin menselijke uitingen mogelijk zijn

leervormen:
- belevingsleren (gevoelsmatig)
- ervaringsleren

voorkeur voor:
- rollenspel
- groepsdiscussie
- videobespreking

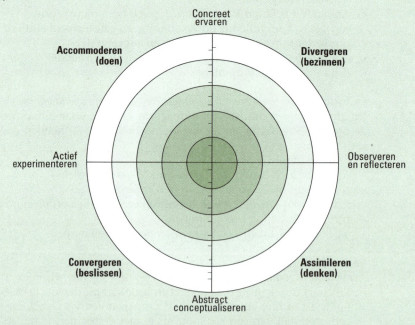

Convergerende leerstijl
- gericht op:
  - ideeën, begrippen, modellen, structuren
  - denken, logisch handelen en beredeneren
  - vraagt situaties die zekerheid bieden
  - gericht op één oplossing voor één probleem
- past ideeën goed toe in de praktijk
- vooral op dingen gericht
- gericht op resultaten
- regelen van zaken zonder betrokkenen

leervormen:
- belevingsleren via denkprocessen (inzicht)
- ervaringsleren

voorkeur voor:
- gestructureerde oefeningen
- geprogrammeerde instructie
- excursie, demonstratie

Assimilerende leerstijl
- gericht op:
  - waarnemen, beredeneren, (over)denken
  - opstellen van theorieën
  - doel waarnemen en in begrippen, modellen verwoorden
- houdt van logische en exacte theorieën
- niet emotioneel
- brede wetenschappelijke interesse
- neemt goed leerstof op, brengt verscheidenheid aan gegevens in een verklaring samen

leervormen:
- belevingsleren via waarnemen, beschouwen, verwerken en analyseren
- cognitief leren

voorkeur voor:
- hoorcollege, lezing
- casestudy
- literatuurstudie
- schrijfopdrachten

- Als de uitslag je niet aanstaat doordat hij bijvoorbeeld helemaal niet klopt volgens jouw inschatting, leg hem dan pas naast je neer nadat je een eigen analyse gemaakt hebt van jouw stijl van leren en deze besproken hebt. Het is de moeite waard om te analyseren waar je weerstand zit tegen de uitslag, het misverstand of de fout. Je blijft het volste recht houden om het er niet mee eens te zijn!
- Als je de test een aantal jaren geleden ook hebt gemaakt en de uitslag van nu verschilt met die van toen, dan is het van belang te analyseren wat er in de loop van de jaren veranderd is in jouw leven: ander werk, grotere verantwoordelijkheden, managementpositie, tussentijdse studie? Je leerstijl volgt dit soort veranderingen.

Het is alleen maar van belang welke conclusies je zelf uit de test trekt. Ben je een doener die graag meer wil leren denken? Hoe ga je dat aanpakken? Of ben je een manager die weinig heeft met beslissen en plannen? Kun je dan wel een goede manager zijn?

Kortom: wat is de kracht en wat is de valkuil van jouw leerstijl?

Wat is de overheersende stijl in het team waarin je werkt? Of in de leergroep waarvan je deel uitmaakt? Wat betekent dat bijvoorbeeld voor de vormgeving van de leerprogramma's? Doeners willen graag nog meer doen en bezinners willen graag nog meer praten over hun ervaringen. Wat kan de rol zijn van reflectie, theorieën en strategieën? Negeren of juist met opzet aanbieden (als de groep er al niet zelf opkomt) om de leercirkel rond te maken. Leren hoeft niet alleen maar leuk te zijn, maar juist zinvol!

Bron: Hendriksen, 2005

Bijlage 3a **Beheersingsniveaus van reflecteren in fasen**

Elshout-Mohr (Merkies, 2000) heeft ten behoeve van beoordelaars (docenten, supervisoren) een schema gemaakt waarin zij verschillende niveaus van reflectievaardigheid onderscheidt, zie tabel 3a1. Ze noemt deze niveaus beginfase, tussenfase en gevorderde fase. Het gaat hier om een schema over de reflectievaardigheid van supervisanten (studenten of beroepsbeoefenaren die al in de beroepspraktijk aan het werk zijn en dus verder zijn dan het beginnend hbo-niveau). Het geeft voor elke fase twee of drie vragen (criteria) aan die je bij aanvang van je reflectie kunt stellen.

Tabel 3a.1 **Verschillende niveaus van reflectievaardigheid**

1 Beginfase	2 Tussenfase	3 Gevorderde fase
In de beginfase, waarin benodigde startvaardigheden worden geoefend:	In een tussenfase, waarin deelvaardigheden worden geoefend:	In een gevorderde fase waarin zelfstandig reflecteren een rol speelt in supervisie:
a Ervaart de persoon dat hij of zij zelf een eigen inbreng heeft in gebeurtenissen en de interpretatie ervan? b Kan de persoon een voorval plaatsen in een wat breder perspectief van vergelijkbare voorvallen? c Is de persoon zich ervan bewust dat vakbekwaamheid berust op goed gebruik van eigen interpretatie- en gedragsmogelijkheden?	a Kan de persoon over het eigen handelen en interpreteren systematisch en begrijpelijk rapporteren? b Kan de persoon overeenkomsten en verschillen aangeven met goed gekozen en vergelijkbare voorvallen? c Kan de persoon aanvankelijke interpretatiekaders ter discussie stellen en herstructureren?	a Kan de persoon reflecteren over eigen ervaringen in de beroepsuitoefening (of stage), als component van een supervisiegesprek? b Kan de persoon reflecteren over eigen ervaringen in de supervisie, als aanzet tot verbetering van het eigen professionele handelen?

Bron: Elshout-Mohr, Merkies (2000)

Je bereikt door veel te oefenen met reflecteren steeds een hoger niveau, echter, die niveaus zijn niet zo statisch als tabel 3a.1 suggereert. Ook hoeft de ontwikkeling van jouw reflectievaardigheid, de overgang naar een volgend niveau, niet per se samen te vallen met de overgang naar een volgend studiejaar. Zie het overzicht als basis; in de praktijk stelt elke opleiding haar eigen beleid vast met betrekking tot het te behalen niveau in een studiejaar.
Voor beroepsbeoefenaren geldt dat zij niet (deeltijdstudenten uitgezonderd) te maken hebben met een te behalen niveau in een studiejaar. Zij kunnen de criteria hanteren om hun eigen reflectievaardigheid te meten.

De tabel biedt een kader. Aan het einde van een hbo-opleiding kun je reflecteren zoals in fase drie omschreven. In de beginfase wordt er iets anders van je verwacht. Je ziet dat in die eerste fase de drie vragen met name gericht zijn op *bewustwording*.

Bijlage 3b **Beheersingsniveaus reflectie, reflectie in termen van te behalen doelen voor de student**

In deze bijlage vind je in een overzicht een preciezere beschrijving van wat je wel en (nog) niet moet kunnen in je reflecties. Het uitgangspunt voor deze precisering is de tabel in bijlage 3a in combinatie met de reflectiespiraal. Per fase staat aangegeven wat je moet kunnen om je reflecteren te verdiepen. Niveau 1 vormt de basis, de volgende niveaus zijn uitbreidingen van het voorgaande niveau.

De beschrijvingen van de beheersingsniveaus zijn geschreven vanuit de onderwijsoptiek, in termen van 'te behalen doelen voor de student'. De beroepsbeoefenaar kan aan de hand van de beheersingsniveaus het eigen reflectieniveau bepalen en reflectiedoelen stellen. Lees dan in plaats van student: beroepsbeoefenaar.

Niveau 1 Beginfase
1 Handelen/ervaring opdoen
De student:
- doet ervaring op in privésituatie (gezin, school, relatie, familie, vriendenkring, enzovoort).

1+ Bewustwording
De student:
- is in staat een gevoelssignaal ('geraakt zijn'), dat duidt op een betekenisvolle situatie, te herkennen;
- is in staat dit gevoelssignaal om te zetten in een bewuste ervaring;
- is in staat een betekenisvolle situatie te selecteren.

2 Terugblikken
De student:
- is of wordt zich achteraf bewust van een betekenisvolle situatie;
- is in staat achteraf een betekenisvolle situatie te herkennen;
- denkt na over gebeurtenissen die zich in die situatie hebben voorgedaan;
- is zich bewust van zijn persoonlijk aandeel in de betekenisvolle situatie; met persoonlijk aandeel wordt de beleving (voelen en denken) en het functioneren (handelen en willen) bedoeld;
- is in staat de objectieve kant van de betekenisvolle situatie mondeling en schriftelijk weer te geven (feiten);
- is in staat de subjectieve kant van de betekenisvolle situatie mondeling en schriftelijk weer te geven (waarneming en beleving/interpretatie);
- is in staat de betekenisvolle situatie te concretiseren;
- beseft dat hij interpreteert.

2+ Consequenties overzien
De student:
- benoemt welk effect zijn handelen (of nalaten van handelen) heeft gehad op zichzelf en de ander;
- expliciteert het antwoord op de vragen 'Wat wilde ik?' en 'Wat was het bereikte effect op mijzelf en de anderen?';
- onderzoekt of deze wijze van handelen door hem vaker in andere situaties voorkomt (vergelijken/generaliseren);
- kan hiervan voorbeelden noemen.

3 Formuleren van essentiële aspecten (kern of leervraag)
De student:
- formuleert (verwoordt) wat hij het belangrijkst vindt aan de betekenisvolle situatie, gericht op zijn persoonlijk aandeel;
- formuleert (verwoordt) wat hij het moeilijkst vindt aan de betekenisvolle situatie, gericht op zijn persoonlijk aandeel;
- is in staat de betekenisvolle situatie en zijn gedrag daarin te expliciteren (uitdrukkelijk weer te geven);
- veronderstelt wat hij kan veranderen/verbeteren met betrekking tot zijn persoonlijk aandeel.

3+ Consequenties overzien
De student:
- veronderstelt welke consequenties handhaving van zijn huidig handelen heeft voor de toekomst;
- trekt een conclusie voor zijn toekomstig handelen op basis van de formulering van de essentiële aspecten (fase 3).

Beslismoment
De student maakt een keuze op basis van deze conclusie: 'Ga ik door en verbeter ik mijn handelen, of ga ik niet door en blijf ik handelen zoals ik gewend ben?' (Wat wil ik?)

4 Alternatieven ontwikkelen en daaruit kiezen
De student:
- formuleert wat hij anders zou kunnen/willen doen en hoe hij anders zou kunnen handelen in de betekenisvolle situatie;
- onderzoekt of er meer alternatieven zijn voor zijn handelen;
- benoemt welk alternatief er is voor zijn handelen;
- kiest welk alternatief hij gaat uitproberen;
- benoemt wanneer, waar en hoe hij het alternatief gaat uitproberen.

5 Uitproberen
De student oefent alternatief handelen in nieuwe situatie.

Niveau 2 Tussenfase
1 Handelen/ervaring opdoen
De student doet ervaring op in een (semi)beroepssituatie/simulatie.

1+ Bewustwording
De student:
- is in staat een gevoelssignaal ('geraakt zijn'), dat duidt op een betekenisvolle situatie, te herkennen;
- is in staat een gevoelssignaal om te zetten in een bewuste ervaring;
- is in staat tijdens de handeling zich bewust te zijn van een betekenisvolle situatie;
- is in staat de betekenisvolle situatie te selecteren.

2 Terugblikken
De student:
- denkt na over gebeurtenissen die zich hebben voorgedaan;
- is of wordt zich alsnog bewust van een betekenisvolle situatie;

- is in staat achteraf een betekenisvolle situatie te selecteren;
- is zich bewust van zijn persoonlijk aandeel in de betekenisvolle situatie; met persoonlijk aandeel wordt bedoeld: de beleving (voelen en denken) en het functioneren (handelen en willen);
- is in staat de betekenisvolle situatie te concretiseren;
- is in staat de objectieve kant van de betekenisvolle situatie mondeling en schriftelijk weer te geven (feiten);
- is in staat de subjectieve kant van de betekenisvolle situatie mondeling en schriftelijk weer te geven (waarneming en beleving/interpretatie);
- kan de ervaring plaatsen in een beroepscontext (Wat en hoe heeft mijn persoonlijk functioneren met mijn toekomstig beroep te maken?);
- legt een verband tussen eigen ervaring en (semi)beroepscontext en theorie;
- vormt zich een beeld van hetgeen er van hem wordt verlangd in de beroepssituatie;
- legt een verband tussen zijn handelen in de betekenisvolle situatie en zijn toekomstig beroepshandelen.

2+ Consequenties overzien
De student:
- benoemt welk effect zijn handelen (of nalaten van dat handelen) heeft op zichzelf en de ander in de (semi)beroepscontext of simulatie;
- expliciteert het antwoord op de vraag 'Wat wilde ik?';
- onderzoekt of deze wijze van handelen door hem vaker voorkomt (vergelijken/generaliseren) in zowel privé als (semi)beroepssituaties;
- noemt hiervan voorbeelden;
- is/wordt zich bewust van zijn eigen interpretaties;
- is/wordt zich bewust van zijn subjectieve theorieën of persoonlijk werkconcept;
- is/wordt zich bewust van zijn (impliciete) werkmodel.

3 Formuleren van essentiële aspecten (kern of leervraag)
De student:
- formuleert (verwoordt) wat hij het belangrijkst vindt aan de betekenisvolle situatie, gericht op zijn persoonlijk aandeel in de (semi)beroepscontext of simulatie;
- formuleert (verwoordt) wat hij het moeilijkst vindt aan de betekenisvolle situatie, gericht op zijn persoonlijk aandeel in de (semi)beroepscontext of simulatie;
- is in staat de betekenisvolle situatie en zijn gedrag daarin te expliciteren (uitdrukkelijk weer te geven);
- formuleert zijn subjectieve theorieën;
- formuleert zijn (impliciete) werkmodel;
- formuleert (verwoordt) wat hij kan veranderen/verbeteren met betrekking tot zijn persoonlijk aandeel in de (semi)beroepscontext of simulatie;
- maakt een verbinding tussen essentiële aspecten (kern of leervraag) en theorie (Waarom is dit belangrijk voor mijn toekomstig beroepshandelen?).

3+ Consequenties overzien
De student:
- veronderstelt welke consequenties handhaving van zijn huidig handelen heeft voor de toekomst;
- trekt een conclusie met het oog op zijn toekomstig beroepshandelen op basis van de formulering van de essentiële aspecten (fase 3).

Beslismoment
De student maakt een keuze op basis van deze conclusie: 'Ga ik door en verbeter ik mijn (beroepsmatig) handelen. Of ga ik niet door en blijf ik handelen zoals ik gewend ben?' (Wat wil ik?)

4 Alternatieven ontwikkelen en daaruit kiezen
De student:
- formuleert in samenhang met de theorie wat hij anders zou kunnen en willen doen en hoe hij anders zou kunnen handelen in de betekenisvolle situatie binnen de (semi)beroepscontext of simulatie;
- onderzoekt alternatieven voor zijn subjectieve theorieën of persoonlijk werkconcept;
- onderzoekt alternatieven voor zijn persoonlijk werkmodel;
- onderzoekt met behulp van theorie en ervaringen van derden of er meer alternatieven zijn voor zijn handelen;
- benoemt welke alternatieven er zijn voor zijn handelen;
- kiest welk alternatief hij gaat uitproberen;
- geeft aan wanneer, waar en hoe hij het alternatief gaat uitproberen.

5 Uitproberen
De student oefent alternatief handelen in nieuwe situatie in (semi)professionele context/simulatie.

Niveau 3 Gevorderde fase
1 Handelen/ervaring opdoen
De student doet ervaring op binnen een professionele context (stage of baan).

1+ Bewustwording
De student:
- is in staat een gevoelssignaal ('geraakt zijn'), dat duidt op een betekenisvolle situatie, te herkennen;
- is in staat dit gevoelssignaal om te zetten in een bewuste ervaring;
- is in staat zowel tijdens, na of voorafgaand aan de handeling, zich bewust te zijn van een betekenisvolle situatie;
- is in staat de betekenisvolle situatie te selecteren;
- is in staat de ervaring te problematiseren;
- is in staat zichzelf te sturen op deze ervaring; hij besluit tot reflectie op deze ervaring (individueel, in collegiaal overleg of als inbreng in supervisie of intervisie).

2 Terugblikken
De student:
- denkt uit zichzelf na over gebeurtenissen die zich hebben voorgedaan;
- is of wordt zich alsnog bewust van een betekenisvolle situatie;
- is in staat voorafgaand aan, achteraf of tijdens de gebeurtenis een betekenisvolle situatie te selecteren;
- is zich bewust van zijn persoonlijk aandeel in de betekenisvolle situatie; met persoonlijk aandeel wordt bedoeld: de beleving (voelen en denken) en het functioneren (handelen en willen);
- is in staat de betekenisvolle situatie te concretiseren;
- is in staat de objectieve kant van de betekenisvolle situatie mondeling en schriftelijk weer te geven (waarneming en beleving/interpretatie);

- is in staat zijn gedrag binnen de betekenisvolle situatie te analyseren;
- is in staat te generaliseren;
- kan de ervaring plaatsen in de beroepscontext (Wat en hoe heeft mijn persoonlijk functioneren met mijn beroep te maken?);
- legt een verband tussen zijn handelen in de betekenisvolle situatie en het (gewenste) beroepshandelen;
- is in staat beroepsethische vragen te betrekken bij zijn terugblik;
- is in staat professionele dilemma's te herkennen en te benoemen.

2+ Consequenties overzien
De student:
- benoemt welk effect zijn handelen (of nalaten van dat handelen) heeft op zichzelf en de ander in de beroepscontext;
- onderzoekt of deze wijze van handelen door hem vaker voorkomt (vergelijken/generaliseren) in zowel privé- als beroepssituaties;
- noemt hiervan voorbeelden;
- is/wordt zich bewust van eigen interpretaties;
- is/wordt zich bewust van zijn subjectieve theorieën of persoonlijk werkconcept;
- is/wordt zich bewust van zijn (impliciete) werkmodel.

3 Formuleren van essentiële aspecten (kern of leervraag)
De student:
- formuleert (verwoordt) wat hij het belangrijkst vindt aan de betekenisvolle situatie, gericht op zijn persoonlijk aandeel in de beroepscontext;
- formuleert (verwoordt) wat hij het moeilijkst vindt aan de betekenisvolle situatie, gericht op zijn persoonlijk aandeel in de beroepscontext;
- is in staat de betekenisvolle situatie en zijn gedrag daarin te expliciteren (uitdrukkelijk weer te geven);
- formuleert zijn (impliciete) werkmodel;
- formuleert zijn subjectieve theorieën;
- formuleert (verwoordt) wat hij kan of moet veranderen/verbeteren met betrekking tot zijn persoonlijk aandeel in de beroepscontext;
- maakt een verbinding tussen essentiële aspecten (kern of leervraag) en theorie (Waarom is dit belangrijk voor mijn huidig en toekomstig beroepshandelen?);
- formuleert welke betekenis de ervaring in de betekenisvolle situatie voor hem heeft als privépersoon en als professional;
- formuleert op welke wijze deze betekenis zijn professioneel handelen beïnvloedt.

3+ Consequenties overzien
De student:
- kan redelijkerwijs inschatten welke consequenties handhaving van zijn huidig handelen heeft voor de toekomst;
- trekt een conclusie met het oog op zijn (toekomstig) beroepshandelen op basis van de formuleringen van de essentiële aspecten (fase 3).

Beslismoment
De student maakt een keuze op basis van deze conclusie: 'Ga ik door en verbeter ik mijn beroepsmatig handelen of ga ik niet door en blijf ik handelen zoals ik gewend ben?' (Wat wil ik?)

4 Alternatieven ontwikkelen en daaruit kiezen
De student:
- formuleert in samenhang met de theorie wat hij anders kan en wil doen en hoe hij anders kan/wil handelen in de betekenisvolle situatie binnen de beroepscontext;
- onderzoekt alternatieven voor zijn (impliciete) werkmodel;
- onderzoekt alternatieven voor zijn subjectieve theorieën;
- onderzoekt met behulp van theorie en ervaringen van derden of er meer alternatieven zijn voor zijn handelen;
- benoemt alternatieve gezichtspunten van waaruit hij de situatie kan benaderen;
- kiest welk alternatief hij gaat uitproberen;
- geeft aan wanneer, waar en hoe hij het alternatief gaat uitproberen.

5 Uitproberen
De student oefent alternatief handelen in nieuwe situatie in professionele context.

Over de auteur

Mirjam Groen is auteur van het boek *Reflecteren: de basis*, en medeauteur van *Praktijkgerichte Sociale Vaardigheden*, waartoe zij geïnspireerd werd door haar werk als docent aan de Academie voor Sociale Studies van de Hanzehogeschool Groningen.
Bij Reclassering Nederland vervult zij momenteel de functie van werkbegeleider/kwaliteitsmedewerker. Daarnaast is zij freelancedocent, onder andere in reflectie. Ook geeft zij workshops over dit thema.
Mirjam Groen is maatschappelijk werker van beroep en tevens geschoold als lerares Nederlands.

Register

aandachtspunten verslag *130*
aandacht voor gevoelssignaal *131*
ABC-model *111*
adolescentie *52*
afstand *62*
    professionele – *62*
assimilator *16*
attitudes voor reflectie *103*

bad practice *80, 132*
beeldend werken *86*
beheersingsniveau reflectie *153*
beheersingsniveaus reflecteren in fasen *152*
beknopt reflectieverslag *111*
bekwaam *51*
belang *61*
    wederzijds – *61*
belang van vragen stellen *33*
beroepsvereniging *66*
beslismoment *46*
beslisser *16*
betekenisgerichte leerstijl *17*
betekenisvolle situatie *30*
bewustwording *30*
bezinner *16*
blinde vlek *71*
brainstormen *83*
    fasen van – *83*
    regels voor – *83*
brainstormsessie *84*

collectief *52*
concretiseren *135*
convergeerder *16*
culturele achtergrond *52*

denker *16*
divergeerder *16*

evalueren *34*
expliciteren *136*

feedback vragen *88*

gedrag *26, 132*
    focus op eigen – *132*
    niet-waarneembaar – *25*
    – op denken *26*
    – op gevoel *26*
    – op handelen *26*
    – op vier niveaus *26*
    – op willen *26*
    waarneembaar – *25*
gedragregels *66*
gevoelssignaal *62, 131*
    betekenis van – *131*
good practice *47, 132*

hbo-kwalificaties *146*
helikopterview *88*
hulpmiddelen bij reflectie *88*

ik-boodschap *131*
individuele reflectie *79*
interview *81*
intervisiegroep *109*
invalshoek *135*

Johari-venster *89*

kernkwadrant *91*
Kolb *14*
Korthagen *42*

leerproces *50*
leerstijl *16*
    betekenisvolle – *16*
    ongerichte – *16*
    reproductiegerichte – *16*
    toepassingsgerichte – *16*
    – volgens Vermunt *16*
    zicht op – *16*
leerstijlentest Kolb *147*
leren *13*
    abstract en concreet – *15*
    actief en reflectief – *15*
    – cognitief *13*
lerende houding *13*

manieren van verslaglegging *109*
metafoorreflectie *84, 86*

onbekwaamheid *51*
onderzoek *23*
ontwikkelplan *121*
    persoonlijk – *121*

persoonlijk ontwikkelplan *121*
POP *121*

processen *88*
    zicht op – *88*
professionele afstand *62*

referentiekader *80*
reflectant *83*
reflecteren *18, 34, 52*
    – begripsomschrijving *52*
    – binnen beroep *26*
reflecteren op situatie *44*
reflectie *27, 66, 68*
    – achteraf *30*
    attitude voor – *103*
    basis voor – *110*
    gerichte – *110*
    hulpmiddelen bij – *88*
    individuele – *79*
    – met anderen *80*
    uitgangspunt voor – *110*
    vaardigheden voor – *101*
    voorwaarden voor – *99*
reflectiespiraal *46*
    tussenfasen in – *45*
reflectievermogen *51, 52*
reflectieverslag *111, 118*
    opzet van een – *118*
reflectievragen *24*
relatie *62*
    beroepsmatige – *59*
relatiegerichtheid *59*

spelvorm *86*
spiraalmodel van Korthagen *42*
sterkte-zwakteanalyse *115*
structureren *138*
structuur *138*
    innerlijke – *138*
    uiterlijke – *138*

toepassingsgerichte leerstijl *17*

uitgangspunt voor reflectie *110*

vaardigheden voor reflectie *101*
verantwoordelijkheid *29*
verantwoordelijkheid nemen *133*
Vermunt *16*
verslaglegging *109*
    manieren van – *109*
vertrouwen *60*

    wederzijds – *61*
voelen *27*
voorwaarden voor reflectie *99*
vraagwoordvragen *33*
vragen *31*
    – in de breedte *31*
    – in de diepte *31*
    – stellen *29, 31*
    gesloten – *31*
    open – *31*

wederzijds belang *61*
wederzijds vertrouwen *61*
werkmodel *80*

zelfreflectie *52*
zicht op leerstijlen *17*